Bernadette Olderdissen

Zwischen ewigem Sommer und tiefster Nacht

BERNADETTE OLDERDISSEN

ZWISCHEN EWIGEM SOMMER UND TIEFSTER NACHT

Wie ich die acht Jahreszeiten in Schwedens Norden erlebte

Mit 55 farbigen Abbildungen,
acht Illustrationen und einer Karte

MALIK

Mehr über unsere Autorinnen, Autoren und Bücher:
www.malik.de

Wenn Ihnen dieses Buch gefallen hat, schreiben Sie uns
unter Nennung des Titels »Zwischen ewigem Sommer und tiefster Nacht«
an *empfehlungen@piper.de*, und wir empfehlen Ihnen gerne
vergleichbare Bücher.

Inhalte fremder Webseiten, auf die in diesem Buch (etwa durch Links)
hingewiesen wird, macht sich der Verlag nicht zu eigen.
Eine Haftung dafür übernimmt der Verlag nicht.

Wir behalten uns eine Nutzung des Werks für Text und Data Mining
im Sinne von § 44b UrhG vor.

ISBN 978-3-89029-577-0
2. Auflage 2023
© Piper Verlag GmbH, München 2023
Illustrationen: Andrea Rook
Bildteilfotos: Bernadette Olderdissen, außer auf
Seite 9 unten: Andrea Rook, und auf
Seite 16 oben: Ronny Koskinen
Karte: Marlise Kunkel, München
Satz: Uhl+Massopust GmbH, Aalen
Gesetzt aus der Adobe Garamond Pro
Litho: Lorenz & Zeller, Inning am Ammersee
Druck und Bindung: CPI books GmbH, Leck
Printed in the EU

für Crissy
für meinen Lebenspartner Diego
und meine Mutter Sigrid
für Baskeri, meine arktische Heimat

Inhalt

Prolog:
In welchem Rhythmus lebst du?

Als ich sechs Jahre alt war, begann ich mit dem Cellospielen. Eines Tages brachte mein Lehrer einen komisch tickenden Apparat mit, um mir Rhythmus beizubringen. Das Metronom tickte mal hastig, dann wieder gemächlich, und ich sollte danach spielen. Ich mochte es nicht. Hatte keine Lust, mich Vorgaben zu unterwerfen, die aus meiner kindlichen Sicht eintönig klangen und mit den harmonischen Melodien von Musikstücken nichts gemein hatten.

Genauso verspüre ich jetzt, über dreißig Jahre später, immer weniger Lust, im Takt der meist zu schnell tickenden City durchs Leben zu hasten. Denn meine Antwort darauf, in welchem Rhythmus ich lebe, ist klar: als Wahlhamburgerin vor allem in dem von Bus-, U-Bahn- und Zugfahrplänen, von Ampelschaltungen, Öffnungszeiten der Geschäfte, Bars und Restaurants.

Die Liste ist lang, das Tempo rasant (mit Ausnahme mancher Ampeln).

Dann schlage ich im Oktober 2020 für eine viertägige Pressereise in Schwedisch-Lappland auf, in letzter Sekunde, bevor auch die nördlichste schwedische Region Norrbotten zum Corona-Risikogebiet erklärt wird. Schon am ersten Abend vor Ort lerne ich etwas, das mich neugierig macht: Die zu den letzten Ureinwohnern Europas zählenden Samen, die einst nomadisch mit ihren Rentieren lebten und noch heute in Schweden, Norwegen, Finnland und Russland zu Hause sind, teilen das Jahr nicht in vier, sondern in acht Jahreszeiten ein: Winter (auf Samisch *Dálvvie*), Frühlingswinter *(Gijrradálvvie)*, Frühling *(Gijrra)*, Frühlingssommer *(Gijrragiessie)*, Sommer *(Giessie)*, Herbstsommer *(Tjakttjagiessie)*, Herbst *(Tjakttja)* und Herbstwinter *(Tjakttjadálvvie)*. Sie leben so nach den Zyklen der Natur und den Bedürfnissen der Rentiere.

Die wenigen Tage im Norden offenbaren mir, dass diese Norrbottener (auf keinen Fall »Lappen«, das ist ein Schimpfwort für die Samen!) einen anderen Zugang zur Natur haben als ich. Sie wollen nicht nur jede freie Minute draußen verbringen, selbst bei minus vierzig Grad, und lesen in Tierspuren und -losungen wie in einem Buch, sondern behaupten sogar, dass der Herbst die »Jahreszeit der Antriebskraft« sei, ein Neustart!

Zurück in Hamburg klopfen Fragen bei mir an: Was wäre, wenn auch du nicht nur Natur to go im Stadtpark oder -wald oder beim Wochenende im Grünen erleben, sondern über acht Jahreszeiten hinweg im Rhythmus der Natur leben würdest? Was passiert in dieser überwiegend unmanikürten Weite Lapplands? Wie würde sich diese Erfahrung auf deinen Umgang mit der Natur und auf deine Lebenseinstellung auswirken? Die Fragen klammern, und da ich Konjunktive nicht mag, fällt bald eine Entscheidung: Ich probiere das aus! Mache ein Experiment über einen Jahreszyklus hinweg, wobei ich möglichst viel Zeit draußen verbringen werde. Allein und mit Menschen, die in diese Natur hineingeboren wurden. Die keinen Erholungswald kennen, sondern nur Wald, und Natur nicht hauptsächlich als sonnengebadetes Grün, sondern mit all ihren Facetten erfahren. So beginnt eine Reise, die für mich einem leeren Notizbuch gleicht, das die arktische Natur und die in und mit ihr lebenden Menschen über acht Jahreszeiten hinweg mit Geschichten füllen dürfen.

Ich möchte dabei nicht über den ultimativen Natureskapismus erzählen. Nicht darüber, wie ich alle in Schweden produzierten DIY-Möbel in meiner Wohnung abbaue, dem Vermieter den Schlüssel in die Hand drücke und im nordischen Nichts als Einsiedlerin ohne modernen Schnickschnack neu anfange. Weder über die Natur als Wundermittel gegen jedes Unglück noch über Klimahorrorszenarien. Vielmehr möchte ich mich auf die Natur in einer Weise einlassen, die über eine Verschnaufpause am Rande des Alltags hinausgeht. Ich möchte offen sein all dem gegenüber, was mich empfängt oder auch abschreckt, um die Lektionen mit nach Hause zu bringen und, wo immer möglich, in den Stadtalltag zu integrieren. Ob ich sogar lerne, warum der Herbst für Antrieb und Neustart steht?

Die Jahreszeit der Pflege:
Winter, *Dálvvie*
circa Mitte/Ende Dezember bis Anfang März

Es ist Samstag, der 8. Januar 2022, mehr als ein Jahr nach meinem Amuse-Bouche in Schwedisch-Lappland. Drei Tage nach meiner Ankunft in meinem neuen Heimatdorf Båtskärsnäs, kurz Baskeri, mit etwa 200 Einwohnern, zwanzig Kilometer von der Kleinstadt Kalix entfernt. Ich liege auf dem Rücken auf der zugefrorenen Ostsee, irgendwo zwischen Baskeri und den im Eis festgefrorenen Inselchen seines Schärengartens. Starre in den Himmel. Über mir tanzen lautlos hellgrüne Lichter am Himmel der Polarnacht oder *skábma,* wie sie in samischer Sprache heißt. Die Lichter bewegen sich nach eingespielter Choreografie, sinnlich, als würde ein Maler einen in Grün getunkten Pinsel über eine tiefschwarze Leinwand schwingen. Von den minus zwanzig Grad spüre ich nichts, nehme meinen kalten Rücken und Po kaum wahr. Ich weine, bis die Tränen auf meinen Wangen festfrieren. Ich bin angekommen. Endlich. Nach einer Vorbereitungszeit und Ankunft, bei der ich um etliche Nerven und Geduldsfäden ärmer geworden bin.

Es wäre das Bequemste gewesen, ich hätte mein Jahr in Schwedisch-Lappland im Frühling oder Frühlingssommer begonnen. Wenn die Sonne nicht mehr untergeht und die Straßen frei von Eis und Schnee in der Sonne dürsten. Stattdessen plante ich meinen einjährigen Umzug für den 2. Januar. Wollte mitsamt Auto und begleitet von meinem Freund Diego, der einen Kleintransporter mietete, über Travemünde mit der Fähre nach Helsinki und von dort aus weiter nach Schwedisch-Lappland. Die Variante mit der kürzesten Fahrtzeit auf möglicherweise schneestürmigen Straßen. »Bist du wahnsinnig, da mitten im Winter hinzufahren? Warum tust du dir das an? Das ist fürchterlich kalt und dunkel, da wirst du doch schwermütig! Viele begehen da im Winter Selbstmord!«, lauteten die gängigen Fragen und Prophezeiungen meiner deutschen Freunde. Brauchte ich den Adrenalinkick und die Gefahr, schon bei der Anreise mit dem Hamburger Auto ohne Allradantrieb und mit Allwetterreifen im Schnee stecken zu bleiben? Nein. Ich fuhr im Winter los, weil ich nach vier Monaten Vorbereitung endlich loswollte. Weil das neue Kalenderjahr auch für einen neuen Beginn in meinem – wie bei vielen von uns – coronageplagten Berufsleben als Reisejournalistin und -autorin stehen sollte. Vor allem aber, weil es sich richtig anfühlte, mein Jahr im Rhythmus der Natur in tiefster Dunkelheit und Kälte zu beginnen, denn unter diesen Bedingungen wurde auch die Idee für dieses Experiment geboren. Und bei der äußeren Finsternis hat die Natur vorgesorgt: Sie wird schon zu Beginn des Jahres mit jedem Tag lichter.

Doch dann drohte alles in letzter Minute zu platzen. Leben im Rhythmus der Natur – damit würde ich im Januar 2022 in Lappland anfangen. So stand es im Terminkalender. Den Dezember plante ich dagegen in meinem Rhythmus. Schnell noch für zwei Tage nach Neapel jetten zum 70. Geburtstag von Diegos Vater, dann eine Woche Arzttermine – Frauenarzt, Zahnarzt, Booster-Impfung. Leichte Halsschmerzen ignorierte ich, Zeit, mich auszukurieren, fehlte. Mein Körper bedankte sich – Fieber, Schüttelfrost, Kopfschmerzen, die Halsschmerzen explodierten, die Nase machte dicht. Dafür hatte ich gar keine Zeit! Ich wollte packen, organisieren, bis zum letzten Tag Sport treiben, mich von Freunden verabschieden, einen Sauna- und Spa-Tag einlegen. Das Leben hatte andere Pläne. An einem Samstagabend fuhr mich Diego zur Notfallpraxis, damit ich mir etwas gegen die packevollen Nebenhöhlen verschreiben lassen konnte. Die Praxis hatte eine bessere Idee: PCR-Test. Ich rollte die Augen. Aber gut, wenn ich danach etwas für meine Nebenhöhlen bekam.

In der Nacht schüttelte ich mich in den Schlaf, wachte morgens in einem Schweißpool auf – und fühlte mich geheilt. Den PCR-Test vergaß ich zunächst, checkte erst abends die App. Statt Entwarnung folgte eine Ohrfeige: roter Hintergrund, weiße Schrift: POSITIV. Ach du Scheiße! Ich doch nicht! Ich war zwei-, nun sogar dreimal geimpft! Und Schweden? Wie lange musste ich in Quarantäne? Der Anruf des überforderten Gesundheitsamtes und Klärung ließen auf sich warten. Ich spulte das Jammerlappen-Programm runter. Das *auch* noch! Hatte ich in den letzten beiden Jahren nicht genug mitgemacht? Wie oft hatte ich gelesen, dass »Warum passiert mir das?« die falsche Frage ist und die richtige »Was kann ich davon lernen?« lautet. Das wusste ich. Wenn die Wellen um mich herum ruhig waren. Aber wenn es stürmte, dann trieb die richtige Frage schiffbrüchig auf dem Ozean des Gedankenchaos.

Meine Quarantäne wurde bis einschließlich 28. Dezember angeordnet, die Abfahrt nach Schweden war für die Nacht auf den 3. Januar geplant. Ich atmete auf. Meine Nase tropfte. Das musste jetzt aber aufhören! 48 Stunden vor Quarantäneende musste ich symptomfrei sein, mein Körper musste… Moment mal! Wie ist das mit Leben im Rhythmus der Natur? Ist dieses Virus nicht auch ein Teil davon? Ein Körper ist doch ein bisschen wie die Jahreszeiten, auch er durchläuft seine Zyklen. Bei Frauen nicht nur den Monatszyklus, sondern bei allen Menschen Zyklen von Gesund- und Krankheit.

Der 2. Januar kam, mit zwölf Grad und Regen in Hamburg. Wir beluden Auto und Transporter mit Kisten und Koffern. Der für Finnland notwendige Coronatest fiel negativ aus, und pünktlich um 23 Uhr ging es auf die Fähre. Großräumige Kabine mit Meerblick, dreißig Stunden entspannen, durchatmen, genießen. Am nächsten Tag saß ich am Kabinenfenster, schaute hinaus auf die graue Ostsee. Doch statt mit Trübsinn erfüllte mich das Bild mit Freude, ich wollte die Zeit nicht vorspulen. Mit dem Blick zoomte ich die schüchternen Wellen heran, von denen sich viele zögerlich brachen, um sogleich weiterzurollen. Ewig im Fluss mit der Richtung des Windes. Jetzt grau, mit dem nächsten Sonnenstrahl blau. Das Meer spiegelte den Himmel urteilslos wider. War unter der aufgekräuselten Oberfläche tief und ruhig, ein bisschen wie ich.

Helsinki begrüßte uns in den frühen Morgenstunden mit Minusgraden und Eisschollen, die auf der Ostsee trieben. Auf der Autofahrt nach Oulu brach herein, was wir befürchtet hatten: Schneestürme. Die Flocken wuselten so dicht, dass man den Vordermann nur noch dank Nebelleuchte erriet, und teils puderten vorbeirasende Lastwagen die Windschutzscheibe so dick ein, dass ich sekundenlang blind und betend weiterfuhr. Vor Kurzem hatte ich gelesen, dass man beim Singen nicht gleichzeitig Angst verspüren kann, also drehte ich meine Lieblingsmucke auf und sang. In meiner Fantasie wurde der aufgewirbelte Puderschnee zu Dampf auf einer Bühne, der einen Star und die ersten Bässe eines kraftvollen Liedes ankündigt. Ja, gegen die Angst wurde ich zum Star auf meiner eigenen Bühne und sang mir Mut an.

Endlich, ein Straßenschild hinter der Schneetapete: Oulu. Elf Stunden für 600 Kilometer. Doch der nächste Tag gab sich Mühe, die Strapazen wettzumachen: Auch der Coronatest in Oulu fiel negativ aus, und als ich das blaue *Sverige*-Schild am Straßenrand erspähte, schloss ich einen Moment dankbar die Augen und fuhr fast den Grenzbeamten über den Haufen, der Coronanachweise überprüfte. Um zwölf Uhr hatte ich einen Termin bei der Autowerkstatt in Kalix, die meine wacker durchhaltenden Allwetterreifen gegen die in Deutschland verbotenen Reifen mit Spikes auswechseln sollte. Um 12:03 Uhr brauste ich in die Einfahrt, das Tor wurde für mich hochgerissen, und ich fuhr mit durchgetretenem Gaspedal auf die Werkfläche. Jetzt konnte wirklich nichts mehr schiefgehen.

Frisch bereift ging es von der Schnellstraße auf sechs Kilometern runter zur Küste bis Båtskärsnäs, durch noch winzigere Dörfer, vor allem aber durch eingezuckerten Wald. Eine unerwartete Empfindung überkam mich: Diese Kilometer fühlten sich an wie eine lang herbeigesehnte Heimkehr. Wie oft hatte ich bei Meditationsversuchen ein rotes Schwedenhaus inmitten von weißer Weite visualisiert, als Ort der Geborgenheit. »Nach 200 Metern haben Sie das Ziel erreicht. Das Ziel befindet sich auf der rechten Seite«, verkündete das Navi, und ich jauchzte.

Das junge Hausbesitzerpaar begrüßte mich herzlich, innerhalb kürzester Zeit war ich mit allem, was es zu Haus und Dorf zu wissen gab, vertraut. Diego kochte, ich packte aus. Da klopfte es an der Tür. Maria, die 59-jährige Mutter des Hausbesitzers, wollte mir Badezimmerteppiche und Handtücher bringen. »Ich wohne schräg gegenüber, in dem gelben Haus. Wenn was ist, komm vorbei.« Kaum war die Tür hinter Maria ins Schloss gefallen, da war auch schon was: kein Wasser mehr da. Was hatte ich bloß falsch gemacht? Ich rief verschämt Maria an, sie kam mitsamt Partner Peter zurück. »Oje, das ist sicher ein Rohrbruch, das passiert schon mal, wenn es so kalt ist. Die Wasserrohre hier im Dorf sind alt und halb verrottet.« Ich war müde, die Erschöpfung von der Reise steckte mir in den Knochen, das Adrenalin ebbte ab.

Maria zückte ihr Handy und rief jemanden an, der jemanden kannte, der bei der Gemeinde von Kalix arbeitete. Ich verstand viel *jävla* (verdammt) und *helvete* (Teufel) und begriff auch ohne perfekte Schwedischkenntnisse, dass das nichts Gutes bedeutete. Maria sah mich entschuldigend an. »Tja, Wasserrohrbruch, aber sie sind schon dran.« Wie lange sollte das denn dauern? Wenn in Hamburg das Wasser einige Stunden abgestellt wurde, war das richtig lang, und dann bekam man meist fünf Tage vorher Bescheid, um Eimer und Töpfe mit Wasser abzufüllen. Aber jetzt? Ich hatte keinen Tropfen Wasser im Haus. Maria winkte ab. »Ich bringe dir einen Kanister.« Was sie auch tat. Zehn Liter waren gesichert. Vorsichtshalber fuhr Diego aber noch mal die zwanzig Kilometer nach Kalix, um einen Katastrophenvorrat an Wasserflaschen zu kaufen. Ich versuchte, positiv zu denken und das Leben im Rhythmus der Natur gleich auszuprobieren. Griff zur Schaufel vor dem Haus und füllte drei Eimer mit Schnee, die ich unter der Heizung platzierte. War ich clever, da konnte ich zumindest die Toilette spülen und nach dem Abendessen eine fixe Schneedusche nehmen! In der Zwischenzeit stellten wir das Bier im Schnee kalt. Drei Stunden später schaute ich nach. Der Schnee war immer noch Schnee. Wie jetzt?

Immer wieder drehte ich am Wasserhahn. Nichts. Meine Geduld bröckelte. Mit den Wasserreparaturheinis und mit dem Schnee und überhaupt. Also ungeduscht schlafen. Am Morgen war bestimmt wieder alles gut.

War es nicht. Maria schrieb, auf dem Marktplatz stehe ein *Vattenbil,* wo man sich Wasser holen könne. Ein Wasserauto? Was sollte das sein? Ich ging hin. Dort stand ein Laster, beschriftet mit *Vatten,* Wasser, wo die Leute mit Eimern und Kanistern in der Schlange warteten. Trotzdem war am Abend meines zweiten Tages in Baskeri die erste Nervenkrise da. Diego war auf dem Weg zurück nach Helsinki, gestresst, ungeduscht, ich war müde, einsam, stank, und mir war kalt. Am liebsten hätte ich das Auto genommen und wäre nach Hause gefahren. Aber das kündigte mit rotem Warnzeichen einen Motorfehler an, irgendwas mit dem Kühlungsmittel. Ob ich den Karren trotz Überhitzungsgefahr in eine Werkstatt in Kalix kriegte? Ich heulte ins Kopfkissen. Was hatte ich mir da bloß eingebrockt? Ich fühlte mich wie eine Nichtschwimmerin, die ins tiefe Ende des Pools gesprungen ist und erwartet, plötzlich schwimmen zu können. Leben im Rhythmus der Natur? Ich hatte keine Ahnung davon, kam nicht mal 36 Stunden ohne Wasser klar, Schnee schmolz auch vor der Heizung nicht, und das Auto fand das alles genauso scheiße wie ich.

Dann die Überraschung am übernächsten Morgen: Wasser! Und das Auto schaffte es zur Werkstatt – wo mir der Besitzer trotz Brückentag öffnete und einen Blick unter die Motorhaube warf. Dort entdeckten wir eine irre schöne Eisskulptur, die der freundliche Kerl (oder *Karl,* wie man Männer in Schweden nennt) fünfzehn Minuten lang mit heißem Wasser zum Schmelzen brachte. Um dem zeternden Wagen daraufhin ein neues Kühlungsmittel zu verpassen, sodass auch der nun lapplandtauglich war.

Ich freute mich wie eine Schwedin, die gleichzeitig Nordlichter und einen Albino-Elch sieht – bis mir Maria am Nachmittag eine SMS der Gemeinde Kalix weiterleitete: »Aufgrund eines Wasserrohrbruchs in Båtskärsnäs sind wir gezwungen, allen Haushalten das Wasser abzustellen ...« Nein! Ich wuchtete meinen halb leeren Kanister unter den Wasserhahn. Zu spät. Ich war erst seit zwei Tagen im Norden, doch mein Respekt vor der Macht der Natur, vor der Kälte und dem Eis, war immens. Meine Schneesammlung hatte sich nach drei Tagen zwar zu jeweils einem Viertel Eimer Wasser verflüssigt, aber der Schnee konnte mich mal. Lernen wollte ich noch nichts. Erst recht nicht darüber, dass die Natur ihr eigenes Ding dreht und dass Schnee, wenn er noch nicht bereit ist zu schmelzen, halt nicht schmilzt. Es sei denn, man kocht ihn im Topf ab, wie ich später erfahren würde. In meinen ersten Tagen in Lappland kapierte ich weder das Konzept von Langsamkeit noch, dass alles die Zeit braucht, die es eben braucht. Ich steckte im Actionmodus der Stadt, schaffte es noch nicht, mich dem Rhythmus der Natur unterzuordnen. Meine Antennen suchten weiter nach den Signalen »Funktionieren« und »Abereinbisschenplötzlich«. Doch als ich am Abend dieses 8. Januar auf dem Eis liege und jede Millisekunde der grünen Tanzshow mit dem Blick aufsauge, da passiert etwas. Da denke ich nicht mehr an den wasserlosen Start und Frust, weil mir keine puderschnee-sanfte Ankunft bereitet wurde. Und selbst wenn ich in dem Augenblick wüsste, dass mir Maria bald die nächste SMS der Gemeinde Kalix weiterleiten wird mit der Ankündigung, das Wasser müsse ein drittes Mal abgestellt werden, würde das bei mir plötzlich nicht mehr als ein Schulterzucken hervorrufen. Das Wasser in Båtskärsnäs ist wie das Licht im Winter. Äußerst rar, also muss man es in vollen Zügen genießen, wenn es da ist. Ich bin angekommen. Ab dem Moment, als mir der Himmel sein grünes *Välkommen* tanzt. Und was kann ich froh sein, dass ich gleich so eine schöne Geschichte zum Erzählen habe, denn wie langweilig wäre es, wenn immer alles glattliefe?

Wenn die Sonne gegen halb zehn aufgeht und sich die Blaumeisen schon an den Vogelhäusern der Vorgärten satt futtern, gehe ich raus. Stets zieht es mich die knapp 300 Meter runter zum Meer – zum Bottnischen Meerbusen, wie sich das nördliche Ende der Ostsee nennt –, der aufgehenden Sonne entgegen. »Du bist wie Ikarus«, scherzt mein über siebzigjähriger Nachbar Gunnar, dessen täglicher Sonnengruß im Schneeschaufeln besteht. »Dich zieht es immer zum Licht.«

Stunden bevor die strahlende Rundung über den Horizont lugt, kündigt der arktische Himmel das Spektakel mit Farbfanfaren an. Jeden Tag aufs Neue eine Prophezeiung, die keine Trompeten und Posaunen braucht, nur Nuancen, die in ihrer harmonischen Ouvertüre eindeutig verraten, was da kommt. Tiefes Blau wird zu Babyrosa wird zu Orange und manchmal Rot, bis der Himmel das Ganze am frühen Nachmittag zurückspult. Wie ein Lebenszyklus mit seinem Beginn in Babyschritten, den knallorangen Jugendjahren, der grellen Sonne am Mittagshimmel als Mittelpunkt der Existenz bis zum sachten Zurückfahren des Lichts und einem ruhigen Abgang, der nichts vermissen lässt. Ein ganzes Leben in gut drei Stunden.

Viele Leute haben mich vor meiner Abreise nach Lappland gefragt, ob ich nicht Angst hätte vor der Dunkelheit. Ehrlich gesagt dachte ich gar nicht darüber nach, zumal die Ostseeküste im Winter etwa drei Stunden Licht abbekommt und keine vollkommene Dunkelheit wie nördlich des Polarkreises. Nach wenigen Tagen in meinem neuen Zuhause habe ich eine Antwort auf diese Frage: Nein, die Dunkelheit macht mir keine Angst, ich vermisse auch nicht mehr Licht. Denn wichtig ist nicht die Anzahl an täglichen Sonnenstunden, sondern die Intensität des Lichts, wenn es da ist. Was bringen mir sieben Stunden meist grauer Tageshimmel in Hamburg, wenn ich dafür drei Stunden praller Arktissonne mit filmreifem Auf- und Abtritt genießen kann? Klar, wir sind auf Wollen gepolt, und Wollen bedeutet oft mehr, nicht weniger. Aber ich will nicht mehr Licht, sondern die Höchstqualität des wenigen, das mir die Arktis schenkt.

Fast geht es mir sogar zu schnell mit dem Längerwerden der Tage. Bin ich von Deutschland gewohnt, dass das Licht ab Januar eher schleppend mehr wird, so ist die Rückkehr der Sonne das wohl Einzige in Lappland, das mit Schmackes passiert. Als wollte sich das Leben ins Rampenlicht zurückdrängen. Wirkte die Sonne am 5. Januar noch wie ein schüchternes Tier, das erst nach halb zehn am Morgen hervorlugte und sich um dreizehn Uhr schon wieder versteckte, so zeigt sie sich nur zwei Wochen später bereits gegen neun, um mutig bis vierzehn Uhr zu bleiben. Selbst an grauen Tagen quetscht sich meist ein Stück aufgehender Feuerball durch einen Streifen am Horizont und verwandelt den Wolkenhimmel in ein Flammenmeer. Vielleicht trainiert die Sonne für die Mittsommernächte, wenn ihr die Puste nicht ausgehen darf. Tag für Tag freue ich mich auf die ersten und letzten Minuten des Lichts – und für meine ungeduldige Natur ist es wunderbar, dass dazwischen nicht viel Zeit liegt.

Wenn die zwischenzeitlich gestiegenen Temperaturen von minus zehn auf minus zwanzig Grad sinken, spürt man das als Erstes in der Nase. Es kitzelt in den Nasenlöchern, und den Schal bedeckt eine sanfte Eisschicht. Wobei die Samen den Begriff kalt überhaupt erst ab etwa minus zwanzig Grad benutzen: *galmmas.* Wie eine Eissüchtige zieht es mich täglich hinaus auf die zugefrorene Ostsee. Noch immer will ich kaum glauben, dass die Eisschicht so dick ist, dass ich zu allen Archipelinseln in Sichtweite laufen kann. Und dass sogar die von den Einheimischen heiß geliebten Schneemobile übers gefrorene Meer flitzen. Zunächst faszinieren sie mich, bin ich sogar neidisch, wenn jemand per Schneescooter seinen Hund auf dem Eis Gassi führt oder mit Anhänger zu den Inselsommerhäuschen düst. Doch bald nerven sie mich. Meine Ohren machen ein Schneemobil schon aus weiter Ferne aus. Und der Gestank! Ist die Luft normalerweise rein, so wabert der Auspuffmief minutenlang über dem Boden. Ein wenig schäme ich mich, ein Mensch zu sein und in diese Natur vorzudringen, selbst wenn ich es so weit möglich zu Fuß tue. Menschen stören in dieser Wildnis nur, denke ich. Störe ich auch? Oder nehme ich mich, uns Menschen, zu sehr als getrennt von der Natur wahr? Stelle ich die Städte mit ihrem Komfort und aller Rennerei ans eine und die Natur ans andere Ufer eines reißenden Flusses ohne Brücken? Ich sehne mich danach, mich mehr als Teil von ihr zu empfinden, sie mit frisch bebrillten Augen, offenen Ohren und einer fein gestimmten Nase zu entdecken. So beginnt bereits in meinen ersten Wochen in Lappland ein Umpolen meiner Sinne. Jeder Tag weit weg von einer Metropole, von Menschenmassen, Beton und Dauerbeschallung lässt mich deutlicher spüren, dass auch ich einen Platz in der Natur habe und verdiene. Und dass ich diesen Platz mit solcher Fürsorge behandeln möchte wie mein Haus, auch wenn ich dort manchmal etwas ungewollt kaputt mache.

Wenn das Knattern der Schneemobile verklungen ist, knirscht nur noch der Schnee unter meinen Sohlen. Oder nein, er klingt anders, wenn er Meereis und nicht festen Boden bedeckt. Auf dem Eis schmatzt er! Wenn mir selbst dieses Schmatzen zu laut wird, bleibe ich stehen. Lausche den Geschichten der Stille, die mir mehr geben als meine eigenen, die ich mir schon Hunderte von Malen erzählt habe. Für die Einheimischen sind die Worte der Stille olle Kamellen. Sie sind sich ihrer genauso wenig bewusst wie ein Stadtmensch des Hintergrundchors aus Motorengeräuschen, Sirenen und Stimmen. Oft ernte ich ein erstauntes »Jaha?«, wenn ich Maria, Peter und anderen Dörflern von der Stille vorschwärme. Für mich ist sie dagegen eine Meisterverführerin, sie macht mir das Präsentsein schmackhaft, und verliere ich mich im Gequatsche in meinem Kopf, holt sie mich zurück.

Meist bin ich allein mit meinem wie Rauch aufsteigenden Atem. Viele Leute haben mich gefragt, ob ich mich in Lappland nicht einsam fühlen würde. Ich überlege. Sehe weiße Weite vor mir. Nein. Ich fühle mich umarmt, adoptiert von dieser Natur, die mir erstmals seit Langem das Gefühl vermittelt, ich selbst sein zu dürfen. Was habe ich mich oft in Gruppen oder bei Gesprächen einsam gefühlt, wo ich schauspielern musste – bloß nicht das Falsche sagen oder tun, bloß wie erwartet aussehen. Aber niemals bei Solomomenten in der Natur, nicht einmal auf der zugefrorenen Ostsee, wo alles um mich herum auf ewig erstarrt wirkt. Denn einige Zentimeter tiefer gibt es lebendiges Wasser, nur oberflächlich ist es ruhig. Manchmal, wenn ich ganz still auf dem Eis stehe, vernehme ich gar ein Glucksen. »Das Schnarchen des Meeres«, nenne ich es und stelle mir vor, wie das Meer döst und Kraft für Frühling und Sommer sammelt. Für die Zeit, wenn Wellen die Strände lecken, Boote über die Wasseroberfläche brausen und sich Menschen in das Abkühlung versprechende Nass stürzen.

Mit fast jedem Schritt auf dem gefrorenen Wasser lege ich eine Sorge mehr auf Eis. Das Gedankenkarussell friert ein. Ich spare Energie für jeden Atemzug, für meine Nasenlöcher, die mit dem Aufwärmen nicht nachkommen. Auf einer Mini-Insel mit zwei Häusern sinke ich bis zur Hüfte im Schnee ein. Bleibe stehen, zu Regungslosigkeit verdammt. Oder mit der Erlaubnis innezuhalten. Ich staune. Über Äste, die sich unter der Schneelast bis zum Boden biegen, aber nicht brechen. Es gibt doch ein Sprichwort, dass man sich manchmal biegen muss, um nicht zu brechen!

Den Umgang mit den Lasten des Winters lehren jedoch nicht nur die Bäume, sondern auch manche Tiere. Wenige Tage später lerne ich auf der Arctic Moose Farm bei Överkalix vom König des Waldes persönlich. Bevor mir Farmbesitzer Ola, gebürtiger Same, seine gut ein Dutzend Elche vorstellt, deutet er auf imposante Geweihe, die auf Tischen neben dem Gehege verteilt liegen. Ob er die Tiere alle geschossen habe, frage ich, und der Mann in den Siebzigern kräuselt die Stirn. »Weißt du nicht, dass ein Elch jedes Jahr sein Geweih abwirft und es wieder nachwächst?« Ich schüttle den Kopf, und er erklärt: »Nach der Brunftzeit im Herbst brauchen die Elchbullen ihr Geweih nicht mehr, sie müssen ja nicht mehr schön sein.« Doch das ist längst nicht alles: Sei ein ausgewachsener Elch über 600 Kilogramm schwer, wiege das Geweih zusätzliche dreißig Kilogramm. »Im Winter müssen die Tiere in der freien Wildbahn Energie sparen, um zu überleben, und da ist ein Geweih unnötiger Ballast. Deswegen wird es meist im Januar abgeworfen, mal früher oder später, und wächst ab dem Frühjahr nach.« Was für ein praktischer natürlicher Prozess! Ohne Bedenken, ob das Geweih nicht doch zu schick und schade ist, um es wegzuwerfen. Meine Gedanken schweifen ab, ich überlege, wie viele Kilo Ballast ich mit mir herumschleppe. Erst recht in schweren Zeiten, denn dann sprießt im Kopf das üppigste Geweih, ein Gebein aus schlimmen Erinnerungen, Sorgen und Existenzängsten. Ich habe schon die Bäume beneidet, aber so ein Elch ist noch cleverer!

Ola erzählt weiter, dass sich die Basthaut am Elchgeweih ab September oder Oktober verhärte und ablöse, womit die Tiere an Bäumen und Büschen rieben, um ihren Duft zu verteilen. Und das ist nicht alles: Elchkühe fänden nicht nur den Duft von alter Haut sexy, sondern auch den Uringeruch der Bullen! Denn die graben im Herbst Gruben, pieseln hinein und verteilen den Urin dann über ihr Geweih – was bei Elchkühen den Eisprung auslösen soll.

Der größte Elchbulle der Farm, der zehnjährige Oskar, hat sein Geweih bereits verloren, seine Kumpels halten noch daran fest. »Kannst du dir vorstellen, dass ein Elchbaby gegen Mittsommer mit fünf Kilo auf die Welt kommt, nach fünf Monaten aber schon hundert Kilo wiegt?«, fragt Ola, während er die sich um ihn scharenden Tiere füttert, die sich anrempeln und anröhren. Manche sind so zahm, dass sie sich von Ola und selbst von Besuchern knutschen lassen – aber nicht an diesem Tag. »Muss wohl meine Zähne noch putzen«, grunzt der alte Mann, als ihm eine Elchkuh statt ihrer Schnauze den Allerwertesten zuwendet. »Apropos – an einem Elchzahn kann man ablesen, wie alt das Tier ist. Das ist wie mit Baumringen.«

Auf der Rückfahrt beschäftigt mich eine Ausgangsfrage meines Lapplandprojekts: Was passiert zu jeder der acht Jahreszeiten in der Natur? Mir dämmert, dass diese Frage vom Stadtmenschen in mir stammt. Immer soll, muss irgendwas passieren. Wäre es in der nördlichen Weite nicht sinnvoller zu fragen: »Was lehrt mich die Natur zu jeder Jahreszeit?« Im Winter darf alles zur Ruhe kommen, Vierbeiner, die ihn nicht verschlafen, werden wie die Elche in den Energiesparmodus gezwungen. Pflanzen und Tiere geben ihr Bestes, um keine Reserven zu vergeuden, und was diesem Ziel zuwiderläuft, kommt weg. Nicht wochen-, sondern monatelang. Damit sich dann, wenn der Winter spät wird und der Frühling reift, alle gesparte Kraft in Erwachen und Streben nach Neuem entlädt. Nicht als Sabbatical nach oder vor der großen Lebenskrise. Jahr für Jahr. Ruhe und Neuanfang als Lebenszyklus, der Überleben sichert. Was würde im Januar mit einem Baum passieren, wenn man ihn zwangsenteisen und zum Blühen zwingen würde? Was mit einem Elch mit üppigem Geweih? Ich vermute, beide würden sterben. Weil sie im Gegensatz zu uns Menschen gar nicht erst versuchen, gegen ihre Natur zu leben.

Wenn ich das zu Eis gewordene Meer und die vereisten Flüsse betrachte, wenn Äste unter der Last gebogen stillhalten, wenn Früchte, die die Kunst des Loslassens nicht rechtzeitig erlernt haben, an den Bäumen erstarrt sind, dann spüre ich: Da passiert nichts! Da muss auch nichts passieren. Da ist einfach Stille und Frieden, nur die Schneekristalle funkeln in den Sonnenstrahlen. Ein Seindürfen, so, wie es gerade ist. Die Samen nennen den Winter »die Zeit der Pflege«. Wann habe ich, wann haben wir das verlernt? Warum gönnen wir uns nicht regelmäßig unsere »Zeit der Pflege« und warten stattdessen darauf, dass uns Krisen dazu zwingen? Weil der Takt von Fortschritt und Haben den Rhythmus unserer eigenen Jahreszeiten so lange übertönt hat, dass wir ihn nicht mehr wahrnehmen? Miete, Strom, Benzin und der Steuerberater wollen schließlich bezahlt werden! Was haben es die Bäume gut, die einfach rumstehen dürfen!

Einen Januarsonntag lädt mich Niklas, der wenig älter ist als ich, zu einem Ski- und möglicherweise Jagdtag auf der Insel Rånön unweit von Kalix ein. 2020 hat er mir bei einer Bootstour den herbstlichen Fischfang und die Gewinnung von *Löjrom* erklärt, Fischrogen von silberfarbenen Minifischen namens Kleine Maränen. Damals haben wir den *Löjrom* auf Rånön verkostet, in Niklas' *Stuga* (Sommerhaus), das auch nach Bullerbü gepasst hätte. Ich kann es kaum erwarten, die Insel nun im Schnee zu erleben, und noch weniger, endlich auf einem Schneemobil mitzufahren – die einzige Möglichkeit, die größte Insel des Bottnischen Meeres im Winter zu erreichen. Ich stehe den Dingern zwar immer noch kritisch gegenüber, sind sie doch laut, stinken und haben mit Nachhaltigkeit nichts zu tun, muss aber auch zugeben, dass die Fortbewegung im winterlichen Norden ohne Schneemobil sehr eingeschränkt wäre.

Wir brausen übers Meer, entlang von ins Eis gesteckten Zweigen, die einen Weg über die zugefrorene Ostsee markieren und bei Dunkelheit sowie Schneegestöber Orientierung bieten. Der Wind sägt an meinem Gesicht. Ich habe die Sonnenbrille vergessen, und würde ich nicht ständig die Augen schließen, würden sie mir wohl offen zufrieren. Manchmal knackt das Eis unter uns, und in meiner Fantasie sehe ich ein klaffendes Loch, in dem wir mitsamt Scooter verschwinden. Aber das passiert nicht. Passiert laut Angaben der Einheimischen sowieso nur selten, denn wer im Norden heimisch ist, weiß, wann er wo und wie lange übers Eis fahren kann, wo die Strömungen verlaufen, wo das Eis schneller taut. Später werde ich lernen: Wenn das Eis zu brechen beginnt, geh oder fahr schnell weiter, bleib nicht stehen, denn dann brichst du ein. Klingt logisch.

Meine dicken Fingerhandschuhe haben Niklas ein Kopfschütteln entlockt, und er hat mich mit wattierten Fäustlingen ausgestattet, darin ein zweites Paar aus Wolle. Dadurch wärmen meine Finger einander, nur die Daumen frieren langsam ein, während sich meine Hände an den Griffen des Scooter-Rücksitzes festklammern. Meine Zehen protestieren selbst in zwei Paar Socken und übergroßen Schneestiefeln. Ich versuche es mit warmen Gedanken. Erinnere mich an Niklas' gemütliche Insel-*Stuga* mit rosa Tapeten, an ein im Ofen loderndes Feuer, das Knacken der Scheite. Ich träume davon, wie wir auf Rånön ankommen und in diese mollig warme *Stuga* fliehen, bis meine Zehen vorm Feuer auftauen und sich meine Finger an einem Kaffeebecher gewärmt haben. Doch fehlgehofft.

Wir flitzen an der *Stuga* vorbei, die samt Fensterscheiben eingefroren ist. Meine Zehen und Finger schmerzen, die Lippen wollen mir nicht mehr gehorchen. Sollen wir so durchgefroren loslaufen? Mein Hamburger Alter Ego sehnt sich nach einem Café und Latte macchiato. Es verpufft, als Niklas das Schneemobil im Wald zum Stehen bringt und uns ein Elch aus wenigen Metern Entfernung anstarrt, als wollte er sagen: »Was ist das für ein verdammter Krach in meinem Wald? Verschwindet!« Recht hat er und macht vor, wie ein eleganter Abgang aussieht.

Niklas interessiert der Elch ebenso wenig wie meine erfrorenen Extremitäten. Er kramt zwei Paar Langlaufskier aus dem Anhänger. Als jemand, der zweimal Abfahrtsski ausprobiert hat und dabei auf dem Po sitzend statt auf den Skiern stehend unterwegs war, stelle ich mir Langlaufski wie ein Kinderspiel vor. Niklas fährt vor und bahnt uns eine provisorische Loipe, ich schlittere ihm nach. Ganz leicht! Aber was ist das? Fährt der einen Abhang hoch? Auf Skiern? Die für meinen Geschmack plötzlich viel zu langen Bretter ergreifen die Flucht nach hinten. Ich lande wieder da, wo ich schon beim Abfahrtsski war – auf dem Hinterteil. Niklas sieht mich so irritiert an wie der Elch zuvor uns beide, dann hält er mir einen Skistock hin und zieht mich hoch. Bei der nächsten Steigung dasselbe. Peinlich. Die Norrbottener lernen das Skifahren natürlich parallel zum Laufen.

Käme ich nicht schneller voran, wenn ich die Bretter ausziehe und zu Fuß weitergehe? Ich versuche es. Sinke bis zur Hüfte im Schnee ein. Niklas tut so, als hätte er im Geduldslotto den Sechser mit Zusatzzahl gewonnen, bis ich die Skier freiwillig wieder unterschnalle. Da die Dinger noch immer eine andere Richtung einschlagen als meine Füße, dauert der Aufstieg auf Rånöns höchsten Hügel, den Niklas für ein Picknick im Sinn hat, ziemlich lange. Erst nach Stunden merke ich, dass es hilft, die Skier beim Aufstieg seitlich in den Boden zu rammen und mir gleichzeitig mit den Stöcken vorwärtszuhelfen. Bald bin ich kaputt wie nach zwei Stunden Intensivtraining in der Muckibude. Mein Respekt vor dem Schnee wächst. Nicht nur, dass er sich weigert, vor der Heizung zu schmelzen, er kann auch einen recht fitten Menschen auf zwei dünnen Brettern allemachen. »Nur noch 300 Meter«, ermuntert mich Niklas. Die nach gut zwanzig Minuten geschafft sind. Ich bin unglaublich durstig, mein Körper kämpft mit den ungewohnten minus 26 Grad, versucht, von überallher Energie abzuzapfen.

Als wir oben ankommen, ist die Sonne untergegangen, und Niklas greift nach Zweigen fürs Feuer, obwohl das eingefrorene und feuchte Holz ungern brennen wird. Ich hätte mich auch mit einer halb gefrorenen Stulle zufriedengegeben, aber in Lappland ist ein Mittagessen ohne Feuer und Grillen angeblich kein Mittagessen. Und das Feuer muss groß sein, sonst ist man kein richtiger Mann! Während Niklas die Flammen zum Lodern bringt und dann Wurst aus Elch- und Rentierfleisch in einer Pfanne verteilt, bin ich abgelenkt. Von der weiß erstarrten Kulisse 360 Grad um mich herum. Von diesem auf jedem noch so kleinen Ast erfrorenen Schnee, diesen sich der Kälte ergebenden Bäumen, die aussehen, als trügen sie nie ein grünes Blättergewand und wären in diesem Moment ultimativer Schönheit erstarrt. Ein Gemälde aus der Hand desselben begnadeten Malers wie die Nordlichter. Erst recht, wenn nach Sonnenuntergang die blaue Stunde anklingt und der Himmel seine rosafarbenen Pastelltöne gegen ein immer tieferes Blau eintauscht. Die weiß-rosa-blaue Schönheit bannt meinen Blick, schleicht sich in mein Herz.

Ich werde zum Kind, das zum ersten Mal einen echten Wintertag erlebt. Es geschieht etwas, das ich in Schwedisch-Lappland häufig erleben werde – ich fühle mich als Autorin unzulänglich. Weil mir die Worte einfrieren, mich die weiße Welt sprachlos zurücklässt. Dabei ist es meine Aufgabe, schöne Begriffe aneinanderzureihen, um Augenblicke, Szenen und Landschaften zu teilen. Aber was, wenn in mir so komplette Stille herrscht, dass jedes Wort fehl am Platz wirkt? Dann hoffe ich, dass auch das Teil der Geschichte wird, was diese Natur mit mir anstellt. Ein Teil der Geschichte, wie das Machen und Schaffen während der Wintermonate zum Stillstand kommt und ich mich diesem füge. Wie ich den vertrauten Action-modus seltener einschalte und wie die Elche im Energiespar-modus verweile. Mit den Sinnen an und der Gedankenma-schine aus.

Dankbar wärme ich mich am Feuer, als es endlich so hoch lodert, wie es nach Niklas' Geschmack manneswürdig ist. Er schneidet Tomaten und Zwiebeln auf, die zur Wildwurst ins Brot kommen. Niklas ist ein wenig enttäuscht, angeblich nicht von meiner Langlaufski-Performance, sondern vielmehr, dass er keine Vögel zum Jagen erspäht hat. In seinem Mehrtages-touren-Wanderrucksack steckt ein Gewehr, und seine Klei-dung ist weiß-dunkel getupft wie der Winterwald. »Die Men-schen in Norrbotten wären ohne die Jagd heute nicht da, wo sie sind«, lautet sein Mantra. Ich bin froh, dass er es zumindest nicht auf Elche abgesehen hat. »Früher hatten wir zu viele Elche, die Schäden an den Bäumen angerichtet haben und deshalb geschossen wurden, aber mittlerweile hat sich die Zahl zu stark reduziert.« Daher gebe es Regeln, wie viele Elche ein Jäger zu welcher Zeit schießen dürfe.

Auf dem Rückweg entscheidet sich Niklas für eine Abkürzung, damit wir nicht im Stockdunkeln zurück zum Schneemobil müssen. Für mich sieht in dem dichten, weglosen Wald ein Baum aus wie der andere, aber Niklas liest in und zwischen ihnen wie in einer Stadtkarte. Ich folge, während sich Zweige an meiner Jacke und Mütze festklammern, als wollten sie mich zum Teil ihrer Bilderbuch-Winterlandschaft machen. »Ich orientiere mich am Licht und daran, wo die Sonne untergeht«, erklärt Niklas. Immer wieder deutet er auf Spuren im Schnee. Oft stammen sie von Elchen, doch leider lässt sich kein weiterer König des Waldes blicken. In manchen der tiefen, in den Schnee gegrabenen Löcher, so erklärt er mir, würden sich die Vögel verbergen, die er gerne vors Gewehr bekommen würde, wie Birk- und Auerhühner. Obwohl ich begreife, wie wichtig die Jagd für die Menschen vor Ort ist, bin ich doch dankbar, dass alle Vögel an diesem Tag mehr als nur den Kopf in den Schnee gesteckt haben.

Auf dem Rückweg übers Eis deuten uns allein das Scooterlicht und der schlanke Mond am schwarzen Himmel den Weg. Als ich meine Wasserflasche aus dem Rucksack krame, ist darin ein Eisblock. Alles, was man nicht am Körper trägt, erfriert. Die Natur verleibt es sich ein, und es wird mehr als eine Viertelstunde dauern, bis das Gefühl vollständig in meine Finger und

Zehen zurückgekehrt ist und mich die Macht der eingefrorenen Welt fürs Erste freigibt.

Elche habe ich schon getroffen, aber noch keine Rentiere, denen wir die acht Jahreszeiten Lapplands ja zu verdanken haben. Denn es sind die kuschelig aussehenden Rudolphe, nach deren Bedürfnissen samische Rentierzüchter ihr Leben einst ausrichteten und dies teils noch heute tun. »Die Jahreszeiten der Rentiere« heißt der Zyklus daher auch unter Rentierbesitzern.

Mittlerweile habe ich gelernt, dass schwarze Plastiktüten über Leitpfosten am Straßenrand bedeuten, dass sich in der Gegend aktuell Rentiere befinden und man vorsichtig fahren muss. Viele dieser tütendekorierten Pfosten stehen an der Straße zwischen Båtskärsnäs und der Schnellstraße E4, und oft huscht mein Blick nach links und rechts, ob ich einen Nikolaushelfer erspähe. Nichts. Bis zu einem Dienstagmorgen. Ich will zum Einkaufen nach Kalix, fummele an der Autostereoanlage, auf der Suche nach einem zu meiner Morgenhochstimmung passenden Lied. Plötzlich trete ich auf die Bremse. Die neuen Spikereifen beweisen ihre Griffbereitschaft auf verschneiter Straße, und ich komme einen guten Meter vor sechs Rentieren zum Halten. Die schauen mich verwundert an, während ich juble und fotografiere, bis ein entgegenkommender Dorfbewohner die tiefenentspannten Tiere von der Straße hupt.

Den ersten Durchbruch in Sachen Rentiere habe ich damit schon mal erzielt, aber es kommt noch besser, als ich Örjan kennenlerne, Besitzer des Herrenhauses und Hotels Filipsborg in Kalix, der zu einer Rentierfütterung einlädt. Der Mittfünfziger, dessen Augen hinter der Brille Gelassen- und Zufriedenheit ausstrahlen, ist einer von etwa achtzig Rentierbesitzern der Gemeinde Kalix, wo die Rentierhaltung schon seit Jahrhunderten Tradition hat. Wilde Rentiere gibt es in Schweden angeblich gar nicht mehr, sie können sich allerdings in der Natur meist frei bewegen und gelten dadurch als halbwild. Wie das funktioniert, ohne dass alle Vierbeiner sofort fliehen, werde ich noch erfahren. Bevor wir zusammen zu den Tieren fahren, frage ich Örjan, ob er Same oder samischen Ursprungs sei. Er schüttelt den Kopf. Aber mir haben doch alle erzählt, dass Rentierhaltung den Samen oder jemandem mit samischen Verwandten vorbehalten sei! Örjan schaut mich an wie ein Lehrer eine unwissende Erstklässlerin. »Stimmt, *renskötsel,* die Rentierzucht, ist ursprünglich eine samische Tradition. Aber auch Schweden nicht samischen Ursprungs dürfen Rentiere halten, wenn sie ein Stück Wald besitzen und Mitglied eines *sameby* werden, eines Samendorfes.« Ich stelle mir ein lappländisches Bullerbü vor, wo Menschen in bunter Samentracht Rentiere Gassi führen. Da will ich hin! Doch Örjan lässt diese Blase gleich wieder platzen: »Ein *sameby* ist kein physisches Dorf, sondern eine verwaltungstechnische, regionale Samengemeinschaft.«

Später lese ich, dass es in Schweden aktuell 51 solcher Gemeinschaften gibt, darunter 33 Bergsamendörfer *(fjällsamebyar),* zehn Waldsamendörfer *(skogsamebyar)* und als Ausnahme für nicht samische Rentierbesitzer acht Konzessionssamendörfer *(koncessionssamebyar).* Diese finden sich an der Küste und in der Region Tornedalen an der schwedisch-finnischen Grenze, und darin ist die Rentierzucht mit Sondergenehmigung erlaubt. Örjan ist

Mitglied der Konzessionssamengemeinschaft von Kalix. Laut aktuellen Statistiken gibt es an die 4600 Rentierbesitzer in Schweden, von denen nur rund 2500 von der Zucht leben können. Allen anderen dient sie als Nebentätigkeit und -verdienst. Örjan zum Beispiel hält einige Tiere, um sie seinen Hotelgästen zu zeigen. Werden die nur zur Bespaßung der Touristen gefüttert? Örjan verneint. Oft könnten Rentiere dank ihrer empfindlichen Nasen zwar selbst im Winter Flechten unter dem Schnee erschnüffeln und danach graben. »Aber wenn sich unter dem Schnee eine dicke Eisschicht bildet, dann kommen sie nicht mehr durch, und wir füttern sie mit sogenannten Pellets.«

Wir fahren in einen Wald hinter Kalix. Wo ungefähr sich die Rentierherden aufhalten, wissen nur deren Besitzer. Das letzte Stück legen wir mit einem Mann zurück, dessen Gesicht die Jahreszeiten über Jahrzehnte gezeichnet haben und der an seinem Schneemobil einen Trog Rentierfutter auf Kufen mitzieht. Wir springen auf und halten uns am Trog fest, um hineinzufahren in die verschneite Waldlandschaft. »Wenn du dich Rentieren näherst, schau ihnen nie direkt in die Augen, dann bekommen sie Angst und fliehen«, warnt mich Örjan. Überhaupt sei Flucht ihre einzige Antwort auf Gefahr, Angriff kennten sie gar nicht. Selbst Rentiermütter legten sich nicht einmal zum Kälberschutz mit einem Feind an. Ich denke an viele Wildtiere auf meinen Reisen, wo es stets verteidigende Muttertiere waren, vor denen man sich hüten musste. Bären in Japan. Orang-Utans auf Borneo. Und sogar mit Elchmüttern ist angeblich nicht zu spaßen.

Die sensibelste Zeit für die Rentierkühe, die ich kurzerhand als feige abstemple, ist laut Örjan im April und Mai –

dann, wenn die Geburt der Kälber kurz bevorsteht. Regten sie sich in jenen Wochen zu sehr auf, sei es wegen Raubtieren, Schneemobilverkehr oder Hubschraubern in den Bergen, könnten sie Fehlgeburten erleiden oder neugeborene Kälber verlassen. Lange denke ich darüber nach, warum Rentiere so auf Flucht gepolt sind und, wie ich an diesem Tag beobachte, mit in den Nacken geschmissenem Kopf das Weite suchen, sobald sie Gefahr wittern. Hat die Erfahrung sie gelehrt, dass sie ohnehin den Kürzeren ziehen? »Rentiere haben viele Feinde«, erzählt Örjan, »zum Beispiel Wölfe, Bären, aber auch Raubvögel wie Adler, die Kälber angreifen.« Was macht ein Mensch, der gelernt hat, dass er stets gefressen beziehungsweise untergebuttert wird? Stellt er sich auf, um seinem Gegner ins Auge zu sehen oder ihn gar anzugreifen? Je mehr ich mich mit Rentieren beschäftige, desto besser verstehe ich Menschen, von denen bei Konflikten nur noch die Fersen zu sehen sind.

Mein erstes Rentiertreffen lehrt mich, dass sie nicht nur Meister der Flucht sind, sondern auch der Gewohnheit: Als nomadische Tiere, die die Winter in den Tälern und die Sommer in den Bergen verbrächten, liebten sie ihre gewohnten Umsiedlungswege, und schon kleine Veränderungen könnten sie aus dem Gleichgewicht bringen, so Örjan. Da mit der Zeit immer mehr Industriebetriebe, Straßen und Eisenbahnstrecken diese Wege durchtrennt hätten, sei es unter Rentierbesitzern heute üblich, die Tiere mit Lkws oder anderen Transportmitteln von einem jahreszeitlichen Quartier ins nächste zu bringen.

Wir sind erst wenige Minuten mit dem Futterschlitten unterwegs, da strömen Rentiere aus dem Wald. Manche schreiten neugierig heran, andere lugen hinter Bäumen hervor. Doch alle wissen: Das Knatterteil bedeutet einen vollen Magen. »Rentiere erkennen ihre Besitzer wieder«, weiß Örjan – den man wie alle Rentierbesitzer nie fragen darf, wie viele Tiere er genau hat, denn das wäre wie die ungenierte Frage nach dem Kontostand. Insgeheim träume ich davon, mir selbst ein Stück Wald zuzulegen, um einige der süßen Hirsche halten zu dürfen, die nur zwischen 90 und 140 Zentimetern groß sind und etwa die Hälfte eines Elchs wiegen, maximal um die 300 Kilogramm.

Ich frage mich, warum so viele Rentiere noch Ende Januar ihr Geweih haben. Werfen sie es im Winter nicht ab, um unnötigen Ballast loszuwerden? »Rentiere sind die einzige Hirschart, bei der Männchen und Weibchen ein Geweih tragen, aber beide brauchen es zu unterschiedlichen Zwecken«, erklärt Örjan. Die Weibchen nutzten ihr Geweih vor allem, um während der Trächtigkeit Futterstellen gegen andere Rentiere zu verteidigen, denn innerhalb einer Herde komme es schon manchmal zu Zank. Und da sie während des Winters trächtig seien, behielten sie ihr Geweih. Männliche Tiere würfen es hingegen meist im Herbst ab. Mein Eindruck, dass nichts in der Tier- und auch Pflanzenwelt grundlos zu geschehen scheint, verfestigt sich. Dass jedes noch so kleine Detail einen Zweck erfüllt – und genau in dem Moment verschwindet, wenn es nicht mehr dem Überleben dient.

Örjan scheint meine Gedanken zu lesen: »Rentiere sind dafür gemacht, auch bei Temperaturen bis zu minus vierzig Grad zu überleben. In ihrem Fell können sie Luft einlagern, was für gute Isolierung sorgt.« Also ungefähr so, als wenn man Winterstiefel zwei Nummern größer kauft, damit die Füße darin genug Platz zum Atmen haben. Aber Rentiere brauchen keine Stiefel. »Ihre Hufe sind wie Schneeschuhe – die Zehen spreizen sich beim Auftreten, damit die Tiere nicht im Schnee versinken.« Liege hingegen kein Schnee, machten sie beim Laufen ein Klackgeräusch wie von Pfennigabsätzen, hervorgerufen von Sehnen über den Knochenvorsprüngen im Fuß.

Mein Herz geht auf, als einige Rentiere ganz nah an uns herankommen, sobald genug Futter auf dem Schnee verteilt ist. Ich hocke mich unter sie, schaue ihnen nicht in die Augen und werde Teil der Herde. Solange ich ruhig bleibe, tun die Tiere dasselbe. Und sie futtern. Ich fühle mich willkommen, sehe aus der Nähe bestätigt, was Örjan erzählt hat: »Die Schnauze eines Rentiers besteht nicht nur aus Haut, sondern auch aus Fell, genau wie die Hufe.« Diese behaarten Schnauzen sind nicht die einzige Besonderheit der Rentiere – sie verfügen außerdem über Nasenlöcher mit vergrößerter Oberfläche, damit die kalte Luft gefiltert wird und aufgewärmt in die Lungen gelangt.

Ich frage, warum manche Tiere eine Glocke um den Hals tragen. »Das sind Leitkühe, denen die Herde folgt.« Meist seien das die ältesten Weibchen, sodass diese von größtem Wert für ihre Herde und damit für die Rentierbesitzer seien. »Es sind immer Weibchen, die alle Tiere zusammenhalten. Die Männchen sind oft aufmüpfig und Einzelgänger.« Um die Besitzer der Tiere zu identifizieren, werde allen Rentieren schon als Kalb oder Jungtier eine dem jeweiligen Halter zugeteilte Markierung ins Ohr geritzt. In einem Buch habe ich schon verschiedene Einkerbungssymbole gesehen. »Die Markierungen tun zwar kurz weh, verheilen aber schnell und sind für die Tiere weniger riskant als Plastikknöpfe im Ohr, mit denen sie hängen bleiben können«, erklärt Örjan, als er Mitleid auf meinem Gesicht abliest. Später erfahre ich, dass Knöpfe nur verwendet werden, wenn man bereits markierte Tiere von einem anderen Besitzer kauft und so im Prinzip »übermarkiert«. Und will man Rentiere kaufen oder verkaufen, geschieht dies stets mit einem ganzen »Zeichen«, wie sich alle Tiere einer Herde mit derselben Ohrmarkierung nennen. Das kann man sich wie gezwungene Familienweihnachten vorstellen: Man kann nicht ein Tier oder ein paar Tiere auswählen, sondern kauft die ganze Sippe. »Kälber erhalten zunächst eine Nummer, bis klar ist, welchem Muttertier sie folgen«, so Örjan. Das tue ein Kalb ein Jahr lang, bis der nächste Nachwuchs komme.

Aber was, wenn ein Tier der Kontrolle entwischt ist und keine Markierung trägt? Dann werde es bei der nächsten Rentiersammlung und -trennung an den Höchstbietenden versteigert, und das Geld gehe an die Samengemeinschaft, auf deren Land es gefunden worden sei. Und beim Zusammentreiben bekämen die Rentiere meist auch ihre erste Impfung oder einen Booster verpasst gegen sogenannte Dasselfliegen, die ihre Eier im Pelz ablegten, damit die Larven von dort unter die Haut schlüpfen und sich am Rentierspeck satt fressen könnten. Blaue oder rote Flecken auf dem Po zeigten an, dass das Tier geimpft sei.

Ich bitte Örjan, mich mal auf eine solche Rentiersammlung und -impfung mitzunehmen, und er verspricht, Bescheid zu geben – allerdings geschehe dies oft spontan. Wie spontan, erfahre ich, als am Samstagabend darauf eine Nachricht eintrifft: »Kommst du mit zur Rentiertrennung, zur *renskiljning,* morgen früh?« Und ob!

Um acht Uhr geht es am Sonntagmorgen in andere geheime Wälder, wohin nur die Rentierhirten der Umgebung finden. Dort tummeln sich SUVs und Transporter, beschriftet mit *djurtransport,* Tiertransport. Etwa zwanzig Mitglieder des Konzessionssamendorfes von Kalix haben sich eingefunden und einige Herden bereits zusammengetrieben. In kleinen Gehegen, umgeben von Holzzäunen, wuseln die Rentiere durcheinander, ihr Atem steigt wie Rauchwolken in der Luft auf. »Viele Tiere anderer Samengemeinschaften haben sich unter unsere Herden gemischt, wir müssen sie neu trennen und woandershin transportieren, wo sie keine Landwirte stören«, erzählt Örjan. Außerdem sei die Eisschicht am Boden nach den letzten Nächten so dick, dass die Tiere aufgegeben hätten, im Schnee zu graben, und herumwanderten – ein Zeichen für Besitzer, sie zu füttern.

Einige der Halter, die sich in die Umzäunung gewagt haben, werden an- und umgerempelt – knapp zwei Dutzend Männer und zwei Frauen, von denen eine mit einer Spritze hantiert, die ungefähr so lang ist wie ihr Arm. Die Männer werfen sich zum Teil auf die Tiere, die ihren unterschiedlichen Umgang mit Stress zum Ausdruck bringen wie Menschen unter Deadlinedruck. Entspanntere Rentiere werden nur wenige Sekunden am Geweih festgehalten, bis die Impfung verpasst und der Po blau oder rot markiert oder die Ohrmarkierung überprüft wurde. Tatsächlich ist mancher Frechling einer Markierung bisher entkommen. Eine Auktion startet: »2000 Kronen!« – »Nein, 2500!« Ein Tier geht für 3600 Kronen weg, etwa 360 Euro. »Der Wert hängt von verschiedenen Kriterien ab, zum Beispiel von Geschlecht und Alter«, klärt mich Örjan auf. Weibchen seien schon wegen ihres Dienstes als Herdenführer wertvoller und eins, das regelmäßig Kälber zur Welt bringe, wiederum mehr als ein weniger gebärfreudiges. Ein über 70-Jähriger beweist sich als Stimmführer der trotz minus zwanzig Grad schwitzenden Rentierbesitzertruppe – ist eine Markierung nicht klar, wird er zurate gezogen. Ich packe mit an, als die nächste Herde mithilfe einer gefühlt endlosen Plastikplane in den Zaunverschlag bugsiert wird.

Während die Küstenrentiere laut Örjan im Frühling in die höher gelegene Region um Överkalix ziehen oder gebracht werden, geht es für die Rentiere der meisten Berg- und Waldsamen in die Berge. Den Sommer verbringen sie dort, bis das Futter wieder knapper wird und sie zum Wintereinbruch erneut zusammengetrieben und zurück auf die Ebenen oder in die Küstenwälder gebracht oder geschlachtet werden. Leben im Rhythmus der Rentiere und ihrer Bedürfnisse, wie es einst die Existenz der Samen bestimmte. Kein Wunder, dass die Ureinwohner fürs und rund ums Rentier Begriffe entwickelt haben, die sich kaum ins Deutsche übersetzen lassen: So ist ein *gálbbenjunni* ein Ren mit weißer Schnauze, ein *nuipu* ein Ren ohne Geweih, ein *golggot* ein erschöpftes männliches Ren und ein *rukses miessi* ein Kalb, das noch seine Geburtshaare trägt. Und wir, wofür haben wir in unserer Sprache die meisten Wörter?

Entdecke ich auf meinen Spaziergängen ums Dorf Wege abseits der mit Traktoren freigeschaufelten Straßen, versinke ich oft tief im Schnee. Manchmal steckt ein Bein fest, und ich kann es nur mit Mühe befreien von den klammernden Massen oder von Zweigen tief unter der weißen Pracht. Jedes Mal schwöre ich mir, nächstes Mal Schneeschuhe mitzunehmen, aber mir gefällt der Kampf um jeden Schritt auch. Und erst recht die Ankunft an neuen Orten, die außer mir in diesen Tagen, vielleicht sogar in diesem Winter, noch keiner erreicht hat. Ich mag es, in Zeitlupentempo voranzukommen, mit langem Atem, der auf einmal ganz natürlich im Rhythmus der Natur geht, weil ich mich dem Puls des Winters anpasse.

Auf Marias Rat hin, der Mutter meines Hausbesitzers, habe ich mir ein Paar schwedischer Power Boots zugelegt. Mit diesen nicht unbedingt vor Eleganz strotzenden, aber angeblich unverwüstlichen gefütterten Wintergummistiefeln bin ich schuhtechnisch nun auf (fast) jeden Tiefschnee vorbereitet. Es scheint unter den Norrbottenern einen positiven Gruppenzwang zu geben – man will sich seinem sozialen Kreis anpassen, bei Ausflügen dabei sein, und das geht nur, wenn sich alle die richtige Ausrüstung anschaffen. Jetzt habe ich also passende Fäustlinge und passende Boots, denn die Winterwelt erscheint nur feindlich, wenn ich nicht auf sie eingestellt bin. »Denk auch an eine Notfalltasche im Auto, wenn du liegen bleibst und auf Hilfe warten musst«, redet Maria auf mich ein. Einen Erste-Hilfe-Kasten? In Deutschland müssen darin neuerdings auch zwei FFP2-Masken enthalten sein, erkläre ich ihr, und ihr Blick sucht mein Dach auf Schäden ab. »Quatsch, du brauchst eine extradicke Jacke, Thermounterwäsche, warme Pullover, Reflexweste, Schlafsack, Kopflampen, Kerzen, Streichhölzer und eine Schaufel! Was willst du denn machen, wenn du in der Kälte stehst und das Auto nicht mehr anspringt?« Mich lebendig begraben? »Die Schaufel ist natürlich für den Fall, dass der Wagen im Schnee versinkt und du ihn freischaufeln musst!« Seitdem fahre ich also ständig eine Menge Klamotten, meinen Schlafsack, Kerzen und eine Schaufel spazieren.

Maria ist noch nicht fertig mit mir. »Fahr besonders vorsichtig in der Dämmerung und bei Dunkelheit, wegen der Elche. Wenn sie Fernlicht sehen, bekommen sie Panik und laufen direkt auf die Straße.« Ich denke an den 600-Kilo-Bullen Oskar auf der Arctic Moose Farm, und mir schaudert beim Gedanken an ein Zusammentreffen zwischen einem solchen Exemplar und meinem Wagen. Was wahrscheinlich für den Elch und mich ein gemeinsames Date mit Petrus bedeuten würde. »Fahr nicht schneller als siebzig Stundenkilometer und guck nicht nur geradeaus, sondern gleichzeitig nach links und rechts«, lautet die lappländische Winter-Fahrtheorie. »Achte immer darauf, ob sich im Dickicht etwas bewegt. Du kannst Elche gut erkennen an den langen weißen Beinen.« So vorteilhaft lange Beine auch bei manchen Menschen aussehen mögen, bei Elchen tragen sie bei Unfällen zu den häufig fatalen Folgen bei: Der schwere Rumpf landet dadurch genau auf der Windschutzscheibe. Fortan schleiche ich bei Dunkelheit also mit fünfzig Stundenkilometern über die Straßen, die Augen weit aufgerissen, mein Empfangsradius auf höchste Sensibilität eingestellt. Achtsamkeitstraining für Fortgeschrittene, denn eine Sekunde des Abgelenktseins könnte das Ende bedeuten.

Obwohl ein tierischer Crash auch auf der von Wald gesäumten Straße nach Baskeri droht, atme ich stets auf, wenn ich aus Richtung Kalix kommend nach rechts abbiege. Da ist dieses Gefühl, nach Hause zu kommen. Viele haben mir erzählt, dass sie Heimat mit Familie und Freunden verbinden, einige mit dem Geburtsort, wenige mit einem selbst gewählten Herzensort. Ich spüre schon nach wenigen Wochen in Baskeri, dass sich meine Definition von Heimat erweitert hat: Ein Stück Heimat liegt nun auch da, wo mich nach dem Abbiegen von der Schnellstraße dichter Wald umarmt.

Maria gibt mir nicht nur Tipps zum Autofahren im Reich der Elche und Rentiere und zur lapplandtauglichen Kofferraumbestückung. Sie rät mir auch, beim Spaziergang auf dem Eis immer zwei Eishaken mitzunehmen, die man sich an einer Schnur befestigt um den Hals hängt. »Falls du einbrichst, rammst du sie ins Eis und kannst dich so schnell wie möglich aus dem Loch ziehen.« Doch das Eis meide ich eine Weile: Als Ende Januar Plusgrade über Lappland hereinbrechen und alles zu schmelzen beginnt, als wollte sich der Frühling vordrängeln, bin ich enttäuscht. Habe ich etwa erwartet, dass sich der Klimawandel im hohen Norden nicht bemerkbar macht? Dabei ist er doch gerade an den Extremen der Erde besonders spürbar. Eines Nachts schreckt mich ein Plumps aus dem Schlaf: Der Schnee ist vom Hausdach gerutscht und hätte, wie ich am Morgen sehe, fast das Auto unter sich begraben. An was man alles denken muss!

In meiner Vorstellung schmilzt das Eis auf dem Meer sofort, wenn die Temperaturen über null Grad klettern. Die Dörfler lachen. »So schnell geht das nicht, dafür ist die Eisschicht zu dick, nur der Schnee darauf ist ein bisschen geschmolzen«, ver-

sichert mir Maria. Aufpassen müsse man nur, wenn es Strömungen und Zuläufe von Flüssen gebe, denn dort brauche
das Eis länger, um fest zu werden, und könne auch schneller
schmelzen. Doch ich traue der Sache nicht. Nur wenn das Eis
von Puderschnee bedeckt ist, also wie eine riesige, schneebe-
deckte Wiese wirkt, und ich es selbst nicht sehe, habe ich Vertrauen, dass es mich trägt. Dann denke ich nicht bei jedem
Schritt daran, dass mein Leben gerade von festgefrorenem Wasser abhängt.

Auch in einer Vollmondnacht spaziere ich abends runter
zum Meer. Die Dorfstraßenlaternen sind schon seit Tagen
kaputt, und manche Nachbarn beschweren sich, doch im
Gegensatz zu den Wasserrohrbrüchen ist mir die Straßenbe-
leuchtung wurscht. Erst recht, wenn der Mond heller scheint
als Hunderte von menschengemachten Lichtern und nicht nur
kleine, sondern auch dickere Sterne und Planeten in den Hintergrund leuchtet. Ich bleibe am Ufer stehen. Schaue über die
erstarrte Ostsee, deren glatt gelaufene und von Schneemobilen
glatt gefahrene Oberfläche im Mondschein glitzert. In der Ferne
bellen Hunde, deren Stimmen über den weißen Deckel auf
dem Meer hinausgetragen werden. Als sie verstummen, kehrt
meine Lieblingsmusik zurück. Die Stille. Doch nein! Was war
das? Ich zucke unter dem unerwarteten Knacken zusammen.
Nicht wie das von brechenden Ästen, eher metallisch. Schon
wieder, dieses Mal lauter! Ich sehe mich um, doch das nächste
Haus ist Hunderte von Metern entfernt, und außer mir ist niemand unterwegs. Da begreife ich: Es ist das Eis, das knackt! Als
würden die Wassergeister unter der Oberfläche aus ihrem Winterschlaf erwachen und miteinander sprechen.

Seitdem laufe ich öfters abends zum Rande des Eises und stehe dumm in der Nacht rum. Lausche, ob das Eis etwas erzählt. Meist enttäuscht es mich nicht, nur wenige Male hüllt sich die Bucht in Schweigen. Ich bin verzaubert. Davon, wie die Natur kommuniziert, wenn ich still stehe und lausche. Und in Schwedisch-Lappland ist es zunächst vor allem die Natur, mit der ich spreche. Oder mit der ich gemeinsam schweige.

Um in Båtskärsnäs einen Nachbarn kennenzulernen, klopft man an der Tür und schaut, ob es passt. Wenn ja, bedeutet das meist eine Einladung auf einen Kaffee und, noch besser, auf *kanelbullar*, Zimtschnecken, oder anderes Gebäck. So klopft es eines Sonntags bei mir. Vor der Tür, die ich nur nachts abschließe, steht eine kleine Frau, die ich auf sechzig schätze, in der Hand eine Flasche mit roter Flüssigkeit. »Ich bin Andrea, auch aus Deutschland, wohne aber schon seit sechs Jahren hier. Ich wollte dich einfach mal begrüßen.« Statt wie in Deutschland Salz und Brot habe sie eine Flasche ihres im Herbst selbst gemachten Preiselbeersaftes mitgebracht. Im Dorf hat sich schnell herumgesprochen, dass die *tyska damen*, die deutsche Dame, als die ich bekannt bin, länger bleibt, was die Dörfler neugierig macht. Ich bitte Andrea herein, krame in meinem Vorrat deutscher Schokolade und kritzele *kanelbullar* auf meine Einkaufsliste.

Andrea und ich plaudern, als hätten wir das schon oft getan. Es ist spannend, die Perspektive auf Dorf und Natur von einer kennenzulernen, die wie ich als Fremde nach Schwedisch-Lappland kam. Und die geblieben ist. »Ich gehe hier nie wieder weg.

Ich bin angekommen«, versichert mir Andrea und fasst damit ein Gefühl in Worte, das sich auch in mir breitmacht. Ich erfahre, wie sie und ihr mittlerweile verstorbener Mann spontan ein Haus gekauft haben und mit Hunden und Wohnmobil in den Norden gezogen sind. Wie sehr sie es liebt, im Herbstsommer Beeren zu pflücken. »Wenn du magst, sammeln wir dieses Jahr im August zusammen Beeren und machen Saft und Marmelade daraus!« Andrea erzählt mir, was ich bereits geahnt habe: dass die Natur, die ich bisher nur erstarrt kenne, in der kurzen Frühlings- und Sommerzeit all das hergebe, was man im Norden zum Überleben brauche. Sowohl Tieren als auch Menschen. Und dass manche Menschen, obwohl sie mittlerweile alles im Supermarkt kaufen können, teils trotzdem pflücken, sammeln und Vorräte anlegen für die langen Monate auf Eis. Mich überkommt das wohlige Gefühl, dass Andrea instinktiv versteht, warum ich in Lappland bin. Die Menschen, die in dieser Wildnis groß geworden sind, erstaunt und begeistert mein Interesse, doch es ist Andrea, die das Sehnen dahinter versteht, die »die Schönheiten, die Sensibilität einer Welt, die oft so rau und hart erscheint«, sieht, wie sie es ausdrückt. Die von einem Land spricht, das in seiner Stille trotzdem so viel Platz und Leben in sich trage. Im Verlauf der Monate werden sich viele der Einheimischen Lapplands, mit denen ich spreche, als *hemmablind* bezeichnen, heimatblind. So, wie ich es für den Ort bin, an dem ich aufgewachsen bin, weil mir dort alles vertraut und damit selbstverständlich erscheint.

Hat mir Maria bereits viele nützliche Überlebenstipps gegeben, so darf ich auch von Andreas Erfahrungen lernen. »Wenn dir der Schnee vom Dach auf die Veranda fällt, mach ihn schnell weg, der wird sonst hart wie Beton!« Vielleicht erklärt das, warum Nachbar Gunnar, den ich insgeheim den Schneekönig nenne, bei jeder Flocke mit riesiger Schaufel und breitem Grinsen in der Einfahrt steht. Schneeschippen als Meditation. Obwohl, er mache das ja zum Sport, erklärt er mir, weil er kein Hockey mehr spielen könne. Alle, die ich in Baskeri kennenlerne, manövrieren sich durch die Härte des Winters wie ein Stadtmensch durch den morgendlichen Großstadtverkehr. *»Det kommer att lösa sig«,* gibt mir Maria für jedes kleine und größere Problem mit auf den Weg: Das lässt sich lösen. Für Menschen wie sie ist das Lösungsfinden so wesentlich wie Spikereifen von Oktober bis April. Denn die Umgebung, die Natur des Nordens, ist, was sie ist, und es ist Aufgabe des in ihr lebenden Menschen, Mittel und Wege zum Überleben zu finden. Keine Lösung ist keine Option, denn das würde bestenfalls Frieren und Leiden bedeuten, schlimmstenfalls den Tod. Ich spüre, wie dieses lösungsorientierte Denken auch zum Teil meiner Überlegungen wird. Wie Kleinigkeiten, die mich noch vor einem Monat nervös gemacht hätten, in der Zeit, die ich zuvor an Ärger verlor, schon aus dem Weg geschafft sind.

Als Ende Januar starker Wind mit stürmischen Böen über die Ostküste hinwegfegt, leitet mir Andrea eine SMS der Kommune von Kalix weiter: Stromausfälle seien im Dorf zu erwarten, man arbeite daran. Und? Beim Wasser konnte ich versuchen, Eimer zu füllen. Beim Strom gibt es nichts zu sammeln. Also lege ich die Stirnlampen neben meinen Vorrat Duftkerzen. Kein Problem. *Det kommer att lösa sig.*

Mein erster Monat in Schwedisch-Lappland ist verflogen, und es ist etwas geschehen, das ich so nicht – und vor allem so schnell nicht – erwartet hätte: Ich erlerne und verstehe die Sprache der Stille instinktiv genauso schnell wie das Schwedische. Ach was, sie fällt mir noch leichter. Es ist in der Stille des Winters, dass ich wieder das Pochen meines Herzens höre und mein in der klirrenden Luft dampfender Atem mir Lebenszeichen sendet. Dass ich wieder das Gefühl habe: Verdammt, ich lebe!

Nur eine Angst sitzt mir wie ein Kloß im Hals: Was, wenn ich diese Stille, diese Weite, nie wieder verlassen möchte? Wenn mir acht Jahreszeiten nicht ausreichen, wenn Schwedisch-Lappland für mich mehr wird als nur ein Projekt von einem Jahr? Was tue ich meinen geliebten Menschen in Hamburg damit an? Was tue ich mir an, wenn ich das Sehnen in mir ignoriere oder gar unterdrücke? Was, wenn die Antwort auf meine Ausgangsfrage, was ich von der Natur Lapplands für den Alltag daheim in Deutschland lernen kann, lautet, dass ich keinen Alltag in Deutschland mehr will? Dann wieder stoße ich mich sanft darauf, dass erst Anfang Februar ist. Ich habe noch elf Monate vor mir, noch alle Jahreszeiten, in denen viel passieren kann. Passieren wird. Ich versuche, mich daran zu erinnern, dass ich im Fluss der Natur leben möchte. Und in der Natur scheint zuverlässig in jedem Moment genau das zu geschehen, was geschehen darf. Soll. Muss. Ein mal langsamer, mal schneller Wandel, in dem jedes Lebewesen, ob Tier oder Pflanze, instinktiv weiß, was es wann zu tun gilt, um zu überleben.

So nähre ich mein Vertrauen, dass es bei mir genauso sein wird. Weil die acht Jahreszeiten hoffentlich weiter ihre Weisheit mit mir teilen werden. Mein Vertrauen wird an einem Abend am Eis belohnt. Dort stehe ich und starre und lausche. Schicke meinen Wunsch ans Universum, dass es mir den richtigen Weg weisen möge, wenn die Zeit reif ist. Als Sekunden später die hellste und längste Sternschnuppe vom Himmel fällt, die ich je gesehen habe, befürchte ich, in der Stille und Weite Lapplands sentimental zu werden. Aber ich glaube, letzten Endes lebe ich nur im Einklang von äußerer und innerer Natur.

»Februar ist unser Schneemonat«, prophezeit Örjan, und er wird erhört. Kaum rollt der Februar an, ist es vorbei mit dem verfrühten Erwachen der Natur. Es schneit, wie man es sich in Deutschland zum Einläuten der Weihnachtstage wünscht, und in weiser Voraussicht haben viele Menschen ihre Weihnachtsbeleuchtung an Balkonen, Tannen und Hausdächern hängen lassen. Die Samen haben in ihrer Sprache noch mehr Wörter für Schnee als für die Rentierbeschaffenheit, etwa hundert. *Áinnahas* heißt frisch gefallener, noch unberührter Schnee, *borga* meint Schnee, den der Wind aufstäubt, und *fieski* eine von Rentieren frisch aufgegrabene Schneedecke. Ich identifiziere auf meinem Grundstück jede Menge *áinnahas,* doch sobald der Traktor pünktlich zu jedem Schneesturm kommt und Wege und Einfahrten freibaggert, bildet sich im Garten ein neuer *joavgga,* ein Schneehaufen, der mir die Sicht auf die Bäume versperrt. Oder passt das nicht, weil dieser Schneehaufen nach samischem Sprachgebrauch im Wald oder an einem geschützten Platz liegen sollte?

Ich bin den samischen Schneewörtern weiter auf der Spur an einem Ort, von dem mir viele Dörfler erzählen – Gölihatten, ein Hügel mit Grillhütte. Ein Schild mit zwei wandernden Figuren darauf steht an der Straße wenige Kilometer vor Baskeri. »Eine halbe Stunde läufst du von der Straße hoch«, hat mir Peter, Marias Lebensgefährte, gesagt, und als ich nach zehn Minuten oben stehe, glaube ich schon, falsch abgebogen zu sein. Nein, da ist linker Hand eine hölzerne Grillhütte und ihr gegenüber ein Plumpsklo, durch dessen Türherz man beim Pinkeln in den Wald schaut. Laufe ich etwa noch immer im Hamburg- statt im Lappland-Tempo? Den Zugang zum Aussichtspunkt von Gölihatten hoch oben auf dicken Steinen haben sich Eis und Schnee einverleibt.

Nur Schneemobile haben tiefe Abdrücke im *dimádat,* dem Pulverschnee, hinterlassen. Ich blättere in meinem samischen Wörterbuch, ob es ein Wort für die zentimeterdick eingepuderten Nadelbäume gibt. Werde nicht fündig, bleibe stattdessen an dem Begriff *jolas* hängen, Spur im Schnee. Die Schneemobilfährte kann ich damit jedoch nicht beschreiben, denn *jolas* bezeichnet eine Spur im Schnee hinter einer Renschar, die getrieben wurde. Ich liebe das Samische!

Unter einem sattblauen Himmel und der Sonne, die Schneekristalle tanzen lässt, bahne ich mir einen Weg durch den Wald. Ich lese in den Tierspuren im Schnee wie in einem Buch, das mich schon auf Seite eins fesselt. Viele Gassigeher sind hier seit dem letzten Schneefall nicht gelaufen, doch eine Fährte erinnert an Hundepfoten. Etwa ein Wolf? Und sind diese Hufabdrücke von einem Rentier? Einem Elch? »Elche hinterlassen große und chaotische Spuren«, hat Niklas erzählt. Aber diese hier sehen geordnet aus. Wenige Meter weiter beantworten Kötel im Schnee meine Frage: Es sind Rentiere, die Korinthen kacken. Auch wenn sich im lappländischen Winter nur wenig tut oder bewegt, wird vieles dafür nicht nur spür-, sondern auch sichtbar.

Einmal, als ich besonders viele verschiedene Tierspuren erspähe, von denen manche kleine Zehen, andere Krallen aufweisen, schicke ich Fotos davon an Niklas – als Jäger sollte er sich mit so was auskennen. »Eichhörnchen und Hasen«, kommt die Antwort postwendend zurück. Kein Bär? Kein Luchs? Ich bin enttäuscht. Stinknormale Hasen? Langweilig. Wenige Abende später hoppelt unter meinem Schlafzimmerfenster ein schneeweißer Schneehase vorbei, und fortan freue ich mich über jede Spur der kleinen Hüpfer, die wie Rentiere all die Ausrüstung bestellt zu haben scheinen, die fürs Überleben in Schnee und Kälte nötig ist. Lange Haare an den Hinterpfoten mit schneeschuhartiger Funktion, damit sie nicht im Schnee einsinken. Fell, das sich ab dem Frühling grau oder braun verfärbt, damit die Hasen auch dann gut vor Jägern menschlicher und tierischer Art getarnt bleiben. Toll, wie das tierische Rüstzeug genauso mit dem Wandel der Jahreszeiten übereinzustimmen scheint wie die Angebote unserer Outdoorläden, die schon ihre Frühlingskollektion feilbieten.

Mir könnte der Frühling nicht gleichgültiger sein, als ich eines Mittags auf meinem Lieblingsinselchen voller Tannen und anderer schneeverpackter Bäume stehe, wo Schneeflocken unkoordiniert vor mir tanzen und miteinander in der Sprache der Stille kommunizieren. Sie kitzeln meine Augen, als ich in den fast blauen Himmel über mir schaue. Wie kann es aus einem blauen Himmel schneien? Wie kann die Sonne rosalich sanft durch die Schneegardine schimmern? Über der gegenübergelegenen Schäreninsel deutet sich ein Regenbogen an, dessen Anfang und Ende nicht auf der Erde, sondern im Himmel auslaufen.

In Deutschland hatte ich immer den Eindruck, dass Eis und Schnee das Leben vor allem schwer machen. Hier im Norden stimmt das nur bedingt, manches wird sogar leichter. Ich brauche kein Hilfsmittel mehr, um zu einer Insel zu gelangen, meine Beine reichen aus. Und die Menschen vor Ort transportieren im Winter mit ihren Schneemobilen und Anhängern Gerätschaften sowie Möbel zu ihren Sommerhäusern auf den Inseln. Doch eine Frage lässt mich nicht los: Wie können die Leute sicher sein, dass das Eis tragfähig genug ist für all den Ballast?

Das macht mir Örjan auf dem Kalixälv vor, dem Fluss von Kalix. Mitten auf dem Eis kramt er ein geringeltes Instrument aus dem Schneemobilgepäckkasten – eine Eisbohrmaschine! »Damit prüfen wir die Dicke des Eises.« Bei Örjan wirkt das Ganze wie ein TÜV-Routinecheck: Bohrer auf dem Eis aufsetzen, An-Knopf und rein ins Eis, bis das Wasser sprudelt. Komischerweise läuft es bei mir anders. Die Maschine knallt mir gegen die Unterarme, dass ich noch Tage später blaue Flecken habe, aber ins Eis frisst sie sich keinen Millimeter. Örjan lacht. »Klemm sie dir zwischen die Beine!« Das tue ich und drücke, was das Zeug hält. Das Eis will nicht nachgeben, ich bin schon fast mit dem Griff im Schnee versunken. Dann, endlich, spritzt gelbliches Wasser aus dem kleinen Loch. »Wenn das Eis wächst, wächst es nach unten. Schau mal, das Eis ganz tief unten ist dunkler, das ist bessere Qualität!« Allerdings wachse es unter dem Schnee nicht mehr, da dieser isoliere.

An diesem Tag können wir bedenkenlos weiterfahren – das Eis ist stolze fünfzig Zentimeter dick. Ab neunzig Zentimetern könne angeblich auch ein Lastwagen darauf fahren. »Weißt du, warum es gefährlich ist, aufs Eis zu gehen, wenn es nur drei Zentimeter oder dünner ist?« Weiß ich nicht. »Wenn du dann einbrichst, hast du keine Chance, dich wieder rauszuziehen, denn dann bricht das Eis um dich herum auch.« Die Regel werde ich mir merken – drei Zentimeter oder weniger dickes Eis: »no go«, ab vier Zentimeter: »go«.

Als mein Freund Diego zu meinem Geburtstag Anfang Februar für eine Woche zurück nach Lappland kommt, fahren wir Richtung Norden, nach Kiruna und Abisko.

Wir lassen uns verzaubern vom Abisko-Nationalpark, der mit seiner Sky Station der weltweit beste Ort sein soll, um Nordlichter zu sehen. Tagsüber sind wir mit Schnee- oder Wanderschuhen auf den verschneiten Wegen unterwegs und bestaunen Lapporten in der Ferne, jenes tiefe Tal, das sich zwischen zwei Bergen entlangrekelt und auch ohne viel Fantasie aussieht wie ein Eingangstor. »Von dort sind die Wikinger nach Schweden reingekommen«, behauptet der Schneeschuhwanderungsguide. Ob dies historisch belegt ist, finde ich nicht heraus und gehe davon aus, dass der Mann ein begnadeter Geschichtenerzähler ist. Vom Fågelkullen aus, dem sogenannten Vogelhügel, erspähen wir im Dickicht am Torneträsk, dem größten

Gebirgssee Skandinaviens, eine Elchkuh mit ihrem Jungen. Sie entspannen im Geäst, unbeeindruckt von menschlicher Nähe. Die Trägheit des Energiesparmodus.

Die Skisaison beginnt erst Ende Februar und dauert bis Mitte oder Ende April, danach ist die Lawinengefahr zu hoch, und die Bergstationen werden bis Juni wieder geschlossen. Doch zum Aurora Watching darf man auch in den übrigen Wintermonaten zur Sky Station fahren. Zu meinem Geburtstag habe ich mir etwas Besonderes gewünscht: ein exklusives Nordlichtdinner auf der Aurora Sky Station. Die Nordlichter habe ich schon Monate im Voraus bestellt, und sie machen mit – die App kündigt Rot für höchste Nordlichtwahrscheinlichkeit an. Ich freue mich wie ein Kind an Heiligabend. Bis am Nachmittag ein Anruf kommt: Das Dinner müsse unten in der Tourist Station stattfinden, es ziehe Sturm von Norwegen rein, mit der Seilbahn zur Sky Station zu fahren sei zu gefährlich. Wie, Sturm? Das geht ja gar nicht! Kurz vergesse ich die Sache mit dem Leben im Rhythmus der Natur wieder, bin sauer. Am selben Tag haben wir gelernt, dass über Abisko – wohin die Berge die Sonne im Winter einen Monat später als nach Kiruna zurücklassen – eigentlich fast immer blauer Himmel sei. Weil sich der meist von Norwegen hereinziehende Wind an den Bergen trenne und die Wolken über dem 200-Einwohner-Dorf wegblase. Soll der Himmel jetzt etwa auch bewölkt sein? Meine Geburtstagslaune ist selbst mit einer Katastrophenportion *kanelbullar* nicht mehr zu retten. »Macht euch keine Sorgen, Wind ist gut, der bläst die Wolken weg, und ihr könnt auch hier unten Nordlichter sehen«, tröstet uns der Mitarbeiter der Tourist Station. Quatsch! Das

Gebäude ist hell erleuchtet und Lichtverschmutzung bekanntlich ein Nordlichtkiller.

Charcuterie mit Elch- und Rentierfleisch sowie arktischem Saibling und als Hauptgericht Suovas, geräuchertes Rentierfleisch mit Kartoffelpüree und Preiselbeeren, schmecken in der Tourist Station nur halb so gut, wie sie auf dem Berg schmecken würden. »Nordlichter!«, schreit plötzlich jemand, und alle stürzen raus – und gleich wieder rein, denn die Nordlichter fliegen uns zusammen mit jeder Menge Schnee bei Böen von bis zu siebzig Stundenkilometern um die Ohren. Die Enttäuschung schlägt mir ins Gesicht wie der Norwegerwind, während die junge Frau, die uns hoch zur Sky Station hätte begleiten sollen, über Nordlichtlegenden plaudert. Auf Finnisch hießen sie Fuchsfeuer, da ihr Schweif an einen Fuchsschwanz erinnere und der Feuerfuchs in Finnland außerdem eine mythische Figur sei. Dagegen sagten die Samen, Nordlichter seien die Geister Verstorbener. Mit dem Finger darauf zu zeigen würde sie böse stimmen, und sie würden denjenigen in den Himmel ziehen. Eine Geschichte, die besonders samische Kinder beeindruckt und sicher dabei geholfen habe, sie früh ins Bett zu bekommen. Die Frau fragt, wie man Nordlichter von Schleierwolken unterscheiden könne, wenn doch auch das Polarlicht am Anfang oft weißlich aussehe. »Ganz einfach: Wenn dahinter Sterne erkennbar sind, sind es Nordlichter!«

Als der Wind verschnauft, wandern wir mit der jungen Frau in Richtung Torneträsk, begleitet von grünlich flimmernden Streifen am Horizont. Mit jedem Schritt durch den Schnee atme ich eisige Nachtluft ein und Frust aus. Bis nur noch Zufriedenheit übrig bleibt. Der Abend ist nicht nach Wunschliste verlaufen. Da stand mehr als Winterstille mit in der Ferne waberndem Nordlicht. Aber hat mir der Januar in Lappland nicht vorgemacht, wie wohl es tut, weniger zu wollen? Mit Babyschritten im Tiefschnee. Mit Innehalten und Annehmen, was geht und nicht. Ich bette den Tag in die Kiste mit meinen schönsten Geburtstagserfahrungen. Und da geschieht, womit niemand mehr gerechnet hat: Die bisher schüchternen Nordlichter vereinen sich über unseren Köpfen zu einem wettbewerbsverdächtigen Gruppentanz. Sie kleiden sich in Grün, dann in Weiß und Lila, schwingen, kreisen auf und nieder, nach rechts und links, tanzen mehrere Runden um den fast vollen Mond. Diego und ich stehen unter dem wild gewordenen Himmel. Stumm. Oder nein, es gibt ein Wort, das ich flüstere: »Danke!« Für eine weitere Lektion, dass vieles nicht so läuft, wie ich es mir wünsche. Aber vielleicht gerade dadurch noch besser.

Ende Februar klopft der Wandel an. Es sind Schwarz- und Buntspechte, die diesen Takt vorgeben. Jedes Mal, wenn ich im Wald Klopfen vernehme, sucht mein Blick die verschneiten Äste nach dem Trommler ab. Solange ich ruhig stehen bleibe, lassen mich die Spechte zuschauen, wie sie den Baum mit dem Schnabel bearbeiten wie ein Boxer mit den Fäusten seinen Gegner. Meine Neugier, was so ein Specht da genau macht, wächst. Was ich bisher nicht wusste: Das Hämmern kann auf Reviermarkierung hindeuten, aber auch auf ein balzlustiges Männchen, das ein Weibchen herbeilocken will. Allerdings klopft der

Vogel auch bei Insekten unter der Rinde an, um sie zum Essen einzuladen. Dank einer außergewöhnlich langen Zunge schafft es nämlich gerade der Schwarzspecht, auch weiter hinten versteckte Tierchen aus dem in den Stamm gehauenen Loch zu angeln.

Im Gegensatz zu den Spechten fühle ich mich noch nicht für den Wandel bereit. Nach fast zwei Monaten in Lappland schlummert mein Drang nach Neuem unter einer Eisfläche, die ein Lkw befahren könnte. Ob mit dem Eis auch meine Lust auf einen Wechsel auftaut? Ich weiß es nicht, weiß nur, dass ich verliebt bin in die erstarrte Naturschönheit, in der die Schneekristalle bei Sonnen- und Mondschein tanzen. Ich wünsche mir, dass die eingefrorenen Gräser und vereisten Baumzweige niemals aufwachen. Aber sie müssen ja, weil Natur Wandel bedeutet und alles Überleben darauf gründet. Ständiges Loslassen und Neuanfänge gehören dazu. Warum ist das so schwer zu akzeptieren, frage ich mich bei einem Eisspaziergang. Verlustangst – ich habe Angst, die große weite Welt des Eises zu verlieren. Wie gerne möchte ich weniger nachdenken und klammern, stattdessen mehr schwedisches *Lagom* zulassen. Ein unübersetzbarer Begriff, oft beschrieben als »genau richtig, nicht zu viel, nicht zu wenig«. Doch das fällt selbst in der Arktis nicht leicht, wenn sich das Schlechte in der Welt mal wieder übergewichtig auf einer Seite der Wippe platziert.

Ende Februar wird die Stille über der zugefrorenen Ostsee plötzlich täglich von Militärfliegern zerrissen. Die Ukraine wurde von Russland angegriffen, es ist Krieg. Die Nachricht trifft die Leute in Lappland ebenso wie überall auf der Welt. Wir sorgen uns, suchen vergeblich nach einer Antwort auf das

Warum. Das Echo der Flugzeuge hallt nach, als Erinnerung daran, dass nicht weit entfernt etwas nicht in Ordnung ist.

Doch wenn die Stille zurückkehrt, dann ist auch die süchtig machende Illusion zurück, dass die Welt gut ist. Obwohl ich die Natur nicht an erster Stelle als Zufluchtsort erleben wollte, gibt sie mir jetzt Trost. Mit ihrer Beständigkeit, mit der jeden Tag auf- und wieder untergehenden Sonne, dem sich in den Vordergrund drängenden Licht, wenn auch an manchen Tagen durch Wolkengardinen, mit den aufs Erblühen wartenden Bäumen. Beständigkeit einerseits, Wandel und Vergänglichkeit andererseits. Denn der hohe Schnee, der mich heute zur Langsamkeit erzieht, wird Platz machen für Gras und schlammige Wege. Das Eis, das die Ostsee jetzt bedeckt und mich trägt, wird sich verflüssigen. Bis alles von vorne anfängt. Und so schenken mir die Jahreszeiten mit ihrer Vergänglichkeit Hoffnung, dass es auch in der Welt wieder anders wird.

Die Jahreszeit des Erwachens:
Frühlingswinter, *Gijrradálvvie*

circa März bis Ende April

»Für mich ist der Frühlingswinter die schönste Jahreszeit«, verkündet Andrea. »Durch das Eis, die unendliche Weite, die lebende Stille, die länger werdenden Tage, das Erwachen der Natur wird eine Erwartung, eine Energie frei, die einen mitnimmt auf die Reise in ein Morgen.« Meine Reise in den Frühlingswinter fühlt sich dagegen an wie Fahrradfahren auf Kopfsteinpflaster.

Wie schon Ende Januar werde ich in einer Nacht Anfang März mehrmals geweckt – von Plumpslauten. Aber jetzt darf der Schnee vom Dach rutschen, und in weiser Voraussicht habe ich das Auto weit genug entfernt geparkt, dass es nicht erschlagen wird. Manche Eiszapfen an Dächern und Ästen vergießen Freudentränen, werden jedoch während der Nächte zu Geduld erzogen. Ähnlich wie viele Dörfler, die nur noch mit Reserveenergie Schnee schippen und den vom Traktor über Monate zusammengeschobenen Schneehaufen in ihren Vorgärten teils mit heißem Wasser zu Leibe rücken. Außer Nachbar Gunnar. Der geht weiterhin mit entrücktem Lächeln seinem Lieblingssport nach. Ich kann ihn mir gar nicht ohne seine Schneeschaufel vorstellen. Was wird er bloß im Sommer tun?

Anfang März drängt sich das Sonnenlicht schon vor halb sieben am Morgen durch die Ritzen der Vorhänge und bleibt bis siebzehn Uhr. Doch nicht nur das Licht kündigt den Frühlingswinter an: Auch die Vogelchöre gewinnen an Sängern und stimmen aus voller Kehle Lieder an, als wollten sie den Winter aus dem Weg zwitschern. Müsste ich dem Frühlingswinter einen Charakterzug zuordnen, würde ich ihn als scheinheilig bezeichnen. Er verführt mit seiner verweilwilligeren Sonne, die schon ein wenig die rot gefrorenen Wangen und Hände wärmt, um Minuten später den nächsten Schneesturm über die frühlingshungrige Welt zu blasen und die ersten schüchternen Plusgrade in gefühlte minus zehn Grad zu verwandeln. Die zwei Seiten des Frühlingswinters.

Wie Andrea oft sagt, hat alles im Norden zwei Seiten. Viele unzugängliche Sümpfe, die Waldspaziergänge einerseits erschweren, andererseits Elche anziehen. Sommerliche Mückenplagen, die einerseits die Menschen nerven, andererseits die Zugvögel nähren, die ihren Sommerurlaub ohne das All-you-can-eat-Büfett wohl weiter südlich verbrächten. Einerseits Wald bis an die Türschwelle, andererseits Gefahr bei Hitze, denn durch zunehmende Trockenheit entstehen häufiger Waldbrände.

Der vom Vorfrühlingswind verwehte Schnee auf dem Eis erinnert mich an die Wüste, weil ein Sturm dort den Sand genauso einkerbt, wie es der Wind mit dem Schnee tut. Wüste bedeutet Wärme. Freue ich mich insgeheim doch auf die nächste Jahreszeit? Weil auch in mir das Sehnen nach Wandel und Wechsel stärker verankert ist, als ich wahrhaben möchte? Ich merke lediglich, dass ich mich im März, wenn laut Kalender der Frühling beginnt – was er in Hamburg 2022 mit achtzehn Grad und Sonne auch tut –, fühle wie ein Elch im Tiefwinter, der antriebslos im Dickicht herumlungert.

Hatten mir viele Depressionen während der langen Dunkelheit im Januar und Februar prophezeit, trifft mich das emotionale Tief, als ich mich freuen soll – über mehr Licht, mehr Sonne, mehr Wärme. Ich schiebe es auf Sorgen um meine berufliche Zukunft und ums Konto, das einem vom Winter ausgezehrten Rentier gleicht. Bis ich mit meiner finnischen Freundin Minna telefoniere und sie mein Problem mit Einheimischenexpertise diagnostiziert: »Du hast die nordische Frühlingsdepression!«

Was ist das denn? Sind die Nordmenschen nicht im Winter niedergeschlagen, wie viele Deutsche auch? Minna ist keine Ärztin, bestätigt mir jedoch, dass sie und viele ihrer Bekannten selbst in Südfinnland jedes Jahr unter einer sogenannten Frühlingsdepression litten. Dann, wenn die Sonne ihre angesammelten Strahlen auf einmal ausschüttet und die magische Reinheit der Wintermonate dahinsiecht. »Ich habe gelesen, das hat irgendwas mit Hormonspiegel und Stoffwechsel zu tun, die sich neu anpassen müssen«, beruhigt sie mich. In jedem Fall passiert etwas in mir, das ich so in Deutschland nie verspürt habe. Vielleicht ist es keine Depression, eher eine besonders ausgeprägte Version von Frühjahrsmüdigkeit. Der geballte Zauber eines

Winters, den ich nicht mal aus Kindertagen kannte, verpufft. Wobei sich der Verfall des Winters in die Länge zieht wie der zähe Tod eines kranken Menschen, der das Leben nicht loslassen kann, dem aber die Puste ausgeht und dem man von Herzen wünscht, der Kampf möge bald vorbei sein. Das schlaucht, gehört aber ebenso zu meinem neuen Leben im Rhythmus der Natur. Erst recht, wenn es sich um die Natur an einem der extremsten Orte der Welt handelt. Ich frage Minna, was ihr gegen die nordische Frühlingsdepression helfe. »Ablenkung«, lautet ihr Rezept. Denn Einsamkeit und Stille, die in den ersten Wintermonaten meine besten Freunde waren, werden mit Beginn des Frühlingswinters zu eher lästigen Begleitern. Nicht nur die äußere Natur, auch meine innere stimmt sich anscheinend auf Wandel ein.

Die von Minna verschriebene Ablenkung kündigt sich für mich in Form einer Einladung nach Malören an. Malören ist eine atollförmige Insel mit Sandbänken und Naturreservat, etwa dreißig Kilometer vor der Küste von Båtskärsnäs, zwischen Schweden und Finnland. An einem sonnigen Sonntag schwanke ich hinter Einar, einem Bekannten Ende fünfzig aus Kalix, auf einem Schneemobil, denn mit dreißig Zentimetern ist das Meereis noch immer dick genug für solche Ausflüge. Einars Kumpel, der uns vorausfährt, ist Sommerhausbesitzer auf Malören, und die überprüfen ständig, wie es ums Eis steht – in manchen Wintern soll es so dünn sein, dass Winterausflüge auf die Insel ausfallen. Je weiter wir hinausflitzen, desto häufiger sehe ich gebrochenes Eis, aber auch Packeis. Skulpturen nach der Vorstellung des Windes. Ob es das letzte Mal in diesem Frühlingswinter ist, dass wir mit dem Schneemobil übers Meer brausen? Mehr als eine halbe Stunde halten wir auf den nackten Horizont zu, wissen nur über GPS, wo wir hinmüssen. Dann zeichnet sie sich ab: eine Oase in Eis und Schnee, eine Insel nicht mit zwei Bergen, dafür aber mit einem Leuchtturm, einer Kapelle, einer Lodge für Sommergäste und einer überraschend hohen Anzahl an winzigen Häusern, die heute als Sommerhäuschen genutzt werden.

Duft von Grillwurst steigt mir in die Nase. Vor einer *Stuga* sitzt die Familie von Einars Kumpel samt Hund, auf dem Grill brutzeln Würste, und man sieht, wer öfters hier ist: alle, die so braun gebrannt sind, als wären sie gerade von Malle zurück. Wir werden herzlich begrüßt, der Hund schleckt mir durchs Gesicht, und einige erkennen mich wieder – weil ich wenige Tage zuvor im Fernsehsender von Kalix über mein Projekt gesprochen habe. Was für eine kleine Welt! Was für eine heimische Welt, in der die Hamburgerin im Arktisarchipel ein vertrautes Gesicht ist.

»Weißt du, warum es hier so viele Häuser gibt?«, fragt mich einer der Männer. »Fischer bauten im 17. Jahrhundert die ersten Cottages, weil der Fischfang hier vielversprechend war – vor allem von baltischem Hering.« Die winzige Kapelle sei von 1769 und gelte als *skärgårdens domkyrka,* die Kathedrale des Archipels. Für eine echte Kathedrale fehlt es dem roten Kirchlein an Höhe, aber zumindest strebt die magere Spitze gen Himmel. Das Wichtigste an Malören jedoch sei, da sind sich alle einig, dass es dort im Sommer keine Mücken gebe. Das werde ich in einigen Monaten überprüfen!

Badet Malören noch im Sonnenschein, sammeln sich auf dem Rückweg über dem Festland bereits dunkle Schneewolken. Die Sonne wärmt uns den Rücken, während wir ins Blau-Schwarz hineinfahren. Beim Abschied gibt mir Einar mit: »Ich habe mein Leben überwiegend draußen verbracht. Und weißt du, das in der Stadt, das ist nur eine Scheinwelt. Das hier draußen, das ist das richtige Leben!«

Der Pulverschnee wird zunehmend zu *sievlla* beziehungsweise *sievlaga*, wie ihn die Samen nennen – zu nassem, wassergetränktem Schnee, in den man leicht einsinkt. Es knirscht nicht mehr, es schmatzt unter den Füßen. Manches Mal klammert sich der sonnenverwöhnte Schnee, in dem meine Beine nun selbst auf ausgetretenen Wegen bis zum Knie verschwinden, so sehr an den Stiefeln fest, dass ich beim Rausziehen glaube, er reißt mir die Sohle ab. »Schnee schmilzt von unten, deswegen sackt man so schnell ein, auch wenn die Oberfläche noch gut aussieht«, erklärt mir Andrea. Verleibt sich der Schnee auf dem Ostseeeis meine Beine ein und spritzt plötzlich Wasser auf, befürchte ich jedes Mal, ein unfreiwilliges Bad zu nehmen. Aber noch hält die tiefere Eisschicht, nur der darauf liegende Schnee macht schlapp. Der Prozess der Schneeschmelze macht mich neugierig, ich lese auf verschiedenen meteorologischen Seiten darüber nach. Und bin überrascht, dass sich alle in einem einig sind: Schnee schmelze nicht einfach, wenn die Temperaturen über dem Gefrierpunkt lägen – die Lufttemperatur sei sogar zweitrangig. Eine viel größere Rolle spielten unter anderem die

Feuchttemperatur, aber auch die Taupunkttemperatur, wenn feuchte Luft (einfach ausgedrückt) gesättigt vom Wasserdampf ist. Erst wenn ebendiese Feucht- und Taupunkttemperatur unter null Grad liege, verwandle sich Schnee von fest zu gasförmig.

Nach dem für mich aufregend andersartigen Winter fühle auch ich mich satt und bin froh über Tage, in denen es hamburggrau ist. Ich brauche eine Verschnaufpause vom Arktislicht und von der Schönheit da draußen, und die bringt der Frühlingswinter. Andererseits erweckt er, wenn die Frühlingsdepression nicht auf meiner Brust hockt, auch etwas in mir. Habe ich mich im Winter der Reglosigkeit der Natur unterworfen, so macht mich der erste Frühlingshauch kribbelig. Das Gefühl der unruhigen Füße kehrt zurück. Meine Nase eilt den Augen voraus, erschnuppert selbst mit der nun nötigen Sonnencreme einen Neuanfang, während der Blick weiter im Schnee versinkt. Gerade in dieser Übergangszeit, in der sich die Winterschönheit verabschiedet und etwas Unbestimmtes an ihre Stelle tritt, rinnt mir, wie häufig in der Stadt, der Moment durch die Finger. Ich gehe hinaus aufs Pfützen bildende Eis, und mein Kopf driftet ab. Sorgt sich darum, ob mir auch Frühling und Sommer so gut gefallen werden wie der Winter. In jenen Augenblicken ist es egal, ob mich lappländische Stille umarmt oder der Verkehrslärm einer Metropole beschallt – ich bin nicht bei der Sache. Ist der Grübelknopf an, kann mir auch die Natur nicht helfen. Das überrascht und verwirrt mich.

Malören war eine gute Ablenkung vom Gedankenschleudergang. Ein Besuch von Storforsen in Vidsel, den größten Stromschnellen Skandinaviens, rückt weitere in meinem Kopf schief hängende Bilder gerade. Mehr als eine Stunde schaue ich in das lebendige Wasser, das ungerührt vom sich an Felsbrocken und Ufer krallenden Eis und Schnee in Richtung Tal strömt. Unaufhaltsam. Unbändig. Es duldet die Überreste des Winters, hat aber nichts von seiner Urkraft eingebüßt und rauscht vorbei, als wollte es seinen noch erstarrten Kumpels sagen: »Alles gut, ist bloß noch eine Frage von Tagen, bis auch ihr wieder in Schwung kommt.« Weil die Reglosigkeit so wichtig und gesund ist, aber selbst in der Natur alles nur eine Weile auf Eis liegt, bevor es zu neuem Leben erwacht. Erwachen muss, um nicht zu sterben. Was dafür gemacht ist zu fließen, wird fließen. Selbst dem Elch wird ein neues Geweih wachsen, damit er im Herbst die flottesten Weibchen abbekommt. Und deshalb muss auch ich meinen kribbelnden Füßen nicht den Kampf ansagen, sondern darf mich freuen, dass ich nach einer nötigen Auszeit bereit bin, mich wieder auf den Weg zu machen.

Als Erstes mache ich mich auf den Weg in den Wald. Vor mir stapft Andrea durch den matschigen Schnee, die mir etwas zeigen möchte. In ihrem Rucksack stecken Werkzeuge, die zu einem Axtmörder auf Opfersuche passen – eine Axt natürlich, eine Säge, scharfe Messer. Zuvor habe ich auf ihrem Wohnzimmertisch einen Artikel aus einem Waldbesitzermagazin erspäht: »Birken – die lebende ›Apotheke‹«, war er übertitelt und mit einem schwarzen Tumor an einem Birkenstamm bebildert. So was hatte ich schon oft gesehen, mit einer Mischung aus Ekel und Mitleid mit dem parasitengeplagten Baum. Ich las: Der schwarze Tumor sei ein Pilz namens Chaga, und obwohl er ein Parasit sei, wollten Wissenschaftler herausgefunden haben, dass Baum und Pilz in Symbiose lebten und der Pilz sogar ein Menschenleben verlängern könne! Dass Birkensaft gut für die Gesundheit sein soll, hatte ich gehört, aber ein Parasit? Der Artikel besagte, man könne ein Stück davon mit einer Axt abschlagen, aber nicht zu nah am Stamm, um diesen nicht zu verletzen. Wolle man auch später noch Chaga ernten, solle man genug am Baum belassen, damit sich der Pilz weiter vermehren könne.

Schon bald empfängt uns ein dicker Chaga an einem Birkenstamm auf Augenhöhe, und Andrea kramt die Axt hervor. Wir schlagen ein paar Brocken des Pilzes ab. Und jetzt? »Wir säubern die Stücke, dann werden sie getrocknet, am besten auf einem Küchentuch auf der Heizung oder in der Sonne.« Andrea hat daheim noch ein paar getrocknete Pilze und wirft einen in einen Topf mit kochendem Wasser. Bald breitet sich erdiger Geruch in der Küche aus, das Wasser verfärbt sich kaffeeschwarz. Nach etwa fünfzehn Minuten ist er fertig – der Tee, der das Immunsystem stärken soll. Er schmeckt so, wie ich mir den Geschmack von feuchtem Waldboden vorstelle. Und das Beste: Man kann das Stück Parasit mehrmals kochen, bis es hell wird und damit seine gesunden Gaben verschenkt hat. Fortan halte ich im Wald die Augen offen nach einem weiteren hilfreichen Birkentumor.

Die acht Jahreszeiten sind ein samisches Konzept, kein schwedisches, höre ich immer wieder, sie entsprechen dem Rentierzyklus. Nachdem ich schon nicht samische Rentierbesitzer wie Örjan kennengelernt habe, brenne ich darauf, auch samische zu treffen. Zugegeben, mein Kopfkino spult wie das vieler Lapplandbesucher einen bestimmten Film runter: von in überwiegend blau-roter Tracht durch die Berge marschierenden Menschen mit naturgegerbtem Gesicht, die vor Naturglück strotzend hinter ihren Rentieren herlaufen. Dieser Film beginnt zu flimmern, als ich der Samin Katarina Parfa und ihrem norwegisch-samischen Mann Ronny in ihrem Wintersitz in Sjulsmark, im Hinterland zwischen Luleå und Piteå, gegenübersitze.

Dort können Besucher in den Wintermonaten die Rentiere des Paars sehen und beim gemeinsamen Essen am Feuer Geschichten über die samische Kultur lauschen. Die Mittfünfzigerin, die nicht nur mit Rentieren und Tourismus arbeitet, sondern auch als Universitätsdozentin, schreibt gerade ihren Doktor in Pädagogik. »Das kann ich auch in unserem Sommerquartier im Padjelanta-Nationalpark machen, wenn das Internet einigermaßen funktioniert. Wir sind dort von Juli bis September mit unseren Tieren und betreiben einen Kiosk für Wanderer.« Sieht so das Leben zeitgenössischer samischer Nomaden aus – mit den Rentieren im Sommer in die Berge, im Winter zurück an die Küste, daneben zwei oder drei Jobs als Touristenbespaßer, Kioskverkäufer und Dozent?

Ronny kramt Kartenmaterial aus einem Schrank, das die beiden vor mir ausbreiten. Katarinas Zeigefinger umkreist ein Gebiet nordwestlich der Kleinstadt Jokkmokk im Landesinneren. »Diese Region unterliegt Tuorpon, unserem Samendorf.

Alle Mitglieder haben das Recht, mit ihren Rentieren von den Bergen an der norwegischen Grenze bis hier zur Küste zu ziehen.« Wobei es sich natürlich nicht um ein Dorf handelt, wie mir schon Örjan erzählt hat, sondern um eine verwaltende Samengemeinschaft, in diesem Fall von Bergsamen.

Ronny kocht Kartoffeln und nicht Rentier-, sondern Elchfleisch, während sich Katarina in Fahrt redet. »Gestern haben wir erfahren, dass dem Bau der Kallak-Grube nordwestlich von Jokkmokk zum Abbau von Eisenerz zugestimmt wurde. Nach zehn Jahren Kampf!« Samen und Naturschützer hätten Widerstand geleistet, da der Eisenerzabbau in Kallak zweifach problematisch sei – einerseits für die Samen und insbesondere für das Bergsamendorf Jåhkågasska, dessen Weideland betroffen sei, andererseits aus Umweltgründen, da die Grubenaktivitäten die Dammsicherheit im Luleälv bedrohten, dem zweitgrößten Fluss Norrbottens.

»Dabei wird die Natur schon durch den Klimawandel immer launischer!« Vergangenen Winter habe man im März mit dem Schneemobil zu den Rentieren fahren können, dieses Jahr sei der Schnee schon Anfang März fast geschmolzen. »Die acht Jahreszeiten müssen wir immer wieder neu definieren und anpassen. Die haben sich nie am Kalender orientiert, sondern an der Natur und an dem, was draußen geschieht.« Im Winter sei ein Teil ihrer Rentiere im Gebirge bei der norwegischen Grenze geblieben. Katarina schiebt die Karte vor mich, um mir die Gegend zu zeigen. »Hier oben war Ende letzten Jahres noch kein Schnee, aber ein Stück weiter unten schon, also wollten die Rentiere da nicht durch und sind oben geblieben. Wir werden sehen, wie viele von ihnen überlebt haben.«

Katarina erzählt von den Sommermonaten im Padjelanta-Nationalpark bei ihrem Kiosk, eine jeweils viertägige Wanderung entfernt von den nächsten, winzigen Ortschaften Kvikkjokk oder Ritsem. »Unser Kiosk liegt an einem See, dort gibt es das beste Wasser und den besten Fisch, komm im August mal vorbei!« Ich verspreche, das zu tun. »Aber sei nicht wie die anderen Touristen! Wir sehen oft welche mit einem Rentiergeweih im Rucksack, das sie gefunden haben. Das sollte man immer liegen lassen!« Ich bin überrascht, hätte ein abgeworfenes Geweih wohl auch eingepackt. »Das Geweih ist sehr kalkreich, und wenn es natürlich zerfällt, reichert sich der Boden mit Kalk an. Aber wenn die Leute die Geweihe aufsammeln, verliert der Boden seine Nährstoffe, und die Rentiere wollen nicht mehr dorthin. Die Kühe erkennen ihre Weiden instinktiv unter anderem an diesem kalkreichen Grund und kehren zum Kalben in das Gebiet zurück, wo sie selbst geboren wurden.« Auf meine Frage, wie das biologisch funktioniert, ob die Tiere den Kalkgehalt zum Beispiel am Geruch ausmachen, lacht Katarina. »Ich weiß nicht, was die Rentiere denken. Wir Samen beobachten dieses Verhalten einfach seit vielen Generationen und haben unsere Schlüsse gezogen.« Mehrmals habe ich nun gehört, dass Rentiere Gewohnheitstiere sind und regelmäßig zum Kalben und Weiden auf die alteingekauten Wiesen zurückkehren wie mancher Mensch in seine Stammkneipe.

Ich verlasse Katarina und Ronny mit neuen Filmen im Kopf, die von einer ersten samischen Perspektive auf die Rentierhaltung heute handeln, von den acht Jahreszeiten und dem Leben im Takt der Natur. Denn während für mich Wahlhamburgerin im fernen Norden einiges neu, abenteuerlich und magisch ist, glaube ich Katarina, dass viele Einheimische, insbesondere Rentierzüchter, um ihre Existenz bangen. Am nördlichen Ende Europas und der Welt ist etliches im Umbruch. Was für Menschen, die von und mit der Natur leben, um ein Vielfaches greifbarer und bedrohlicher wirkt als für den durchschnittlichen Stadtmenschen.

Endlich! Ende März lädt mich das schwedisch-amerikanische Paar Susanne und Eric auf die Insel Hindersön im Luleå-Archipel ein, bestehend aus etwa 1300 Inselchen und einer der Orte, der mich bei meinem ersten Lapplandbesuch zu diesem Experiment inspirierte. Daran waren auch elf verspielte Huskys schuld, denn auf Hindersön betreiben Susanne und Eric die wohl einzige Insel-Huskyfarm Schwedens. Während ich die anderthalb Stunden nach Luleå fahre, öffnet sich die Schatzkiste mit Erinnerungen an jenen Herbsttag vor zwei Jahren, als ich hinter einem bärtigen Mann mit vielen Lachfalten um die Augen in ein Motorboot hüpfte – Eric aus Alaska, der sich in die Norrbottenerin Susanne verliebte und mit ihr auf eine Insel mit rund fünfzehn ständigen Bewohnern zog. Dort hatten die beiden Jopikgården übernommen, ein altes Bauernhaus, in dem sie nun Zimmer vermieteten.

Bereits während der dreißigminütigen Bootsfahrt zur Insel erfuhr ich, dass das Paar wie die Eichhörnchen Vorräte für den Winter sammelte: »Wir müssen unser Leben den Jahreszeiten anpassen und kaufen im Herbst bei jedem Landgang zusätzliche Lebensmittel. Bald beginnt nämlich die Zeit, wo wir weder mit dem Boot über die zufrierende Ostsee fahren können noch mit dem Auto oder Schneemobil übers Eis, da es am Anfang zu dünn ist.« Manchmal sei die Insel mehrere Wochen lang vom Festland abgeschnitten. Auch zum Arzt müsse man dorthin. Während der spätherbstlichen Dünneis-Zeit auf Hindersön krank zu werden ist also tabu. Trotzdem freute sich Eric auf den Winter: »Stell dir mal vor, wenn das Meer zufriert, wird für uns und die Bewohner der anderen Inseln eine Eisstraße eingerichtet! Sie ist mit etwa fünfzehn Kilometern die längste in ganz Schweden!« Ihren Umzug vom Festland auf die Insel hatten sie im Februar 2020 auch per Auto gestemmt. Mit elf Huskys im Kofferraum – vier erwachsenen Tieren und sieben Welpen.

Susanne und der Rüde Jumper warteten am Steg von Hindersön und halfen mir aus dem Boot, fürs Gepäck stand eine Schubkarre bereit. Etwa zehn Minuten liefen wir durch einen Rottannenwald, dann begrüßten uns die sieben Monate alten Welpen mit Freudengebell und -heulen. Und mit Umarmungen im Husky-Stil, bis mein schwarzer Mantel mit schlammigen Pfotenabdrücken gemustert war. Die hübsche Peanut mit ihren meerblauen Augen gab streng nach Fisch schmeckende Küsschen, einer ihrer Brüder mit einem blauen und einem braunen Auge trat mir lieber in den Hintern in der Hoffnung, er bekomme dafür Futter. Ich war noch keine halbe Stunde auf Hindersön und fühlte mich schon angekommen. Was mir selten passiert und meist an Orten, wo ich die Stille hören und die Illusion von Freiheit riechen kann. Die Stille in Jopikgården war zwar kurzlebig, denn meistens bellte oder heulte es irgendwo, aber ich verspürte keinen Drang, die Musik laut zu drehen, um das Außen zu verdrängen.

»Eigentlich war ich ein Landmädchen, das in die Stadt wollte«, gestand mir Susanne. »Aber Eric träumte davon, in der Natur zu leben.« Wir führten mit um die Hüften gebundenen Zuggeschirren jeweils zwei Junghuskys aus. Auf meine Frage, warum wir nicht mehr Tiere mitnähmen, grinste Susanne. Keine fünf Minuten später beantwortete sich die Frage von selbst, als die energiegeladene Peanut so loswetzte, dass ich eine Nah-Crash-Erfahrung mit einem Kiefernstamm machte und statt Spaziergang mit den Hacken in den Boden gestemmt ein Beine-Po-Training absolvierte.

Nachdem die Huskys ihre abendliche Fischsuppe verschlungen und sich mit einem Überschuss an Fisch-Küsschen und Pfoten-Mantelmalerei bedankt hatten, beluden wir die Schubkarre mit Tellern und Bechern, Besteck, Tupperboxen, Packungswein sowie einer Menge Kerzen und schlenderten zur Feuerstelle am Hafen. Eric brachte mir bei, mit Metallstift und Messer Feuer zu entfachen. Je hungriger ich wurde, desto besser sprang der Funke auf das Holz über, und schon bald knackten die Scheite, woraufhin Eric geschnetzeltes Rentierfleisch zusammen mit Kartoffeln und Gemüse in einer Pfanne brutzeln ließ. Ich starrte in die Glut. Schon oft hatte ich mich gefragt, ob es nicht in unseren Genen steckt, dieses Gefühl der Geborgenheit, wenn wir ums Feuer sitzen und uns Geschichten erzählen.

Heute, im März 2022, ist alles anders. Ich sehe die Eisstraße, von der Eric erzählt hat, vor mir. Dieses Mal kommt nicht Eric per Boot, sondern sein australischer Kumpel Shane, der Dritte im Bunde der Huskyfarm, mit dem Auto. Eigentlich könnte ich mit meinem eigenen Wagen rüberfahren. Sollte er einbrechen, müsste ich wohl nicht einmal mit der deutschen Versicherung streiten, ob Fahren über die zugefrorene Ostsee abgedeckt ist oder nicht. Aber die schneeverwehte Eisfläche ist mir trotzdem nicht geheuer. Was nach Irrsinn klingt, gilt als offizielle Verkehrsstraße, solange die Eisexperten aus Luleå grünes Licht geben.

Meine Entscheidung, das Auto am Ufer zu parken, ist richtig. Teils staksen nach Autoreifen lechzende Eisstücke in die Höhe, und Schneeverwehungen tun ein Übriges, um selbst einem Fahrzeug mit Allradantrieb das Vorankommen zu erschweren. »2021 hatten wir gar keine Eisstraße, das Eis war zu dünn«, berichtet Shane. Bei zwanzig Zentimetern Eisdicke könnten Schneemobile darauf fahren, ab vierzig auch Autos. »Im Moment sind Fahrzeuge bis zu sechs Tonnen zugelassen.« Um die Schicht nicht zu zerstören, sind maximal dreißig bis vierzig Stundenkilometer empfohlen.

Susanne und Eric drücken mich fest an sich. Nach anderthalb weiteren Pandemiejahren sind die Schatten unter ihren Augen tiefer geworden. Im Haus sind es abends gefühlte zehn Grad und statt Einheizen dicke Pullis und Jacke angesagt, denn den Stromrechnungen sei kaum noch beizukommen, gesteht mir Susanne. Meine romantische Vorstellung vom idyllischen Inselleben, der ich im Herbst 2020 erlegen war, verpufft. Doch eins hat sich nicht geändert: Der Energietank der damals sieben Monate alten Huskywelpen ist noch immer voll. Kaum lässt mich Susanne ins Gehege, wollen die Tiere mich abknutschen. Ich stolpere über eine umgeworfene Badewanne und spüre Pfoten, die auf mir herumtrampeln und Zungen, die mir übers Gesicht schlecken. Irgendwann taumle ich frisch gewaschen und neu frisiert aus dem Gehege und sehe auch Susannes Augen wieder strahlen.

Am Abend kocht Eric in einem überdimensionalen Topf Fleischsuppe fürs Hundeabendbrot, während elf Huskys um ihn herumwuseln und sich auf die Hinterbeine stellen, um zu prüfen, wie lange das noch dauert. Nach fast drei Monaten in Lappland wächst meine Bewunderung für Tiere, ob nun wild, halbwild oder gezähmt. Noch mehr als meine Hauskatzen daheim führen sie mir das instinktgesteuerte Leben vor Augen. Die Elche mit dem Abwurf ihres im Winter zu Ballast gewordenen Geweihs. Die Rentiere mit ihrem Fluchtdrang, weil sie sich als Beute wahrnehmen. Die Huskys mit ihrem Verlangen zu rennen.

Während ich am Sonntagmorgen über die nahezu menschenleere Insel stiefele – von den Bewohnern begegne ich dreien, einem Mann auf einem Traktor, einer Frau beim Nordic Walking und einer auf Hunderunde –, setzt sich Eric ins Auto, um zum auch sonntags geöffneten Baumarkt nach Luleå zu fahren. Ein Wasserrohr im Hauptgebäude ist gebrochen. »Das Leben hier ist nicht leicht, aber es ist jede Mühe wert.« Noch immer ist er von der Entscheidung, nach Hindersön zu ziehen, überzeugt. »Aber die Natur diktiert, was wir wann machen.« So sind Kühl- und Gefrierschrank wie immer gut gefüllt, denn sollte die Natur die Eisstraße morgen schmelzen lassen, kann wochenlanges Ausharren anstehen, bis das Meer mit Booten befahrbar wird.

Auf meinem Heimweg in das im Vergleich fast übervölkert wirkende Baskeri stürmt wieder der Schnee. Ich wünschte, er würde nicht mehr so penetrant wuseln, wenn ich Auto fahre. Ich wünschte, meinen Freunden auf Hindersön ginge es besser. Und ich wünsche mir trotz aller Herausforderungen, dass ich immer eine ordentliche Portion huskyhaften Vertrauens, tierischer Neugier und Probierfreude beibehalte, die ich mal wieder von der Insel mitgenommen habe.

Anfang April bin ich für eine Woche auf Besuch in Hamburg. Wundere mich, als ich zum ersten Mal seit drei Monaten Wasser vom Himmel fallen sehe. Nasses Wasser, keinen Schnee, Wahnsinn! Hamburg gibt sein Bestes, um meine Erinnerung an Regen aufzufrischen, und Lappland sein Allerbestes, um in meiner Abwesenheit sämtlichen im Vorratslager verbliebenen Schnee über Norrbotten auszuschütten. Maria und Andrea schicken Fotos: mein Haus im neuen Tiefschnee, Andreas und Marias Hunde im Tiefschnee. Eingeschneite Bäume. Arktis-Aprilwetter. Mein Auto ist am Flughafen Luleå verblieben und schaut mich bei meiner Rückkehr mit einem einzigen schneefreien Blinker beleidigt an. Maria sei Dank habe ich noch die Notfalltasche samt Schaufel im Kofferraum. Um ihn zu öffnen, sinke ich knietief im matschigen Schnee ein, krame die Schaufel hervor und mache mich an die Arbeit. Erst mal Fahrerseite freischaufeln und Dach von einem halben Meter weißer Masse befreien, damit sie beim Fahren nicht auf die Windschutzscheibe rutscht. Im Gegensatz zum feenleichten Puderschnee des Winters hat dieser Matschschnee einen BMI im roten Bereich. Eine Stunde später und schweißdurchtränkt bin ich einstiegs- und losfahrbereit. Reifen und Matschweg haben eine Auseinandersetzung, die den Wagen in Richtung Schnellstraße schlingern lässt. Doch ich kenne das Gefühl schon, weiß, dass weniger Bemühen, die Sache zu kontrollieren, in diesem Fall mehr Sicherheit bedeutet.

Als ich in meine Einfahrt in Båtskärsnäs einbiege, schaufelt Nachbar Gunnar mal wieder, mit bis an die Ohren hochgezogenen Mundwinkeln. Alles wie immer, wie in Hamburg auch. Ich fühle mich daheim, in dem 200-Seelen-Ort genauso wie in der 2-Millionen-Metropole. Die Woche in der alten Heimat hat mir gezeigt: Ich verabscheue nicht das eine, wenn ich das andere lieben lerne, wie ich zu Beginn befürchtet hatte.

Ich sitze auf der Rückbank von Marias und Peters mindestens zwanzig Jahre altem Pkw und spüre den Rums unterm Po, als der Wagen schon auf dem ersten festgefrorenen Matschhaufen in meiner Straße aufsetzt. Hinter mir türmen sich Berge aus Polstern, Kissen, Kühlboxen und Motorradhelmen auf. »Es gibt auf über hundert Kilometern im Umkreis von Stora Sjöfallet nichts!«, rechtfertigt Maria die Katastrophenvorräte an Lebensmitteln und anderen überlebenswichtigen Objekten, die am Übergewicht des Wagens schuld sind. Koffer, Taschen und Stiefel, zwischen denen ich eingeklemmt bin, erschweren mein vorfreudiges Zappeln, doch selbst als Maria verkündet, die nächste Pipipause gebe es erst in Gällivare, verlässt mich die gute Laune nicht. Ist ja schon in 230 Kilometern oder dreieinhalb Stunden. Hinter dem Wagen schlingert ein Anhänger mit darauf festgezurrtem Schneemobil. Meine Dorffreunde und ich möchten das Osterwochenende in den Bergen verbringen – in Stora Sjöfallet, einem der vier Nationalparks des UNESCO-Welterbes

Laponia neben Muddus, Sarek und Padjelanta. Dort hat ein mit Maria und Peter befreundetes Paar, Eva und Benke, einen Wohnwagen. Ein Herzstück des Parks ist der Luleälv, der Fluss, der auf 461 Kilometern bis an die Küste nach Luleå fließt und von dem schon die Samin Katarina in Zusammenhang mit dem umstrittenen Grubenbau berichtete.

Je näher wir Stora Sjöfallet kommen, desto mehr SUVs mit teils luxuriösen, geschlossenen oder einfachen und offenen Anhängern überholen uns, darauf ein oder zwei Schneemobile, manchmal auch sogenannte *Pulkas* – eine Art überdimensionaler Schlitten mit Klappdach. Klar, im lappländischen Winter dringt nur der ein Stück weit in die Wildnis vor, der über so ein Knatterding verfügt. Obwohl auch sie nicht überall fahren dürfen, sondern vorgegebenen, mit dicken roten Kreuzen markierten Wegen folgen sollen.

Ich wohne im Gasthaus, Maria und Peter quetschen sich in Evas und Benkes Wohnwagen. Der arktische Campingplatz gleicht einem deutschen: Die Wohnwagen stehen so dicht aneinandergekuschelt, als wollten sie sich gegenseitig in dem noch immer kalt pfeifenden Frühlingswinterwind wärmen, und alle begrüßen einander, als wären sie beste Kumpels seit der Kindheit. Nur eins ist anders: Vor den Wohnwagen oder -mobilen stehen die verschiedensten Schneemobilmodelle samt Anhängern für Krempel, Tiere oder Menschen. »Wir fahren immer zu mehreren raus, denn wenn ein Schneemobil kaputtgeht, hat man ein Problem«, erklärt Eva. In den Bergen gebe es nicht einmal Mobilempfang. So machen auch wir uns am nächsten Morgen nicht nur zu fünft auf den Weg, sondern zusammen mit einem weiteren Pärchen und einem alleinstehenden Mann.

Sämtliche Wecker in den Wohnwagen scheinen geklingelt zu haben, als ich noch im Traumreich unterwegs war: Um zehn Uhr morgens fahren die Männer bereits die Schneemobile in Position und koppeln Anhänger an, während die Frauen Kühlboxen, Thermosflaschen, Grills, Hunde und Kinder in Anhängern und *Pulkas* verstauen. »Ich hoffe, du hast heute Morgen nicht geduscht!« Maria sieht mich prüfend an. Natürlich habe ich geduscht! »Das soll man nicht, dann geht die natürliche Fettschicht der Haut verloren und die Wangen frieren schneller ein.«

Evas und Benkes Lieblingsfrühlingswinteraktivität heißt *pimpla,* Eisfischen. Wir fahren mit den Schneemobilen – ich wie ein Kind windgeschützt und den Po von einem Rentierfell gewärmt in der *Pulka* – etwa eine halbe Stunde raus bis zu einem See. »Was fischen wir?«, frage ich, während Maria mit der Angelrute hantiert. »Saibling und Lachsforellen.« Benke bohrt mit der Eisbohrmaschine, wie ich sie schon mit Örjan ausprobiert habe, Löcher ins Eis. Eva rückt mit ihrem Klappstuhl an ein Loch heran, während Maria liegend von einem Polster aus angelt und mir bald die Rute in die Hand drückt, während sie sich in ihrem Overall zurücklegt und ein lappländisches Sonnenbad genießt. Mein Blick gleitet über die uns umarmenden Berge, an deren Wänden teils himmelblaues Eis festgefroren ist. Als hätte ein Zauberer seinen Stab geschwungen und das die Felsen hinabrinnende Wasser zum Stillstand gezwungen.

Wären wir fürs Mittagessen auf unseren Angelerfolg angewiesen, wäre Diät angesagt – innerhalb einer Stunde beißt kein einziger Fisch. Aber *ingen fara,* kein Problem: Um Punkt zwölf

packen die Männer die Campinggrills aus und werkeln mit
Kohle, Feuerzeugen und Rapsöl. Peter kramt Hamburgerpatties
und -brot aus den Boxen. Bald brutzelt Fleisch in den Pfannen
überm Feuer, dessen Duft in den sommerblauen Himmel auf-
steigt. Wir sitzen im Schnee auf Rentierfellen, und auch wenn
es nur ein Hamburger ist, in den ich beiße, glaube ich, lange
nicht mehr so lecker gegessen zu haben. Das Aroma der Glut
mischt sich unter Soße und Zwiebeln, doch die beste Würze lie-
fert der Geschmack der Freiheit, im lappländischen Irgendwo
mit neuen Freunden etwas zu unternehmen, das ihre Augen
zum Strahlen bringt.

Zurück im Camp entfachen einige Männer nach dem
Abendessen zu Evas sechzigstem Geburtstag ein Feuer, und
viele Wohnwagenbesitzer gesellen sich mit ihren Rentierfellen
als Sitzunterlagen zu uns, von Familien mit Kindern im Grund-
schulalter bis zu Menschen, deren faltige und gegerbte Gesichter von Jahrzehnten der Acht-Jahreszeiten-Zyklen erzählen.
Maria und ein etwa Siebzigjähriger zerschneiden den Geburts-
tagskuchen in so viele Stücke, dass jeder etwas abbekommt,
dazu gibt es spätabendlichen Kaffee. Benke, begeisterter Jäger,
gibt Geiler-Elch-Laute zum Besten, die Rülpsern ähneln, und
erzählt von der herbstlichen Elchjagd. Davon, wie sich Jäger
die Lüsternheit der Bullen zunutze machen, indem sie die Rufe
der Weibchen imitieren. Eine Reizjagd. Der moderne Norrbottener bediene sich dafür nun allerdings einer Tierlaute-App.

Das Holz knackt unter den Flammen, der Rauch nebelt
mich ein. Ich lasse mich von ihm und den Gesprächen ein-
lullen, während sich die Sonne hinterm Luleälv verkriecht. Bis
der Wind uns frösteln lässt und Maria und ich, von den Müt-

zenspitzen bis zu den Stiefeln vom Rauch einparfümiert, zum Wasser spazieren. Hinterm Fluss ist die Sonne unter-, hinter den Bergen der gegenüberliegenden Seite der volle Mond aufgegangen. »Tag und Nacht, die sich gegenüberstehen«, philosophiert Maria, die ungewöhnlich still wird, als spürte auch sie, dass die Natur genug erzählt und wir gerade nichts beizutragen haben.

Die Schwäne, die Maria im Jahr zuvor auf dem Fluss beobachtet haben will, lassen sich nicht blicken, doch dafür halten zwei Seeadler über unseren Köpfen Ausschau nach Beute. »Seeadler haben eine Flügelspanne von über zwei Metern«, wird Benke später berichten, und dass dieser nach dem Singschwan Schwedens zweitgrößter Vogel sei. Der sich im baldigen Frühling auf frische Rentierkälber-Mahlzeiten freue, wie mir schon Örjan erzählte. Doch daran möchte ich nicht denken, während ich dem nahezu flügelschlagfreien Schweben der Adler zuschaue. Die Berge in ihren Puderzuckerkleidern scheinen auf der glatt gebügelten Oberfläche des Luleälv ihr Spiegelbild zu bewundern. »Ist der Fluss schon aufgetaut?«, habe ich nach unserer Ankunft gefragt und erfahren, dass er in großen Teilen gar nicht zufriert. Er ist bereits seit 1919 unter menschlicher Kontrolle, seit der Suorvadamm in mehreren Etappen gebaut wurde und 1971 das Kraftwerk Vietas. So friedlich der Luleälv, der im Mondschein durch den Nationalpark Stora Sjöfallet plätschert, auch aussieht – in Wirklichkeit hat er einen Vollzeitjob: Er bedient fünfzehn Wasserkraftwerke, davon einige der größten Schwedens.

»Wo ist eigentlich der Wasserfall, nach dem der Nationalpark benannt ist?«, durchbreche ich die Stille, und Maria deutet hinter die Berge. »Das ist der Stuormuorkkegårttje, aber man kann ihn nur im Sommer sehen.« Später lese ich, dass der einst mächtige Wasserfall heute aufgrund der Nutzung des Luleälv eher mickrig sein soll. Lange nachdem Maria zu ihren Freunden zurückgekehrt ist, bleibe ich am Fluss stehen, der sein Bestes gibt, weiter zu strömen, obwohl die Menschen ihm so viel abverlangen. Wäre die Natur ein Mensch, dann einer von der Sorte, die sich trotz aller Strapazen außerhalb der eigenen Kontrolle so wenig zusätzlichen Stress wie möglich macht. Der Luleälv fließt einfach und spiegelt dabei die Welt an seinen Ufern, wie sie ist.

Und plötzlich weiß ich, was für mich in der Arktis den Frühling ankündigt: Da ist das Rauschen von Wasser, ja, aber vielmehr ist da die Spiegelung der Landschaft auf der Wasseroberfläche, die dem Auge das Schöne zweifach schenkt.

Als wir nach Båtskärsnäs zurückkehren, ist meine Einfahrt fast schneefrei. Nachbar Gunnars Schaufel steht verwaist vor der Tür. Erstmals bemerke ich, dass der Weg zu meinem Haus aus Schotter besteht und dass unterhalb der Verandastufen Steinplatten liegen. Schotter und Stein waren die ganze Zeit wenige Zentimeter unter meinen Füßen und meinen Augen doch unterm Winterweiß verborgen wie blauer Himmel hinter Wolken. Der Radiosender P4 Norrbotten berichtet nun täglich über Lawinengefahr in den Bergen, aber auch über die Eislage auf der Ostsee. Noch halte das Eis, stellenweise müsse man aber aufpassen. *Islossning* heißt das magische Wort, das das Loslassen des Eises beschreibt, wenn es Sonne und Wärme endlich nachgibt.

Ja, es passiert etwas. Der Frühlingswinter packt seine Gaben ein, um dem Frühling den Tisch frei zu machen.

Ein letztes Mal gehe ich ein Stück weit hinaus aufs Eis, verabschiede mich von ihm, das mir über Monate unvergessliche Spaziergänge beschert hat. Ich bleibe stehen, möchte noch einmal der Stille lauschen. Doch es ist gar nicht still, für arktische Verhältnisse sogar laut! Ein Geräusch, als würde es um mich herum aus Hunderten Gläsern voller Kohlensäurewasser prickeln. Wahnsinn! Das Eis macht mir ein Abschiedsgeschenk: Ich höre es in der Sonne schmelzen. Und auf einmal verflüchtigt sich auch meine Verlustangst, die Furcht vor dem Ende dieses aufregenden Winters. An ihre Stelle schiebt sich elchgroße Vorfreude. Denn auch wenn ich kaum erahne, was als Nächstes kommt, verrät mir mein neuer *Sound of Spring* – das Frühlingsgeräusch des Abschied nehmenden Eises –, dass das Kommende nicht minder spannend sein wird als meine ersten beiden Jahreszeiten in der Arktis. Ich bin bereit. Bereit für den Frühling.

Die Jahreszeit der Rückkehr:
Frühling, Gijrra
circa Ende April bis Ende Mai

»Willst du mitkommen auf eine Schärgartentour zur Insel Getskär und dort in einer *Stuga* übernachten?«, fragt mich Niklas. Und ob ich will! Es ist fünf vor Eisschmelze und jetzt, Ende April, könnte jeder Schneemobilausflug aufs Eis der letzte der Saison sein. »Dieses Jahr hält das Eis ungewöhnlich lange«, berichtet Niklas, während er in seinen Overall schlüpft und die Stiefel schnürt. Es ist achtzehn Uhr an einem Donnerstag – *after work* auf Lappländisch. Man verkrümelt sich nicht in die Kneipe, sondern zieht sich warm an und belädt das Schneemobil mit Futter und Getränken fürs abendliche Grillen am Eis. Der Schnee ist zu einer nassen Masse degradiert, wir bleiben schon auf Niklas' Grundstück mit dem Schneemobil stecken. Ich steige ab, während er im Stehen am Lenker zerrt, bis das Gefährt heulend wieder in die Spur kommt.

Ganz geheuer ist mir das Eis nicht mehr, doch Niklas beruhigt mich: »Man sieht ihm an, ob es noch tragfähig ist. Die dunklen Stellen zeigen, dass es dort nasser ist und schneller schmilzt.« Für meinen Geschmack halten wir auf sehr viele schwarze Löcher zu, doch bald entspanne ich mich. Genieße. Den Fahrtwind, der nicht mehr so gnadenlos in meine Wangen schneidet wie bei unserem Ausflug nach Rånön im Januar. Das Gefühl der Freiheit, das mich trotz aller Skepsis den benzinschleudernden Schneemobilen gegenüber packt, wenn ich auf einem sitze und in die weiße Welt hinausflitze. Den flüchtigen Blick auf eins der seltenen Rehe, das in der Ferne Zuflucht auf einem Inselchen sucht. Das Schwanenpaar, das von der Sonne angestrahlt vorbeifliegt. Das auf einem Baumwipfel sitzende Birkhuhn. Ich fühle mich, als säße ich vor einer riesigen Leinwand, auf der großes Naturkino spielt. Doch der Fahrtwind und der unter meinem Po vibrierende Scooter verraten, dass ich mittendrin bin.

Niklas' kleines Tourismusunternehmen vermietet seit wenigen Wochen eine *Stuga* auf Getskär, einer der 25 Inseln des Naturreservats Litskär. Als wir die Insel anfahren, hebt sich das rote Häuschen mit Plumpsklo nebenan von der Waldkulisse ab. »Jetzt hackst du Holz, damit du den Ofen drinnen anwerfen kannst«, fordert mich Niklas auf. Er macht es vor – setzt die Axt an ein dickes Stück Brennholz, spaltet oben, dreht es um, spaltet unten. Nächstes Stück. Innerhalb einer Minute sind vier Brennholzbrocken gespalten. »Damit das Holz Feuer fängt, brauchst du kleinere Stücke.« Kein Problem. Ich stelle das Brennholz hochkant auf den Baumstumpf, gehe leicht in die Knie und schwinge die Axt. Volltreffer auf den Stumpf, das

Holz kippt unberührt zur Seite. Niklas schweigt, wie schon im Januar bei meiner Langlaufskitortur. Neuer Versuch. Ich treffe das Brennholz an der Kante, ein paar Millimeter splittern ab. Perfekt, der hat doch was von kleinen Stücken erzählt! Ich mache hoch motiviert weiter. Um den Baumstumpf sammelt sich ein Haufen aus winzigen, kleinen und mittelgroßen Brennholzstücken, und unter meinen Thermoschichten rinnt mir der Schweiß am Körper runter. Sicher gehe ich beim Holzhacken genauso unelegant zur Sache wie beim Laufen in Tiefschnee, aber was spielt das für eine Rolle, wenn ich trotzdem zum Ziel komme?

Bevor wir das klein gehackte Holz im Ofen anzünden, empfiehlt Niklas, Birkenborke zum Brennen zu bringen und dann die kleinsten Brennholzstücke in die züngelnden Flammen zu geben. Erst wenn alles ordentlich Feuer gefangen hat, sind auch größere Scheite erlaubt. »Zum Abendessen fahren wir raus zu einer kleinen Steininsel. Ich habe dort neulich eine Nacht gezeltet«, bestimmt Niklas. Es geht also weiter raus aufs Meer mit seinem zerfahrenen Eis. Niklas hält auf eine Art Steinbank zu, umgeben von Minieisbergen. »Jetzt darfst du noch mal Feuer machen!«

Wie bestellt liegen verschieden große Stöcke und Zweige überall verteilt. Wir machen eine Art Bett aus parallel zueinander liegenden Holzstücken und grenzen die Feuerstelle rechts und links mit den dicksten Hölzern ab. »Jetzt die kleineren Äste obendrauf. Am besten die ohne viel Rinde, die ist oft zu feucht. Aber keine Vogelfedern, die stinken, wenn sie brennen!« Niklas zieht sämtliche Federn, die ich versehentlich unter das Holz gemischt habe, raus. Ich halte das Feuerzeug an die Zweige.

Eine Flamme glimmt auf, erlöscht. Und jetzt? Niklas schnappt sich ein Bündel Zweige, hält es hoch und lässt es mich von unten anzünden. Feuer! Was für eine Kunst!

Niklas sucht weiteres Holz zusammen, während ich es mir auf der ausgerollten Yogamatte gemütlich mache. Als Vorspeise gibt es dünn geschnittene, geräucherte Rentierwurst, als Hauptgang gegrillte Sandwiches mit Käse und Schinken. Dafür hat Niklas ein Sandwich-Grilleisen mit langem Stil und Elchkopfmuster innen, worin er das Sandwich übers Feuer hält. Über dem Festland macht sich die in Rot-Orange gekleidete Sonne zum Untergehen bereit, hinter uns nimmt der Himmel den winter-rosalichen Farbton an, den ich schon verloren glaubte. Doch hier draußen im Archipel, über dem noch winterverschlafenen Meer, könnte man meinen, es wäre wieder Januar. Wenn es nicht gut zwanzig Grad wärmer und die Sonne schon bis 21 Uhr bleibfreudig wäre. Licht und Wärme, die Vorreiter des Frühlings. Je tiefer die Sonne sinkt, desto bunter bemalen ihre letzten Strahlen die Flauschwolken am Himmel. Ich schaue ins Feuer, das vor dem Sonnenuntergang flackert. Spüre den salzigen Geschmack warmer, gegrillter Sandwiches. Sauge den Feuerduft auf, der wieder in Haare und Klamotten einzieht. »Sekundenglück«, würde Herbert Grönemeyer singen.

Erst als der Wind auffrischt, ziehe ich den Schal enger und krame die Handschuhe hervor. Niklas will fahren, bevor die Dunkelheit alles schwarz färbt. »Bei diesem Eiszustand ist es besser, man sieht genau, wo man fährt.« Nachdem er mich vor der *Stuga* auf Getskär abgesetzt hat und davongebraust ist, bin ich der einzige Mensch auf der Insel. Ständige Bewohner gibt es nicht, die wenigen *Stuga*-Besitzer sind nicht da. Zum ersten Mal im Leben habe ich eine Nacht lang eine Insel für mich allein. Ich weiß, was meine deutschen Freunde fragen würden: Hast du keine Angst? Ich schmunzle. Wovor? Dass mich ein wild gewordener Elch überfällt? Dass sich ein Axtmörder ins Naturreservat verirrt hat und darauf wartet, dass ich mich bei unabgeschlossener Tür schlafen lege? Beim Abendessen habe ich Niklas erzählt, dass viele Menschen in meiner alten Heimat Angst vorm Alleinsein haben. Oder vielmehr vor der Einsamkeit, die sie damit verbinden. Er runzelte nur die Stirn. In einem Teil der Welt, wo Menschen Mangelware sind und die Distanzen riesig, gibt es keine Wahl. Oft und auch länger allein zu sein gehört zum Leben. Irgendwann schlummere ich auf meiner einsamen Insel ein, während der Wind an den Fensterläden rüttelt und die Holzscheite im Ofen knacken.

Am nächsten Morgen schlage ich schon um sechs Uhr die Augen auf, wie laut Niklas viele Vierbeiner und Vögel auch. Die Sonne ist schon seit vier Uhr fleißig. Nachdem das mitgebrachte Frühstück verputzt ist, schnalle ich meine Schneeschuhe unter und mache mich auf den Weg um die Insel. Am südöstlichen Ende liegt ein Fischerdorf, dessen ungefähr zehn Häuser heute als *Stugor* dienen und das laut Informationstafel aus dem 18. Jahrhundert stammt, samt Überresten einer Schärenkapelle. Dort sollen sich einst Fischer und Robbenjäger angesiedelt haben. Von allen Seiten piept und zwitschert es, ansonsten gehört die Insel meiner guten Freundin, der Stille. Ich setze das Fernglas an die Augen, um möglicherweise Seehunde, die sich hier draußen tummeln sollen, zu erspähen. Nichts, dafür sehe ich die sich kräuselnden Wellen des offenen Meeres. Wollte ich ein Bad nehmen, müsste ich allerdings doppelt so lange laufen wie bei Ebbe am Wattenmeer. Eine Weile sitze ich auf einem Stein, spüre, wie die Sonne mein Gesicht sommerverdächtig aufheizt.

Die Hälfte der Insel habe ich innerhalb kürzester Zeit auf dem Eis umrundet – für den Rückweg will ich es mit dem Nassschnee aufnehmen und durch den Wald stiefeln. Eine sportliche Entscheidung. Rote Linien oder Punkte an Bäumen und Steinen markieren einen Wanderweg, doch der Schnee hat ihn sich einverleibt. Immer tiefer sinken meine Beine trotz Schneeschuhen ein. Ich falle, fluche, rappele mich auf. Doch die Strapaze lohnt sich: Es gibt alle paar Meter Rentierhufspuren, Rentierkorinthen auf dem Weiß und am Schluss einen Hügel, von dem aus sich der Bootsanleger unten im Minihafen zeigt. Dort picknicke ich auf einer Bank, in Begleitung der Vogelgesänge, mit Erster-Reihe-Blick über das Langschläfereis und auf andere Inselchen, deren noch nackte Bäume im Licht baden. Würde mir jemand in diesem Augenblick erzählen, ich wäre der einzige Mensch auf der Welt, würde ich es glauben. Als Niklas mich eine Stunde später abholt, möchte ich ihn am liebsten wegschicken und sagen, dass ich bleibe. Für unbestimmte Zeit.

Es ist Ende April, als es 2022 in Båtskärsnäs zum ersten Mal regnet. Ich strecke mein Gesicht dem Himmel entgegen, spüre das unerwartet milde Nass und sauge den Duft auf. Den Duft von feuchter Erde, den ich immer mit dem Sommer verbunden habe. Allerdings nicht lange, denn wie meine Dorffreunde prophezeit haben, regnet es im Frühling an der Küste selten.

Tatsächlich warnt die Wetter-App bald vor Grasbrandgefahr, und das Feuermachen im Freien wird bereits zum Risiko, wenn manches Gras den Schnee noch nicht ganz abgeschüttelt hat. Doch der Frühling versteht den Startschuss und ab den letzten April- und ersten Maitagen keinen Spaß mehr mit teils noch nass und schwer vom Himmel fallenden Schneeflocken.

Am 30. April ist Walpurgisnacht, wenn der Winter mit Feuern vertrieben wird. Natürlich wäre ein Feuer in Schweden kein Feuer, wenn man keine Wurst darüber grillen würde. Deshalb wird schon am Nachmittag in Baskeri ein kleines Feuer am Hafen entzündet, und einige Dörfler kommen mit Taschen voller *Falukorv* zusammen, der wohl beliebtesten schwedischen Wurst. Sie spitzen herumliegende Äste an, spießen jeweils ein Wurststück auf und lassen es von den Flammen braun brutzeln. Noch hält das Eis auf dem Meer dicht, doch Schneemobile fahren nicht mehr darauf, zu groß ist nun die Gefahr einzubrechen. »Jetzt ist bald *Islossning*«, sind sich alle einig, und auf den Gesichtern zeichnet sich mehr Vorfreude als Nostalgie ab. *Islossning!* Ich erinnere mich an den Begriff, der bedeutet, Seen, Flüsse und Meer werden das Eis langsam los. Eine Zeit, die gleichbedeutend mit Frühling ist.

Das Wurstgrillen gegen den Winter funktioniert: Als würde der Geruch von *Falukorv* Eis und Schnee in die Flucht schlagen, öffnen sich schon zwei Tage später die ersten Stellen auf dem Meer. Ich schaue flach atmend zu, wie ein älteres Paar einen lebensgefährlichen Versuch unternimmt, vollgepackte Einkaufstaschen auf Schlitten über die brechende Eisschicht bis zu der vor Baskeri liegenden Insel Risön zu ziehen. »Geh nicht mehr aufs Eis, wenn du nicht unbedingt musst«, warnt mich die Frau, bevor sie ihrem Mann folgt, der einen Stab in der Hand hält, um die Festigkeit des Eises provisorisch vor jedem Schritt zu prüfen. Alle paar Sekunden sacken beide ein. Mein Herzschlag beruhigt sich erst, als sie auf der Insel angekommen sind. Susanne und Eric von der Huskyfarm auf Hindersön haben mir ja schon von dem teils wochenlangen Ausharren erzählt und dass die Insulaner erst dann wieder ans Festland kommen, wenn das Eis Platz für Boote macht. Wie fern lagen mir zu Beginn die Strapazen, die das Alltagsleben der Menschen hier begleiten können und die mir die zuckerfeine Märchenwinterwelt erst nach und nach offenbart hat. Dennoch habe ich noch nie jemanden klagen hören. »*Det kommer att lösa sig*«, lautet das Mantra bei allem und für alles. Alles wird sich geben.

Kaum sind der Rauch der Walpurgisnachtfeuer und der Duft von *Falukorv* vom Winde verweht, gehört die Luft den Möwen, als hätten sie mit dem ersten Wellensäuseln ihr Direktflugticket ans Meer gebucht. Sie sind es, die den letzten Rest Frühlingswinter aus dem Weg kreischen und ihre gefiederten Freunde zur Strandparty herbeirufen, darunter Wildgänse. Als Peter lackfressende schwarze Vogelkacke auf meinem Auto entdeckt, freut er sich: »Das ist Wacholderdrosselkacke, die kommen zu Frühlingsbeginn in Massen, kacken alles voll und sind genauso schnell wieder weg.« Ich freue mich auch. Was für eine Ehre, ein Frühlingsbeweis schwarz auf silber auf dem Auto!

Der lokale Radiosender bringt stündliche Meldungen, auf welchem Fluss in Norrbotten schon *Islossning* spielt – der Torneälv an der Grenze zwischen Schweden und Finnland gewinnt das Rennen, auf dem Kalixälv läuft noch der Countdown: Auf dem Eis steht ein Bötchen bereit, das die Wellen forttragen werden, sobald der Winter sie freilässt. Das Ganze lässt sich sogar via Webcam verfolgen. Am 7. Mai ist es endlich so weit: Das Eis lässt los, das Boot ist frei. Die Vögel kreischen vor Begeisterung, als wollten sie auch die Bäume, die noch die Schlummertaste drücken, aus dem Winterschlaf reißen. Denn während Moos und Gräser unter dem schmelzenden Schnee grünen, halten die Äste ihre Knospen noch verschlossen – bis auf Weidenkätzchen, deren flauschiges Weiß sich hervorwagt. »Die Natur muss sich beeilen, sie weiß, dass sie nicht viel Zeit hat«, sagt Andrea.

Nachbar Gunnar hat seine Schneeschaufel weggepackt und fängt an, im Garten zu pflanzen. »Ich war gestern beim Torneälv, manchmal war das *Islossning* dort richtig laut, wenn die Eisschollen aufeinandertreffen, aber dieses Jahr gab es schnell offenes Wasser«, bedauert er. Auch ins Radioprogramm schafft es der Torneälv immer wieder. Geben die Verkehrsnachrichten in Deutschland oft durch, wenn auf einer Autobahn ein Hund läuft, so berichtet P4 Norrbotten, dass eine Elchkuh bei der Kleinstadt Pajala mit ihrem Jungen aufs brechende Eis des Flusses gegangen sei, sich beide aber in letzter Sekunde hätten retten können.

Dem Torneälv und dem Kalixälv folgt das Meer. Nun verstehe auch ich, was die Einheimischen mit den Zuflüssen meinten, wo das Eis am schnellsten schmelze. Täglich schaue ich zu, wo sich die Kraft der Wellen die meisten Eisschollen einverleibt. Nach der Stille des Eises ist das Plätschern und Rauschen laut, aber willkommen. Der große Wandel, den ich gefürchtet habe, ist auf einmal genauso aufregend wie jeder kleine zuvor. Bald kann ich das Meer sogar riechen. Als ich in Italien am Mittelmeer wohnte, sagten die Menschen, im Winter rieche das Meer nicht und man erkenne den Frühling am Salzduft in der Luft. Bilde ich es mir ein, weil das Wasser des Bottnischen Meerbusens kaum Salz enthält, oder breitet sich tatsächlich ein Hauch von Meersalz über Baskeri aus? Ganz genau kann ich es nicht erschnuppern, denn alles wird überlagert vom Duft von Gegrilltem, der aus sämtlichen Gärten wabert. Sobald Plusgrade herrschen, und wenn es nur zwei oder fünf sind, haben die Home-Grills Saisonstart. Nicht nur das Leben ist kurz, sondern auch der lappländische Frühling und Sommer – also bloß keine Zeit verlieren!

Der über den Winter zusammengeschobene Schneehaufen vor meinem Haus nimmt ab wie einer auf Nulldiät, und in sämtlichen Gärten und Vorgärten kommt Krempel zum Vorschein, den man unter dem Schnee nicht einmal erahnte, sogar von Rost zerfressene Autos, die aussehen, als wären sie das letzte Mal in den 80er-Jahren angesprungen. Was machen Farbeimer neben meiner Einfahrt, waren die schon immer dort? Faszinierend, was der Winter verbirgt und der Frühling wieder ans Licht zerrt. Daneben entdecke ich immer neue Wege im Dorf, die der Schnee verborgen hat – während andere, die ich im Winter gegangen bin, eigentlich keine Wege sind! Welche Freiheit sich die Natur doch erlaubt, die menschengemachten Eingrenzungen still und leise umzukehren.

Es sind nicht allein die Vögel und Aromen aus den Heimgrills, die den Frühling ankündigen – es ist vor allem das Licht. Zwar geht die Sonne noch immer unter – Mitte Mai gegen

22 Uhr – und etwa drei Stunden später wieder auf, doch sein schwarzes Kleid hat der Himmel in die Winterklamottenkiste gepackt. Selbst in den Stunden, nachdem die Sonne hinterm Horizont verschwunden ist, bleibt der Himmel taghell-blau oder zeigen sich rosa- und orangefarbene Streifen am Horizont.

Es ist, als würde sich das arktische Leben Anfang Mai mit einer Sause aus Licht, Vogelgesängen und Wasser im Fluss und Überfluss selbst feiern, ein Sieg über Kälte, Dunkelheit und Eis. Dieses Fest reißt jeden Menschen, jedes Tier, jedes Insekt mit. Fliegen summen durchs Haus, draußen krabbeln Ameisen über die Fliesen und schleppen Krümel an geheime Orte, im Wald tanzen Schmetterlinge über noch winterfaulen Büschen, und über den Kalixälv gleiten Enten mit ihren Küken. Wo waren die im Winter? Wohl in Südschweden. Bisher wusste ich nicht einmal, dass stinknormale Enten, wie sie auch in Deutschland auf Seen und Flüssen dümpeln, Zugvögel sind. »Die Zeit der Rückkehr« – schon der Maibeginn beansprucht die samische Beschreibung des Frühlings für sich.

Die durch meinen Garten hoppelnden Schneehasen sehen nun so verschmuddelt aus wie die an Straßenrändern oder in Gärten verendenden Schneereste. Gesicht und Rücken sind bereits braun gescheckt, bald bekommt der im Winter elegante weiße Pelz die Farbe des Sommerwaldgeästs. Auch die Tierspuren, die ich so gerne im Schnee gelesen habe, verschwinden, selbst jede Art von Losung vermischt sich mit Erde und Schlamm, doch dafür knackt wieder altes Laub unter den Sohlen. Das habe ich vermisst. Kleinigkeiten, die daheim normal waren, sind nach dem arktischen Winter besonders, das Gefühl des Lebendigseins ein Geschenk. Ob ich es mir bewahren kann, während die Natur um mich herum monatelang aus dem Vollen schöpft?

Mitte Mai treibt mir die Sonne erstmals Schweißperlen auf die Stirn und fordert mich dazu heraus, das felsige Ufer in Båtskärsnäs hinabzuklettern, Schuhe und Socken abzustreifen und meine Füße in die Ostsee zu stecken. Sollte ich meinen Bikini rauskramen und ein erstes Bad wagen? Millionen kleiner Messer piksen meine Haut, es prickelt und kribbelt, bis ich nach wenigen Sekunden fast nichts mehr spüre. Ich ziehe die bläulichen Füße aus dem Wasser und lege sie auf einer von Erde besudelten Eisscholle ab, die vor den Felsen schwimmt. Zugegeben, ich habe mir das mittelmeerblau schimmernde Wasser milder vorgestellt, die noch immer auf der Oberfläche treibenden Eisschollen aus dem Blickfeld verdrängt.

Mein Traum vom ersten Meeresbad des Frühlings bleibt auf Eis liegen, aber was geht stattdessen? Der Zufall will es, dass der samische Sänger Jon Henrik Fjällgren im vierzig Kilometer entfernten Haparanda an der finnischen Grenze ein Konzert gibt. Schon lange wollte ich mir samischen *Joik*-Gesang anhören, der dem Jodeln verwandt sein soll und den die Samen entwickelt haben, um Natur, Tiere und Menschen zu besingen. Zwar habe ich dabei eher an einen joikenden Samen vor einer Kulisse aus Bergen und Rentierherden gedacht, aber mittlerweile ist klar, dass meine Bestellungen beim Universum so einwandfrei ankommen wie eine Nachricht beim letzten Mitspieler von Stille Post.

Der 35-Jährige trägt Samentracht, allerdings statt in den traditionell blau-roten Farben discoreif schillernd mit weißer Hose und hell-glitzernden *Nutukas,* den typisch samischen Schuhen, die normalerweise aus Rentierhaut bestehen. Er und seine Band heizen dem *Joik* ein. Die Melodien, Bässe und Kraft der Lieder erfüllen mich mit unerwarteter Freude. Oder nein, da klingt ebenso Schwermut mit, nicht zuletzt Sehnsucht. Ohne ein Wort der samischen Texte zu verstehen, habe ich Ureinwohner vor Augen, die ihre Rentierherden vor Wintereinbruch in den Bergen zusammentreiben, dabei von Schneestürmen überrumpelt werden, aber auch grüne Bergtäler, in denen sich die Tiere während der Stippvisite des Sommers dickfuttern. Zwischen den Liedern erzählt Jon Henrik – von seiner Rentierherde, von einem Schneemobilausflug in die Berge bei Schneesturm, der ihn fast das Leben gekostet hätte, von seiner Liebe und seinem Respekt für die Natur. Seine Geschichten erinnern mich an den Dokumentarfilm »*Arvet och tystnaden*«, »Das Erbe und die Stille«, den ich kürzlich im schwedischen Fernsehen geschaut habe, über das Erbe der Samen und deren Kampf, die Rentierzüchterexistenz für kommende Generationen zu bewahren. Über die vom Klimawandel aufgezwungenen Anpassungen der acht Jahreszeiten und die Anstrengungen, die Rentiere den Winter über am Leben zu halten. Ich denke an die Samin Katarina, die im März ebenfalls von der ständigen Neudefinition der acht Jahreszeiten berichtete.

Die Lieder, die Jon Henrik teils mit geschlossenen Augen ins Mikrofon haucht, vermitteln die Angst und die Bemühungen der Hirten um ihre Tiere. Doch wenige Minuten später erklingt der nächste Titel, mit vollen Bässen sowie einem Rhythmus, der viele Zuschauerfüße zum Tappen bringt. Ich denke an Andreas oft beschworene zwei Seiten, und für mich beschreibt der *Joik* genau das. Zukunftsbangen und Klimafrust gegenüber der Leidenschaft für ein seit Jahrhunderten überliefertes Erbe. Nach dem Konzert lade ich mir viele von Jon Henriks Liedern runter, denn sie sollen zu treuen Begleitern auf Roadtrips durch die Weite Lapplands werden. Um dabei mein Herz stets weiter zu öffnen für die Extreme dieses Weltendes, die mal weit auseinanderklaffen, dann wieder aufeinander zutanzen wie zwei launische Liebende, die doch nicht ohneeinander können. Dunkle Winter, helle Sommer. Monatelanges Stillhalten, dann eine Explosion an Leben.

Wie jetzt im Mai, dem Kälbermonat, wie er bei den Samen heißt, weil die Rentierkälber zur Welt kommen. »Der Mai ist das samische Neujahr«, erzählt mir der Rentierzüchter Ber-Joná Labba, ein fast gleichaltriger Freund Jon Henriks. Er kommt aus dem Samendorf Könkämä, Schwedens nördlichster Samengemeinschaft, und hat bereits mit elf Jahren das Kälbermarkieren von seinem Vater gelernt. »Zuerst haben wir es lange mit Birkenstücken probiert, bis ich mich an ein Tier gewagt habe«, gibt er zu, und dass er erst nach etwa einem Jahr sicherer geworden sei. »Die Kälber werden ungefähr um den 19. Mai geboren, und wir freuen uns riesig darauf. Mein achtzehnjähriger Bruder hat sogar entschieden, keine Ausbildung zu machen und nicht zu studieren, obwohl er hochintelligent ist. Er will sich der Rentierzucht widmen.«

Im Gegensatz zu vielen Samen seiner Generation sind Ber-Joná und seine Geschwister mit Nordsamisch als Muttersprache aufgewachsen, das Schwedische habe er erst mit sechs Jahren gelernt. Das Sommerweideland seiner Rentiere erstrecke sich bis in die norwegische Bergregion, berichtet er, wobei Rentiere immer denselben Ort aufsuchten, um ihre Kälber zu gebären, und höher gelegenes Terrain vorzögen, um Raubtiere leichter zu erspähen. »Andererseits kann es dort windig und kalt sein. Wir bangen um das Wetter im Mai. Kommt Schneesturm auf, ist das ganz schlecht, zu kalt auch, dann erfrieren die Kälber. Am besten ist Nebel, damit Adler die Jungtiere nicht so gut sehen.«

Als ich einige Tage später auf dem Weg nach Jokkmokk Rentiere am Straßenrand bemerke, fallen mir große Geweihe auf den meisten Häuptern auf. Wie war das noch? Die Männchen werfen ihr Geweih im Herbst ab, während die Weibchen ihres behalten, solange sie trächtig sind. Ich schaue genauer hin. Sind das nun Männchen, deren Geweihe schon nachgewachsen sind? Dann haben die alle Bierbäuche! Wahrscheinlicher ist, dass das trächtige Kühe sind, denn die Geburt der Kälber steht kurz bevor. Die Vorfreude der Samen greift auf mich über, und ich begreife, warum die Kälbergeburt für die Ureinwohner eine Art Neujahr ist.

Bevor sich das Eis ganz verflüssigt, möchte ich wie viele Norrbottener eine Bootsfahrt unternehmen und erleben, wie man die kleinen Eisschollen dabei vor sich herschiebt. Im Internet kursieren Fotos von Leuten, die vom Boot auf eine Eisscholle hüpfen und sich darauf ablichten lassen. Das will ich auch und stelle mir schon vor, mit was für tollen Bildern ich meine Social-Media-Kanäle bestücken werde. Niklas, der sein Schneemobil gegen ein Boot eingetauscht hat, nimmt mich auf eine Morgenrunde mit. Und dann? Die Natur hat keine Lust auf Social-Media-Quatsch. Das Eis ist weg! Tiefblau und ruhig breitet sich der Bottnische Meerbusen vor uns aus, das Boot flitzt über die sommerlich in der Sonne schillernde Wasseroberfläche. Niklas sieht mich entschuldigend an. »Es war zu viel Wind, der hat das Eis weggeblasen.« Das schöne Eis – vom Winde verweht. Von einem Tag auf den anderen. Ich bin entsetzt. »Geht das immer so schnell?« Niklas zuckt mit den Achseln. Manchmal blieben die Eisschollen gut zwei Wochen liegen, dann wieder verschwänden sie ruckzuck. Ein Zusammenspiel von Wind und Temperaturen. Keine Frage, der Frühling Lapplands kommt mit Zeitrafferfunktion, ohne Erbarmen für alle, die nicht heute leben, sondern erst morgen damit anfangen wollen.

Niklas versucht, die Sache mit dem verschollenen Eis wiedergutzumachen und steuert eine unbewohnte Schärengarteninsel an, die kaum 300 Meter lang und 100 Meter breit sein dürfte, mit steinigem Ufer und knorrigen Bäumen. Er hat zwei Seehundköpfe im Meer davor gesichtet, doch die Tiere lassen sich nur durchs Fernglas ausmachen. An Land entdecke ich mehrere Haufen mit Schokoladeneiern am Boden, die auf den ersten Blick zum Naschen einladen. »Das ist Elchlosung! Wenn das Meer vereist ist, spazieren die Elche von Insel zu Insel«, erklärt Niklas, und ich stelle mir einen Elch vor, der wie ich im Winter Inselhopping unternimmt.

Niklas will prüfen, ob sich meine Feuermachkünste seit der Lektion auf Getskär verbessert haben. Gemeinsam sammeln wir Borke und trockene Äste und suchen uns eine Stelle zwischen den Steinen, wo das Feuer nicht zu nah an Gräser und Bäume herankommt. Mein Feuerlehrer klopft mit einem dicken Ast auf die Steine. »So stellst du fest, ob das Holz hart oder weich ist. Wenn es hart ist, ist es auch trocken und eignet sich gut als Brennholz. Wenn es weich ist und dumpf klingt, ist es feucht.«

Ich zünde das trockene Geäst an und lege schnell größere Stücke nach, damit sich meine Bemühungen nicht sofort in Rauch auflösen. »Schichte das feuchtere Holz dort auf, wohin der Wind bläst, dann fängt auch das Feuer«, erklärt Niklas und bringt die dumpf klingenden Äste. Während er Tomaten und Zwiebeln für die Hamburger aufschneidet, sehe ich auf den Wellen treibenden Kanadagänsen nach und schaue dem Flug der Küstenseeschwalben über uns zu. »Das sind die Zugvögel, die die längste Strecke zurücklegen, denn sie verbringen den Winter am Südpol.« Ich weiß nicht, was ich mehr genieße – in den saftigen Hamburger zu beißen oder mich diesen Wildvögeln nahe zu fühlen. Diesen Nomaden des Himmels, die anders als Rentiere, Elche und andere bodenständige Tiere Jahr für Jahr weit reisen, um zu überleben. Sie erwecken erstmals in über vier Monaten einen Funken der ansonsten fest in mir verankerten Reiselust.

Wenn sie erst einmal aufflammt, meine Lust auf Reisen, dann lege ich auch da schnell Scheite nach. Deshalb steht das Auto schon am Abend nach der Bootstour beladen mit Zelt und Schlafsack, Matratze und Rentierfell, warmen Klamotten, jeder Menge Essen und Wasserkanistern bereit. Am nächsten Morgen geht es los – in das Bergdorf Ammarnäs in der Region Sorsele, im tiefen Westen Schwedisch-Lapplands. Wie mir alle gesagt haben, ist es für mögliche Wanderungen in den bergigen

Nationalparks Sarek oder Padjelanta noch zu früh, überall liege noch Schnee, und wenn der schmelze, entstünden eine Menge teils unpassierbarer Flüsse. Doch ich möchte raus, mein neues Zelt testen. Mich einen Schritt weiter in die Natur Lapplands hineinwagen.

Ich bin nicht mit Camping- oder Wanderurlauben groß geworden, habe erstmals mit 22 Jahren in einem Zelt geschlafen und war erst mit 26 auf einem Berg von 2962 Meter Höhe – per Lift zur Zugspitze. Obwohl ich als auf Naturthemen spezialisierte Reisejournalistin viel dazulernte, an Expeditionen in die Wildnis teilnahm und das Wander- und Zeltleben lieben lernte, habe ich riesigen Respekt vor der Natur und übe mich seit Januar darin, mich ihr Stück für Stück zu nähern. Ich möchte nicht mir und anderen beweisen, wie resistent ich bin, verfolge vielmehr das Ziel, meine Komfortzone im Einklang mit meiner eigenen Natur zu erweitern. Das heißt auch, sie muss nicht gleich vom Nord- zum Südpol reichen. Ich peile drei Nächte im Zelt an, bei starkem Regen auch im Kombi.

Etwa 435 Kilometer sind es von meinem Dorf bis in das noch kleinere Ammarnäs mit gut hundert Einwohnern, etwa sechs Stunden brauche ich. Immer wieder bremsen mich Rentiere an der Straße aus. Eigentlich sollten die Tiere längst in die Berge gezogen oder von ihren Besitzern dorthin gebracht worden sein, aber einige scheinen sich der Routine Jahr für Jahr zu entziehen. Oder sie ziehen später um. Ob sie ihre Kälber auch in tieferen Lagen gebären? Ich erinnere mich, dass die Kälberzeit für Rentierkühe die sensibelste Periode des Jahres ist und sie Ruhe brauchen. Selbst ihre Besitzer geben ihnen Zeit, bevor sie die Tiere erneut im Frühlingssommer oder Sommer zusammentreiben und die Kälber so weit schon möglich markieren.

Ich nehme mir Zeit, die Rentiere zu beobachten, zuzuschauen, wie sie sich mit den Hinterhufen kratzen und Ballen ihres Winterfells auf die Straße segeln. In Letzterem sahen sie attraktiver aus als mit dem Frühlingsfell voller Kahlstellen dort, wo es wohl zu viel gejuckt hat. Die Schneehasen sehen ähnlich aus. Die Schönheit des Winters verflüchtigt sich nicht nur in Form von Schnee und Eis, sondern auch mit dem Fell der Tiere. Flauschig und dicht ist gerade nicht mehr in.

Ammarnäs begrüßt seine Besucher mit einem großen *Välkommen*-Schild über der Straße und dem Fluss Vindelälv, der die Farbe des Himmels nachahmt und sich durch Weiden windet, die vor Wasserüberschuss strotzen. Dörfler sitzen vor dem Minisupermarkt auf Bänken und schlürfen Kaffee aus Pappbechern, während sich das Kaffeearoma in der Luft mit dem Holzduft der Kirche vermischt. Dabei ist die Holzkirche, die in der Sonne glänzt, als wäre sie gestern neu gestrichen worden, nicht einmal die Hauptattraktion des Dorfes. Das ist der Potatisbacken, der Kartoffelhügel. Auf dessen Südseite werden seit Mitte des 19. Jahrhunderts Kartoffeln angebaut, da sie dort nicht so schnell erfrieren, wie ein cleverer Dörfler herausfand. Über einen schmalen Weg besteige ich den Hügel, wo zwei Grillstellen mit Weitsicht über Dorf, Fluss und verschneite Berge zum Auspacken von Hamburgern oder Würsten einladen. Aber noch nicht, ich möchte erst noch etwas weiterfahren.

Das schwedische Jedermannsrecht erlaubt es unter anderem, auf nicht landwirtschaftlich genutztem Boden und jenseits der unmittelbaren Nähe zu einem Haus zu zelten – das möchte ich ausprobieren. Doch wie findet man einen schönen wilden Zelt-platz? Für meine erste Nacht beantwortet sich die Frage von selbst, als ich auf die Karte von Ammarnäs schaue. Vom Dorf führt eine meist einspurige Straße bis zu einem See, dem Tjul-träsk. Ich träume davon, dort auf ein Stück Gras zu stoßen, wo ich mein Nachtlager aufschlagen kann. Ob mein Wunsch dieses Mal beim Universum ankommt?

Auf den neun Kilometern werde ich abgelenkt von Strom-schnellen des Vindelälv, die beidseitig einer kleinen Brücke frühlingsfreudig sprudeln. Und von einem Reh, das über die Leitplanke lugt. Das Tier schaut nach links und rechts wie ein in Verkehrssicherheit gut erzogenes Kind, dann steigt es über die Abtrennung und läuft die Straße hinab. Wenige Meter wei-ter ist die Landschaft wieder weiß. Das gibt es doch nicht! Nur plätschernde Bäche weisen darauf hin, dass auch hier der Früh-ling seinen Einzug vorbereitet. Dann bin ich am Ende der Welt. Zumindest am Ende der Straße. Auf einem Parkplatz stehen zwei verwaiste Autos und Schneemobile, weiter unten muss der Tjulträsk sein. Ich gehe zum Wasser. Das erhoffte Seebad kann ich vergessen – mich erwartet eine Eisschicht. Doch wie bestellt findet sich am Ufer ein Grasstreifen samt Picknickbänken, Tisch und sogar einer Grillstelle. Mein Herz hüpft. Genauso habe ich mir das vorgestellt. Die Natur macht mir den Ein-stieg ins frühlingshafte Outdoorleben leicht. Ich schleppe Zelt, Schlafsack, Rentierfell und alles, was ich für meine erste Nacht im Freien brauche, runter an den See, baue das Zelt auf und ziehe Jacke und Pulli aus, so sehr heizt mir die Sonne ein.

Wie gerne würde ich auf den Aussichtshügel hinterm See wandern, aber schon auf dem ersten Meter verleibt sich der

Matschschnee meinen Unterkörper ein. Egal. Die Natur mag mir in den Bergen wieder die Bewegungsfreiheit rauben, aber sie schenkt mir Zeit. Zum Nichtstun. Den Actionmodus des Frühlings kurz runterdrehen. Ich liege dumm auf meinem Rentierfell rum und grinse die Berge an, die mich an den Nationalpark Stora Sjöfallet erinnern und hinter denen sich die Sonne langsam verkriecht – ohne ihren Lichtvorrat jedoch ganz mitzunehmen. Als der Magen knurrt, heißt es Äste zusammensuchen und Feuer machen. Ich versuche, Niklas' Lektionen zu beherzigen, trotzdem entsteht viel Rauch um nichts. Was habe ich falsch gemacht? Waren die Äste doch zu feucht? Ich sammle trockenes Gras. Das Burgerfleisch über der Glut pappt am rostigen Grilleisen fest, und ich kratze es aufs Brot. Tatar-Burger am Tjulträsk. Jeder grillerfahrene Schwede würde den Kopf schütteln.

Kalte Füße und Hände zwingen mich, es nochmals mit den feuchten Ästen und Zweigen aufzunehmen. »Wenn das Feuer nicht groß ist, ist man keine richtige Frau«, sporne ich mich in Erinnerung an Niklas' Worte im Januar an, auch wenn es in seinem Satz um einen Kerl ging. Als die Flammen endlich Appetit auf den Haufen an Holzzeugs bekommen, entledige ich mich meiner Schuhe und strecke Füße und Finger gen Feuer aus. Wenn ich doch auch in der Stadt mehr anpacken und weniger grübeln würde. Hier ist es leicht – mir ist kalt, ein Feuer muss her. Da druckse ich nicht rum, ob das geht oder nicht, ob ich es auf morgen verschiebe oder generell zu blöd dazu bin. Ich mache weiter, bis es klappt. Aufgeben geht nicht, sonst bleiben die Füße kalt, und kalte Füße sind doof. Wenn die Flammen schwächeln, blase ich in die Glut. Das Feuer und ich spielen ein

Spiel: Immer wenn es die Lust verliert, schenke ich ihm frischen Wind. Solange da noch etwas glimmt, können sich die Flammen jederzeit neu entfachen.

Mit vollem Bauch und warmen Füßen plumpse ich aufs Rentierfell vor dem Zelt. Schaue in den Himmel und vernehme neben meinem ebenmäßigen Atem das Zwitschern der Vögel. Als wollte jeder von ihnen die Frühlingsfreude seiner Kumpels übertönen. Gerne würde ich diesen Augenblick mit jemandem teilen. Nicht so sehr, weil mir Begleitung fehlt, sondern weil ich mein eigenes Glück in den Augen eines Menschen, den ich liebe, widergespiegelt sehen möchte. Ich atme den Moment mit jedem Atemzug ein und lasse ihn nur zögerlich wieder raus. Freiheit! Diese Natur, die mich nicht herausfordert, sondern anfängergerecht gewähren lässt. Dieses Gefühl, genug zu haben. Genug Kleidung, Wasser, Essen, Wärme. Sogar ein Kunststoffdach über dem Kopf, das ich da aufbauen kann, wo es mir gefällt. Ich könnte schreien vor Glück. Nein, ich könnte nicht. Ich tue es!

Gegen 23 Uhr mache ich Schluss mit dem Tag, streife Thermounterwäsche und Schlafanzug über und verkrümele mich in meinen Schlafsack mit Minimaltemperatur von minus sechs Grad und unter zwei Wolldecken. Das Rentierfell liegt als zusätzliche Isolierschicht unter der aufblasbaren Campingmatratze. Herrlich, nur durch Plastikwände von der Natur getrennt in den Bergen herumzuliegen. Mich von Vögeln, die bei fast Dauerhelligkeit wohl nicht mehr schlafen, in die Träume singen zu lassen. Ich schlummere weg.

»Quak, quak!« Meine Güte, was ist das? Ich schiebe die Schlafmaske hoch. Ein Uhr. »Quak, quak!« Von rechts neben dem Zelt. Eine Ente. Steht da nicht die Tüte mit den Haferflocken fürs Frühstück? Ich bin müde, soll die Ente doch reinhauen und still sein. Was sie auch ist. Eine Minute lang. »Quak, quak!« Die will bestimmt ins Zelt, aber darin friere ich mittlerweile genauso wie die Ente wohl draußen. Ich streife Skihose und Fleecepulli über und schlüpfe zurück in den Schlafsack. Doch ganz schön kalt mit so hauchdünnen Wänden. Ich bibbere mich zurück in den Schlaf. »Quak, quak!« Die Ente ist auf die andere Seite gewatschelt. Verdammtes Vieh! Das macht die extra, um mich zu ärgern! Zehn weitere quakerfüllte Minuten später verstehe ich, warum viele Norrbottener so jagdversessen sind, vor allem auf Vögel. Das hat ganz sicher mit jemandem begonnen, der im Frühling an einem See zeltete. Bevor es zu Handgreiflichkeiten am Tjulträsk kommt, krame ich Ohropax aus dem Rucksack. Peinlich, erste Nacht in der Natur mit Ohropax, weil die Vögel zu laut sind. Aber ich bin vom Winter stilleverwöhnt, muss mein Gehör erst an die Dauerkonzerte des Frühlings gewöhnen.

Übermüdet wache ich gegen sieben Uhr auf. Die Sonne strahlt von hinten aufs Zelt, wärmt meine noch nachtfröstelnden Glieder. Das Frühstückmachen wird zu einem Akt der Langsam- und Achtsamkeit. Zum ersten Mal nehme ich meinen winzigen Campinggaskocher in Betrieb. Doch warum kokelt der Tisch und kocht nicht das Wasser im Kessel? Huch, falsch herum aufgestellt! Bald kocht das Wasser, und ich schlürfe meinen ersten Tee zu Müsli mit Obst und Haferflocken, die die Ente mir großzügigerweise gelassen hat. Jetzt, wo ich bereit wäre zum Austausch mit ihr, lässt sie sich nicht blicken. Sonnenstrahlen streicheln meinen Rücken. Seit einem Wochenende in einem Schweizer Luxushotel vor Jahren habe ich nicht mehr mit so feinem Erste-Reihe-Bergblick gefrühstückt. Nur dass er dieses Mal keinen Cent kostet.

Als alles wieder im Auto verstaut ist, geht es gut drei Stunden weiter Richtung Arjeplog. Ob der Schnee dort bereits geschmolzen ist und ich einen der an die 700 Meter hohen Aussichtsberge erklimmen kann? Wieder fährt mein Blick über Flüsse und zahllose Seen, über Wasserfälle, die sich von Felsen stürzen, über stark nach Sommerfell aussehende Rentiere am Straßenrand und vereinzelte Häuser, die sogenannte Straßendörfer bilden. Ich lausche Jon Henrik Fjällgrens *Joiks* und fühle mich nicht, als würde ich fahren, sondern vielmehr fliegen.

Schaut man auf die Karte, ist Arjeplog eine der wasserreichsten Regionen Schwedisch-Lapplands. Kleine und große Seen wechseln sich ab, und einige Autofirmen nutzen die im Winter zugefrorenen Seen, um Fahrzeuge oder -teile auf ihre Wintertauglichkeit zu testen. Das Städtchen mit seiner rosafarbenen Kirche begrüßt mich bei fünfzehn Grad und Sonne, die Kälte der vergangenen Nacht ist eine ferne Erinnerung. Erst Stunden später, als es an der Zeit ist, mir einen weiteren schönen Ort zum Campen zu suchen, raufen sich schwarze Wolken über dem Ort zusammen. Wieder hilft die Methode der ersten Nacht – ich studiere eine Karte von Arjeplog und Umgebung auf Wege, die im Nichts enden. Oder an einem See. Bingo! Wenige Kilometer außerhalb endet ein schlaglochgesegneter Pfad an einem Parkplatz, wieder steht eine Grillstelle bereit, wieder will auf einem Stück Rasen ein Zelt aufgebaut werden. So weit, so perfekt. Im Rhythmus des Windes, der mir in den Rücken und die Wolken in meine Richtung bläst, baue ich das Zelt auf und entfache ein Feuer, um mir etwas Warmes zum Abendessen zu machen. Kalte Sandwiches oder Schokoriegel? Nicht in Lappland! Ohne ordentliches Feuer und etwas, das darüber brutzelt, läuft nichts mehr!

Die Flammen schießen bei der steifen Brise so begeistert in die Höhe, dass das Schilf nebenan beinahe mit abgefackelt wird, und der Huhn-Käse-Tortilla-Wrap ist so schnell warm, dass es an diesem Tag um 17:30 Uhr Abendessen gibt, also zu typisch schwedischer Zeit. Kaum ist das Gegrillte verputzt, sind auch die Wolken weg.

Obwohl meine Augen nach der »Entennacht«, wie ich sie fortan nenne, zufallen, kann ich mich nicht trennen. Von einem Stein am Seeufer, auf dem mich um 22 Uhr die noch hoch am Himmel lachende Sonne verwöhnt. Wieder sind es Vögel, die die Stille mit ihren vor Freude strotzenden Stimmen durchbrechen. Wie gerne würde ich den Tieren ein wenig ihrer Energie rauben, wie gerne würde auch ich nicht mehr schlafen, um jede Sekunde des Lichtüberschusses aufzusaugen. Aber mein Körper besteht auf seinen sieben bis acht Stunden Ruhe. Also verschwinde ich gemeinsam mit der ersten Mücke ins Zelt und schlafe dieses Mal durch, bis es in den Morgenstunden auf mein Zelt klopft. Nein, es trommelt. Der für den vergangenen Abend angekündigte Regen hat sich wie vieles in Norrbotten verspätet. Ich bleibe liegen. Schaue zu, wie sich Mücken über meinem Innenzelt absetzen und auf Frühstücksblut warten. Lausche einem Kuckuck, der prahlt, wie topfit er schon ist.

Und dem üblichen Kanon der Vögel, bei dem die meisten Sänger ihr Notenblatt verloren haben. Bei dem schrägen Gesang ergreift sogar der Regen die Flucht.

Was soll ich mit dem Tag anstellen? Doch den Versuch unternehmen, zumindest einen halben Aussichtshügel zu erklimmen? Auf der Fahrt in Richtung des Naturreservats Akkelis mit einem 784 Meter hohen Berglein habe ich längst entschieden, es nochmals mit dem Schnee aufzunehmen. Mit ein wenig ihrer Power haben die Vögel mich angesteckt. Ich will raus, weiter rein in die erwachende Natur. Nicht auf die höchsten Gipfel, lieber tiefer hinein statt hoch hinauf, um zu spüren, zu beobachten. Das ist für mich der Rhythmus der Natur. Der Pfad verspricht viel – der Schnee ist weg! Auf den ersten zehn Metern. Dann erwartet er mich in der vertrauten weiß-erdigen Schmuddelfarbe mitten auf dem Wanderweg. Zunächst weiche ich ihm aus, springe sogar über einen aus Schmelzschnee geborenen, kräftig rauschenden Bach. Plötzlich verschwinden auch noch die roten Baummarkierungen, die den Weg nach oben weisen. Ich verlaufe mich zwischen den Bäumen, sinke wieder potief ein und spüre, wie sich der Schnee in meine Wanderstiefel arbeitet. Wenn etwas in der Natur das Loslassen noch lernen muss, ist das dieser Schnee!

Eine Lichtung ist erreicht, von dort geht es einen Schneehügel steil nach oben. Ich schnaufe durch. Der Schnee kann mich mal, ein Stück schaffe ich noch! Und tatsächlich komme ich bis knapp über die Baumgrenze, aber dann geht gar nichts mehr – vor mir wälzt sich ein Teppich aus blickdichtem Matschschnee den Hügel hoch, der andernfalls in wenigen Minuten erklommen wäre. Immerhin habe ich mir einen Blick über die Seen erarbeitet – und fahre zusammen: Wolken so schwarz wie der lappländische Dezemberhimmel haben sich über Arjeplog versammelt und ein klares Ziel: mich. Ich stöhne, hätte so gerne mit ein wenig Weitblick meinen Lunch vertilgt und Tee getrunken. Nichts da. Der Wind pustet, und ich weiß, was das bedeutet.

Wind und Regen treiben mich mit knurrendem Magen vom Berg hinunter, zurück in den Klammerschnee, der immer lauter in meinen Wanderstiefeln schmatzt. Ein kurzes, schneefreies Stück, das ich glaube, hochgekommen zu sein, endet in Gestrüpp. Die Technik muss helfen. Ob ich es irgendwann ohne schaffe? Ich klicke auf die Norrbotten-App mit Wanderwegen, finde dank ihr zurück zu einem Punkt, ab dem ich meinen eigenen Spuren im Schnee folgen kann. Und der Losung von Tieren, den anscheinend Einzigen, die sich in den letzten Monaten hergetraut haben. Elch- und Rentierhinterlassenschaften kann ich mittlerweile identifizieren, dazu kommen Hirsch, Fuchs, Hasel- und Birkhuhn, wie mir Niklas später erklärt.

Irgendwann sitze ich im Auto. Selbst die Unterwäsche ist klamm. Habe ich einen Gipfel erklommen? Nein. War ich zu ungeduldig und habe dem Frühling zu viel abverlangt? Vielleicht. Aber ich bin nicht enttäuscht, nicht einmal vom durch die Wolken versauten Picknick. Gebe mich stattdessen zufrieden mit dem, was ging. Ein schönes Gefühl. Und so beschließe ich, auf eine weitere Zeltnacht zu verzichten, da sich auch die anderen Berge der Umgebung noch schneestörrisch zeigen werden. Genug für die erste Freiluft-Full-Immersion des Frühlings.

Ich gebe meine Adresse ins Navi ein. Manch einer würde sagen, dass ich gescheitert bin, weil ich meinen Plan nicht durchgezogen habe. Ich sage, dass ich mir etwas gönne – Freiheit. Und Geduld. Mit der Natur, mit mir. Denn wenn mir mein Bauchgefühl sagt, dass es an der Zeit ist heimzufahren, dann gehört auch das zur Natur. Meiner Natur. In deren Rhythmus ich hier immer öfter lebe, anstatt dem gewohnten Motto zu verfallen: »Jetzt bin ich schon mal hier, also muss ich auch so viel wie möglich machen.« Dem folge ich in der Stadt. Ich bin eine Meisterin des Zeitmanagements und kann hochwirksam arbeiten, einkaufen und all das verbinden, was auf der Strecke liegt, um keine Minute zu verschenken. Egal, wenn mir nicht danach ist, ich lieber einen Abstecher einlegen, vom Hamsterrad abspringen würde. Doch in Lappland habe ich viele Routinen zurückgeschraubt. Um mich mit der Strömung dessen zu bewegen, was möglich ist und wonach meine Sinne streben.

Je näher die Küste kommt, desto grüner sind die Bäume. Innerhalb von drei Tagen haben sich alle Knospen geöffnet, strecken sich hellgrüne Blättchen der Sonne entgegen. Keine Sekunde zu früh, keine zu spät. Ich fand die Bäume lahmarschig, doch sie wissen schon, was sie tun. Haben die letzten kalten Nächte abgewartet, damit ihr zartes Grün nicht sofort erfriert. Klimawandel hin oder her, meist weiß die Natur am besten, wann die Zeit für was gekommen ist.

Nicht nur die Bäume überbieten sich nun gegenseitig an Grün, auch das bisher stille Dorfleben von Baskeri erblüht: Wo zuvor Schneehaufen lagen, stehen Motorboote startbereit in den Gärten. Nun verstehe ich, warum die Autos im Winter vor den

Garagen zugeschneit wurden: Drinnen war kein Platz, sie waren von Booten besetzt. Boot vor Auto, Luxus vor Gebrauchsgegenstand. Denn so viel Rost, wie manche der vierrädrigen Fahrzeuge angesetzt haben, weist kein Boot auf. Die Autos finden auch in den wärmeren Jahreszeiten keinen Platz im Garageninneren, denn darin sind nun die Schneemobile verstaut. Fast vermisse ich ihr Geknatter schon. Außerdem fehlt mir etwas, das ich nicht erwartet habe: ein wenig Dunkelheit! Nicht nur, dass mir ohne Blick auf die Uhr unklar ist, wann ich ins Bett soll, ich vermisse auch den Nachthimmel. Einen grell leuchtenden Mond. Und Sterne! Im Winter habe ich den wenigen Stunden Tageslicht entgegengefiebert, nun sehne ich etwas Schwärze am Himmel herbei, freue mich, wenn es abends bewölkt ist und eine Illusion von Dämmerung aufkommt. Ich spüre, dass in mir die Sehnsucht nach Dunkelheit genauso verankert ist wie die Liebe zum Licht. Fallen beide zu lange aus dem Gleichgewicht, werde ich anscheinend unruhig. Ob es mir im Herbst mit der Dunkelheit genauso ergehen wird?

»Der Frühling ist die beste Zeit, die Häuser neu zu streichen, er ist am trockensten«, erklären die Dörfler. »Geh mal morgens mit Socken übers Gras, du wirst sehen, sie werden nicht feucht. Aber wenn du das nach Mittsommer tust, bekommst du nasse Füße.« Ich probiere es aus. Die Socken bleiben trocken. Doch es sind nicht nur Gerüste, die an manchem Haus hochgezogen werden – auch Mückennetze zieren Fenster und Eingangstüren. Kaum sitze ich an einem mit dreizehn Grad besonders warmen und windstillen Abend auf der Veranda, summt es. Ich grinse, als die Mücke, die aussieht, als hätte sie mindestens fünf der mir aus Hamburg bekannten Mückchen verspeist, an dem mit Magneten selbstschließenden Netz vor meiner Haustür abprallt. Pech gehabt! Ich allerdings auch, denn später zieren trotz aller vorbeugenden Maßnahmen juckende Beulen meine Beine und Füße. Wann die Samen den Frühlingssommer in diesem Jahr einläuten, weiß ich nicht, aber für mich ist die Sache klar: Er beginnt am 24. Mai, mit dem Einzug der Mücken. Der Klang des davonziehenden Frühlingswinters, das Prickeln des in der Sonne schmelzenden Eises, war eindeutig romantischer als das Surren. Doch so penetrant mich die Mücken anzapfen, so bringen sie auch eine Erkenntnis mit: Ich bin wieder drin. Im Kreis des Lebens, der sich fortwährend dreht. Ich nehme mir vor, die Dunkelheit nicht mehr herbeizusehnen, weil sie ohnehin zurückkehren wird, das ist so sicher wie *Falukorv* im Grillgepäck eines Schweden. Also öffne ich mich für das immerwährende Licht der kommenden Wochen, auf dass es mich mit ähnlicher Energie erfüllen möge wie meine Nachbarn und die Vögel. Wie manche Quasselente. Der ich nach einer Mütze voll guten Schlafs vergebe.

Die Jahreszeit des Wachstums:
Frühlingssommer, *Gijrragiessie*
circa Ende Mai bis Mittsommer

Sobald die Boote aus den Gärten auf der Ostsee dümpeln, kommen die Rasenmäher hervor. Knattern mischt sich unter schräge Vogelgesänge, unter Hämmern und Pochen, während die Dörfler bei Dauersonne an ihren Häusern werkeln. In der letzten Maiwoche klettern die Temperaturen auf achtzehn Grad, und Peter stöhnt: »Bei über zwanzig kann man nur noch liegen.« Das Bier steht schon im Terrassenkühlschrank kalt. Ein anderer Dorfbewohner, der offensichtlich nicht gerne Koffer packt, hebt seine Gartenhütte mit der Traktorgabel hoch und fährt sie durch Baskeri, um sie an einer Stelle mit hübscherem Blick wieder aufzustellen. Ob sich so wohl ein Sonnenstich in Lappland ausdrückt?

Ende Mai wird mein Sehnen nach Abwechslung vom immerblauen Himmel erhört – er kleidet sich in Grau, ein paar

Tropfen Regen fallen. Die reichen aus, um das dürstende Gras in grüner Pracht sprießen zu lassen. Der Ausdruck »das Gras wachsen hören« muss in Lappland entstanden sein. Einmal die Woche Rasen mähen reicht nicht mehr, viele greifen gar dreimal wöchentlich zum Mäher. Auch Nachbar Gunnar, der nun statt gegen den Schnee gegen das Gras vorgeht.

Sobald alles gedeiht, ist der Moment gekommen: Die Milchkühe dürfen aus dem winterlich warmen Stall auf die Weide! Das Event, das in der Zeitung mit fetten Lettern als *Betessläpp* angekündigt wird, übersetzbar mit »Freilassen auf die Weide«, gleicht einem Volksfest. Ich fahre mit Andrea zu einem Hof in Karungi, fünfzig Autominuten von Båtskärsnäs entfernt. Junge Männer in Warnwesten weisen Autoschlangen auf die Äcker und bieten Einparkhilfe. Der Bauernhof gleicht einer Kirmes mit Ständen, an denen regionale Künstler, Bäcker und Schokoladenhersteller Waren verkaufen. Aus einer Ecke steigt Rauch auf, es werden bereits um elf Uhr – in Schweden Mittagessenszeit – Hamburger gegrillt. Dazu klimpert ein Mann auf einem Akkordeon Volkslieder. Das Bauernhaus selbst feiert Tag der offenen Tür, man darf hoch in den ersten Stock und durch eine Art Schaufenster in den Kuhstall blicken – wo die Heu mampfenden Kühe noch nichts von ihrem bevorstehenden Glück ahnen.

Pünktlich um kurz vor zwölf – um Punkt sollen die Kühe rauskommen – stehen Andrea und ich am Zaun, gemeinsam mit wenigen anderen. Wir warten. Zehn Minuten. Zwanzig. Die Ersten gehen, wir warten weiter. »Hier ticken die Uhren anders«, wiederholt Andrea, was sie in sechs Jahren Lappland gelernt hat. Um kurz vor dreizehn Uhr ist es so weit: Hunderte von Erwachsenen, Kindern und Hunden stehen wie beim ausverkauften Rockkonzert Arm an Arm, halten Kameras und Handys in die Höhe, über der Weide kreist eine Drohne. Der Bauer baut sich auf dem Acker auf. »Wir hatten dreizehn Uhr für den *Betessläpp* angegeben, nur das *Kalix Bladet* hat zwölf Uhr geschrieben. Aber in Kalix braucht man ja bekanntlich länger für alles!« Kichern. Tatsächlich sind die Menschen aus Kalix in Norrbotten als besonders tranfunzelig bekannt.

»Ich hätte nie gedacht, dass ich eines Tages eine Stunde lang auf ein Stalltor starren und darauf warten würde, dass da Kühe rauskommen«, raune ich Andrea zu. Ein bisschen schräg ist es schon, das Leben in Lappland. Die Tore klappen auf. Muhen aus dem Inneren, Kuhköpfe lugen hervor. Dann fallen die Gitter. Die Kühe schlittern aus dem Stall, stolpern übereinander hinweg, schauen sich teils um, als sähen sie zum ersten Mal Gras, ein paar machen kehrt, um wieder im sicheren Zuhause zu verschwinden. Doch nein! Bald kapieren es auch die Stallhocker: frisches Gras, klarer Himmel, kühle Luft? Freiheit! Die Tiere werfen mit erhobenem Schwanz ihre Hinterbeine in die Höhe, springen, hüpfen, balgen. Ich habe noch nie eine sich freuende Kuh gesehen. In diesem Augenblick, bei diesem *Betessläpp*, verspüre ich die Lust auf Leben, die alle Vögel seit Wochen in den Himmel schmettern, auch bei den Kühen. Was für ein Privileg, draußen sein zu dürfen. Ganz ohne zu frieren.

Die Natur des Nordens gleicht ab Ende Mai einem Supermarkt, der nach monatelanger Schließung wieder geöffnet hat und mit einem Überangebot an allem bestückt wurde. Mir fällt an jeder Ecke stachelig aussehendes Grünzeug auf, mit einer Art Spargelstielen. »Das sind Schmalblättrige Weidenröschen. Weißt du, dass man die ernten und wie Spargel kochen kann?«, fragt mich eine Dorfbewohnerin. Ich nehme mir vor, das auszuprobieren – an einem Tag, an dem ich nicht viel vorhabe und wo es egal ist, wenn die Röschen schnell wieder oben oder unten aus meinem Körper rauswollen. Noch fällt es mir schwer, unbekannten Gaben der Natur zu vertrauen, wie beim Chaga-Pilz, aus dem mir Andrea einen Tee zauberte. Ich bin hygienisch verpackte Lebensmittel gewohnt, auf denen auf die Kalorie genau steht, was drin ist und welcher EU-Güteklasse sie entsprechen. Möglichst auch noch, wie und wie lange sie zu kochen sind. An den wilden Schmalblättrigen Weidenröschen steht nichts dran. Doch ich möchte eine Brücke schlagen zwischen gebührender Vorsicht und Annahme der vielen Geschenke, die Lapplands Natur seit Frühlingsbeginn nicht nur den Tieren, sondern auch uns Menschen macht.

Geschenke für den Gaumen, aber auch für die Augen. Denn zum Abschied des Mais fährt der Himmel ein Spektakel auf, wie ich es noch nie gesehen habe. Müsste man eine Kategorie wählen, wäre die Sache klar: Drama. Nach dem ersten Frühlingssommertag, der einen Schweißfilm auf die Gesichter gelegt hat, ruft eine über die gesamte Bucht vor Båtskärsnäs schweifende Dunkelwolke ihre Untertanen zusammen. Die haben sich darauf geeinigt, vor der Kulisse der um 22 Uhr tief am Himmel stehenden Sonne Pink oder Orange zu tragen und in ihren schrillen Kleidern einen Tanz über dem Meer hinzulegen, bis daraus ein Regenbogen übers ganze Dorf erwächst. Warum wird mir erst in diesem Jahr bewusst, wie wertvoll Wolken sind? Ein wolkenloser Himmel bekommt zwar einen Happy-End-Sonnenuntergang hin, Wolken aber sind der rote Faden der Geschichte. Seit ich in Lappland bin, hat der Ausdruck »Geschenk des Himmels« eine neue Bedeutung jenseits aller Spiritualität bekommen. Der Himmel bietet mehr Abwechslung als manch filmüberladener Streamingdienst, solange ihm weder Elektrolichter noch Smog die Show stehlen. Die Nordlichter und Pastellfarben des Winters. Das Milliarden-Sterne-Zelt in der Dunkelheit. Die dauermuntere Frühlings- und Frühlingssommersonne mit ihren Knallfarben, oft unterstützt von Wolken im Bühnenvordergrund. »In den Himmel gucken« wird zu meinem liebsten Hobby. Oder ist das doch eher »Duftnoten bestimmen«?

Der Juni schwemmt nämlich eine solche Duftwelle über Baskeri, dass ich beim ersten Schritt ins Freie tief einatme und mir mit dem Ausatmen Zeit lasse. Es riecht nach frisch geschlüpften Frühlingsblättern. Nach Blüten, die sich gegenseitig darin überbieten, welche die aromatischste im ganzen Dorf ist. Meine Sinne ziehen bei jedem Spaziergang aus, um Eindrücke zu sammeln. Zu den Schmalblättrigen Weidenröschen und Blumen in Rot, Gelb und Lila am Wegesrand, zum kehligen Ruf der Wacholderdrosseln, zum Surren von Mücken, zu Aromen, die meiner Nase neu sind. Die Angebote, die um Aufmerksamkeit buhlen, sind so umfassend wie in einem Monstereinkaufszentrum. Ich bin ständig wach für alles, was draußen geschieht. Menschengemachte Ablenkung gibt es in Båtskärsnäs wenig, ebenso wie Asphalt und Beton, an denen die Sinne abprallen. Stattdessen gehen sie auf Wanderung, frei und neugierig.

Zum Wellen- gesellt sich bald Blätterrauschen. Nach Monaten kahler Äste staune ich, als sich frische Birkenblätter in der Brise wiegen, als würde ein Harfenspieler seine Finger hindurchgleiten lassen. Wie schon im Winterzauber staune ich wie ein Kind, das die Welt neu entdeckt und überall Wunder sieht. Bei meinem Hamburgbesuch im April habe ich dieses Wachsein auf meine Stadtspaziergänge mitgenommen. War überrascht, was ich an Neuem wahrnahm in einer altbekannten Stadt. Und doch gibt es einen Unterschied: In der City musste ich meine Sinne immer wieder bewusst entriegeln, während sich die Schlösser in der Weite Lapplands von allein öffnen.

»Pass auf, dass du dir keine Zecken einfängst, ich musste schon einige aus den Hunden pulen«, ohrfeigt mich Andrea mit einer unschönen Frühlingssommerwahrheit. Maria und Peter schlagen noch mal zu: »Jetzt gibt es viele Schlangen!« Laut Peter gefährliche namens *huggorm,* Vipern! Als er die Gattung jedoch googelt, atmet er auf: »Nur die Bisse der jungen Schlangen sind gefährlich, die können ihr Gift noch nicht regulieren. Erwachsene Tiere sondern weniger ab. Für Menschen ist das dann nur gefährlich, wenn man allergisch ist.« Woher weiß ich, ob ich gegen Schlangenbisse allergisch bin? »Das merkst du schon!«

Schlangen sehe ich nicht, dafür aber noch immer frische Rentierhufspuren im sandigen Waldboden. Dumm sind die Vierbeiner, die sich den Umzug in höher gelegene Gebiete sparen, nicht: Wer an der Küste bleibt, muss das Futter mit weniger Konkurrenten teilen. Mein Wunsch, bei einer Kälbermarkierung dabei zu sein, bleibt unerfüllt. Kein Wunder, erfordert die Zeit der Kälbermarkierung von den Rentierhirten selbst viel Flexibilität und Geduld, wie mir Züchter Ber-Joná später erzählt. »Wir fahren oft für drei Wochen mit Quads in die Berge, gehen aber auch lange Strecken zu Fuß, wenn die Herden oben an den Hängen sind. Wir nehmen Drohnen mit, um sie leichter zu finden.« Die Rentiere hielten sich meist da auf, wo Schneereste lägen. Wenn die nämlich schmölzen, sei das Gras darunter besonders grün, und die Rentiere wollten frisches Gras. Man baue also für mehrere Wochen Koten auf – typisch samische, spitze Zelte –, schaue, wann man die Tiere je nach Wind- und Wetterlage am besten zusammentreibe und wie viele Kälber man finde.

Der Stadtmensch in mir hat sich das anders vorgestellt – eher, dass man sich an bestimmten Tagen verabredet, um die Kälberohren zügig durchzumarkieren. Aber Fellträger folgen im Gegensatz zu Anzugträgern keinem Kalender oder Uhren, sie folgen dem Wind und ihrem Überlebensinstinkt. Das macht es für Samen wie Ber-Joná schwierig, mich bei so wichtigen Aufgaben mitzunehmen. Es ist in Ordnung. So neugierig ich bin, akzeptiere ich auch, dass ich erst einmal nur durchs Guckloch in diese neue Welt spähen kann.

Für viele Rentierbesitzer der Bergsamengemeinschaften, die ihre Herden vor Wintereinbruch nicht vollständig in die Täler treiben konnten, erfolgt nun, bei der ersten Sammlung des Jahres, die Bilanz: Wie viele Tiere haben überlebt? Wie viele Kälber wurden geboren? Wie viele davon haben Raubtiere und -vögel nach den ersten Wochen noch nicht aufgefressen? Es kann positive Überraschungen geben, doch überwiegen laut den Samen aus dem Dokumentarfilm »*Arvet och tystnaden*« meist die traurigen Fakten, wie sie auch die Samin Katarina befürchtete, mit der ich im März gesprochen habe. Jetzt im Juni wird sie eine Antwort darauf erhalten, wie viele ihrer im Gebirge nahe der norwegischen Grenze verbliebenen Tiere dem Winter trotzen konnten.

Ich sehe einige Parallelen zwischen dem Berufsleben eines Rentierzüchters und dem einer freien Autorin. Nur dass es bei der Schreibtischhirtin Finanzamt, Vermieter, Versicherungen und Co. sind, die in jeden noch so dürftigen Winterspeck beißen, während die Existenz der Rentierhirten von Schnee, Eis und knurrenden Mägen der Bären, Luchse und Adler diktiert wird. Geld oder Rentiere, wer etwas hat, kann es verlieren und fürchtet den Verlust. Und doch hegen die samischen Rentierzüchter seit Generationen eine Weisheit. »Rentiere heißen in unserer Sprache auch *biekka oapmi*«, erzählt mir Ber-Joná. »Das bedeutet ›Eigentum des Windes‹. Denn wir Menschen nennen die Rentiere zwar unser Eigen, aber solange sie nicht in einem Gehege eingepfercht sind, sind sie auch frei. Frei wie der Wind, mit dem sie kommen und gehen.«

Im Juni lässt die Natur – zumindest fernab der Berge – den Menschen wieder auf leisen Sohlen, ohne Schneemobile, an sich heran. Nun haben in tieferen Lagen selbst die hartnäckigsten Schnee- und Eisreste die Lebenslust verloren und die Wege freigegeben. Also mache ich mich auf zum Muddus-Nationalpark nördlich der Stadt Jokkmokk, ebenfalls Teil des UNESCO-Welterbes Laponia – angeblich Schwedens größter Wald-Nationalpark. Ein menschenfreundlicher Wald mit Wegen, Stegen und Erklärungstafeln für jeden, der über die Natur lernen möchte. *»Där skogarna och myrorna möt«*, lautet die Parkbeschreibung, »wo sich Wälder und Sümpfe treffen«.

Gleich hinter dem Parkplatz Skaite legt der Wald dem Wanderer jedoch Steinbrocken in den Weg, als wollte er testen, wie viele Hindernisse er bereit ist zu umgehen, um weiter vorzudringen. Ich muss auf jeden Stein, jede Wurzel achten, um nicht zu stolpern. Würde neben mir ein Bär im Gebüsch stehen, würde er mir gar nicht auffallen, anders als jede Menge Elchlosung am Boden. Längst ist es mein Hobby geworden, nicht nur in Pfoten- und Hufspuren zu lesen, sondern auch in Tierkacke.

Nach Hinweisen auf Rentiere suche ich dieses Mal vergeblich – und das, obwohl manche Waldsamendörfer den Muddus-Nationalpark als Sommerweide für ihre Tiere nutzen. »Die Waldsamen hoffen auf Hitze und viele Mücken! Die Mücken sind unsere besten Knechte, denn zusammen mit der Hitze zwingen sie die Rentiere raus in die Sümpfe, um zu weiden.« So zitiert die Nationalparkbroschüre einen Waldsamen. Ich lausche, ob sich Glocken vernehmen lassen, die etliche Rentiere ja um den Hals tragen, auch damit ihre Besitzer sie besser hören und aufspüren können. Nichts. Doch Rentierfutter gibt es in den Wäldern reichlich – an jenen Bäumen, die angekokelt und krank aussehen und von denen Flechten wie Greisenbärte hängen. Dabei sind die Bäume nicht krank, im Gegenteil! Laut

Infotafel sind sie sogar ein Beweis für klare Luft und ein gesundes Biotop. Nicht nur das: Rentiere können die Hängeflechten selbst dann noch erreichen, wenn Bodenflechten von einer Eisschicht bedeckt werden oder sie abgegrast sind beziehungsweise von anderen Gewächsen wie Blaubeeren verdrängt werden. Die Samen wollen sie einst in Wasser oder Milch gekocht haben und behaupteten, dieser Drink helfe gegen Brusterkrankungen.

Die Flechtenbäume, die wunderbar in eine Schauerfilmszene passen würden, werden zu meinen Lieblingsbäumen. Ich mag, dass sie ihre Kraft und ihren Nutzen hinter einem Äußeren verbergen, das Schwäche und Verfall vortäuscht. In einer Welt, in der das Natürliche nach gesellschaftlicher Auffassung oft als unansehnlich abgetan und so lange überpinselt wird, bis es präsentabel erscheint, tut es gut, in der Natur das Gegenteil zu finden. Das ist die erste Lektion des Muddus. Die zweite lehren Bäume, die noch Anzeichen des schweren Waldbrandes von 2006 aufweisen – nicht der einzige Brand, den etliche Muddus-Kiefern, die schon gut 800 Geburtstage gefeiert haben, durchstehen mussten, denn die ältesten Bäume tragen die Narben von sechs Waldbränden. Dabei sind sie nicht einmal besonders groß! »Die größten Kiefern sind selten die ältesten«, klärt das Infoblatt auf. Warum? Weil die Bäume am ältesten werden, die von Feuern verletzt, dadurch aber auch mit Harz imprägniert werden, wodurch sie fortan langsamer wachsen. Warum soll langsames Wachstum aber gut sein? Was mir absurd erscheint, hat seinen Sinn: Schnell wachsende Kiefern werden leichter von Pilzen befallen, die das Holz verfaulen lassen, langsam wachsende nicht – nur warum dem so ist, verraten die Informationen leider nicht.

Momente voller Fragen, aber auch Zuversicht: der Beginn meiner Reise durch die acht Jahreszeiten mit der Fährfahrt von Travemünde nach Helsinki im Januar 2022

Mein gemütliches Zuhause für ein Jahr in dem 200-Seelen-Küstendorf Båtskärsnäs direkt am Bottnischen Meerbusen

Winter, *Dálvvie*

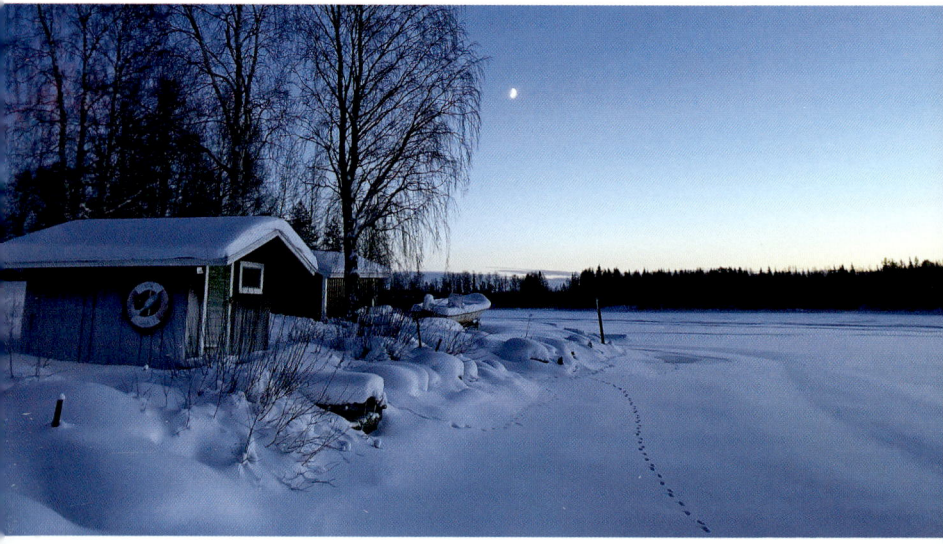

Abendstimmung am frühen Nachmittag in der Bucht von Båtskärsnäs

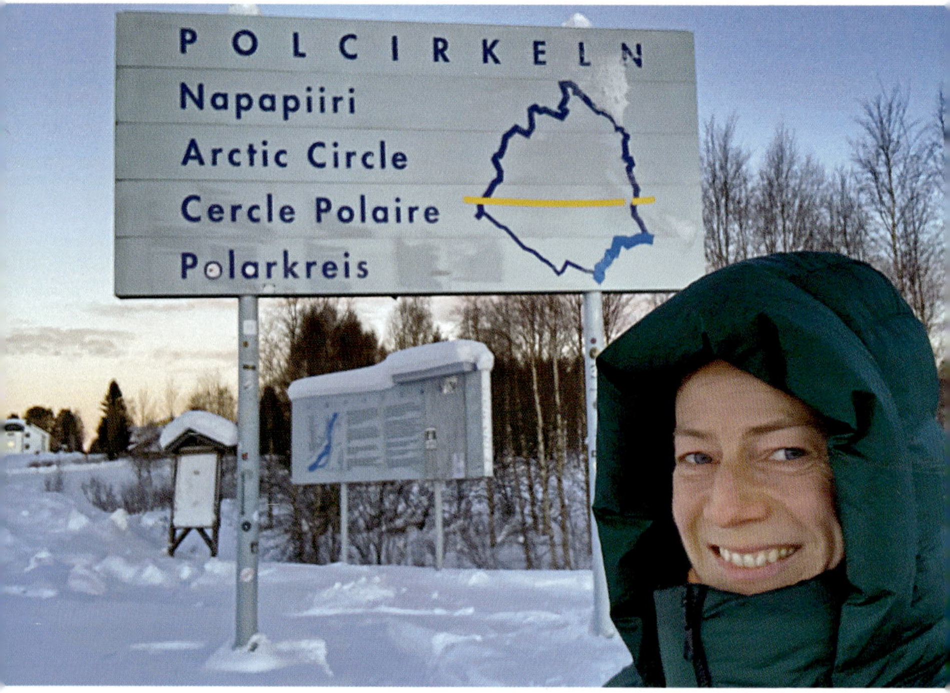
POLCIRKELN
Napapiiri
Arctic Circle
Cercle Polaire
Polarkreis

Tagesausflug zum Polarkreis gut 100 Kilometer nördlich von Båtskärsnäs

Winterwunderland Anfang Januar auf der Insel Rånön mit Blick über den Schärengarten bei Kalix

Will er knutschen oder nicht? Einer von Olas Elchen auf der Arctic Moose Farm.

Wer ruhig abwartet, wird Teil der Herde: erstes hautnahes Rentiertreffen in Kalix.

Winter, *Dálvvie* 🦌

Langlaufskitour für Anfänger auf dem zugeeisten Meer

Lappland-Wintermode: eingefrorene Bärte und Haare – auch Diego passt sich an.

Was machen Rentner in Båtskärsnäs im Frühlingswinter? Sie fahren mit dem Schneemobil raus aufs Meer und verbringen Stunden beim Eisfischen.

Jumper, ein Junghusky auf Hindersön, ist bereit für eine Gassitour auf dem Meer.

Sonntagsausflug Anfang März zur Insel Malören, 30 Kilometer vom Festland entfernt

Frühlingswinter, *Gijrradálvvie*

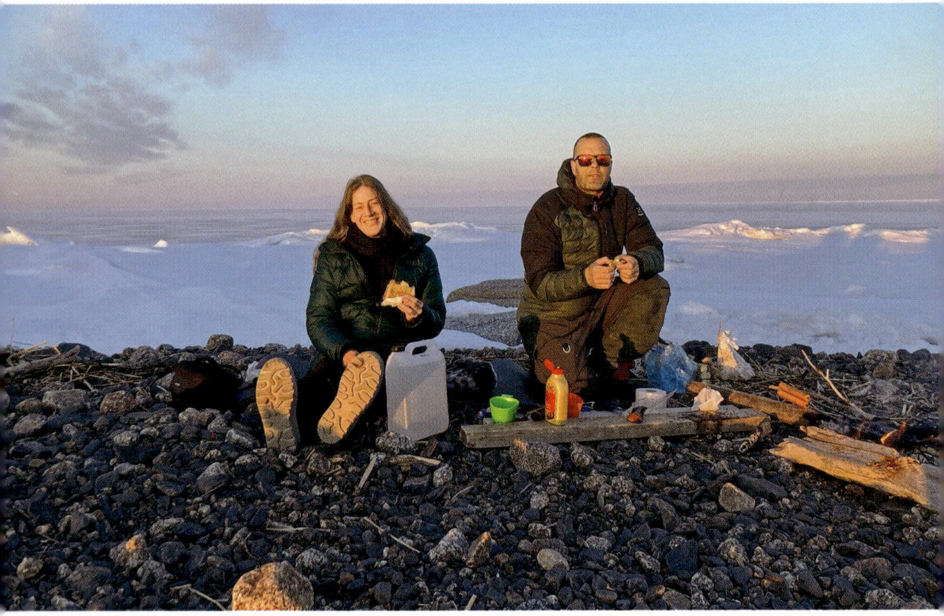

After work: mit Niklas zum Grillen auf eine namenlose Insel mitten im Meer

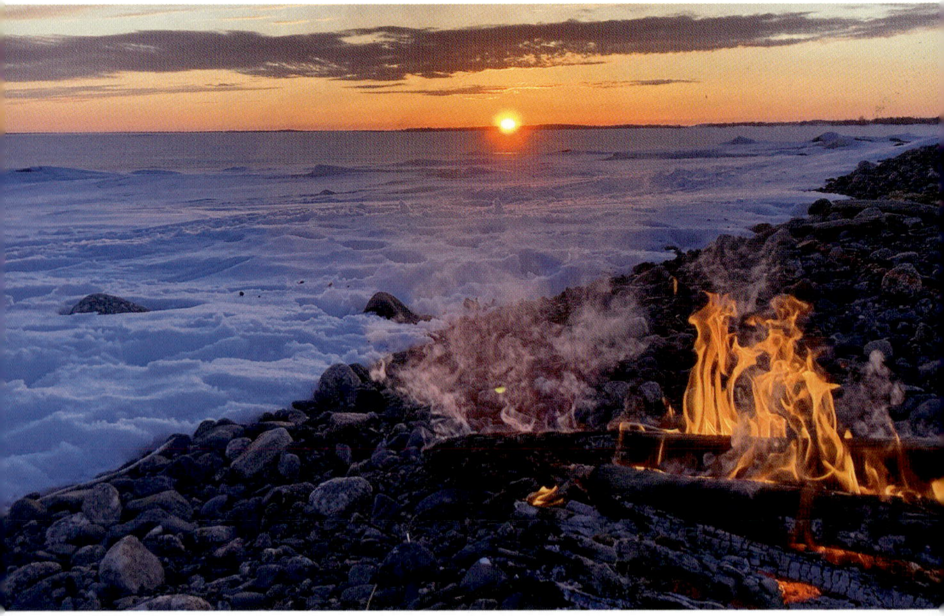

Abendstimmung am noch winterverschlafenen Meer Ende April

Islossning im Mai: Sobald Eis und Schnee schmelzen, kommen die Boote raus.

Soll ich oder soll ich nicht – ein erstes Bad im Meer während der Eisschmelze?

Mai ist der Kälbermonat – und ein Rentierbaby an Süße kaum zu überbieten.

Frühling, *Gijrra* 🦌

Ab Mitte Mai blüht alles drauflos, denn viel Zeit zum Gedeihen bleibt Blumen und anderen Pflanzen nicht! Hier der Blick von Gölihatten bei Båtskärsnäs.

Betessläpp nennt sich das große Event, wenn die Kühe im Mai nach vielen Monaten im Stall wieder auf die Weide dürfen.

Wenn auch die Birken aus dem Winterschlaf erwachen, erstrahlen die hellgrünen Blätter in der Bucht von Båtskärsnäs in der Abendsonne.

»Wie die Pilze aus dem Boden schießen« – ob das Sprichwort im Frühlingssommer in Lappland erfunden wurde?

Frühlingssommer, *Gijrragiessie*

Ein typischer Juniabend in Båtskärsnäs

Vor Mittsommer versammeln sich die Dörfler, um den Mittsommerbaum mit Birkenästen zu schmücken. Dieser ist in Wirklichkeit der Fahnenmast!

Mittsommer ist Ausnahmezeit: Auf dem Dorfplatz tanzt und futtert man zu Ehren des Sommers und des Lichts.

Sommer, *Giessie* 🦌

Diegos Traum wird wahr: Wanderung um Mitternacht Ende Juni im Stora-Sjöfallet-Nationalpark.

Sikhåvning ist eine einzigartige Angelmethode in Kukkolaforsen an der schwedisch-finnischen Grenze.

Ist das der schönste Blick Schwedens? Vom Berg Skierfe ins Rapadalen, das sogenannte »Tor zum Sarek-Nationalpark«.

Wer im Sommer in Lappland wandert, ist in ständiger Mückenbegleitung …

Zutrauliche Rentiere? Gibt es unter anderem bei Nutti Sámi Siida in Jukkasjärvi.

Herbstsommer, *Tjakttjagiessie* 🦌

Selbst ernten und etwas daraus zaubern macht Spaß: Aus Blaubeeren werden Marmelade, Likör und Pfannkuchen, aus Pilzen entsteht ein leckeres Abendessen.

Die Huuva Bar gilt als eine der abgelegensten der Welt: Mitten im Wald kommt auf den Tisch, was bei den Samen seit Jahrhunderten auf dem Speiseplan steht.

Der ruhige Kalix älv an einem windstillen Herbstsommertag

Auch im September bedient sich der Himmel ab dem Spätnachmittag vieler Farben des Tuschkastens.

Herbstsommer, *Tjakttjagiessie* 🦌

Mit der Fluggesellschaft Fiskflyg, die früher auch Fische transportierte, geht es ins Herz von Padjelanta, dem größten Nationalpark Schwedens.

Keine Lust, fürs Abendessen den Herd anzustellen? Dann machen Andrea und ich uns schnell draußen was überm Feuer.

Deutsch-schwedisches Grillen mit lieben Menschen: Andrea, meine Mutter Sigrid, ich, Maria und Peter (von links nach rechts)

Wenn die Blaubeeren langsam verfaulen, sind dafür die Preiselbeeren reif.

Herbst, *Tjakttja*

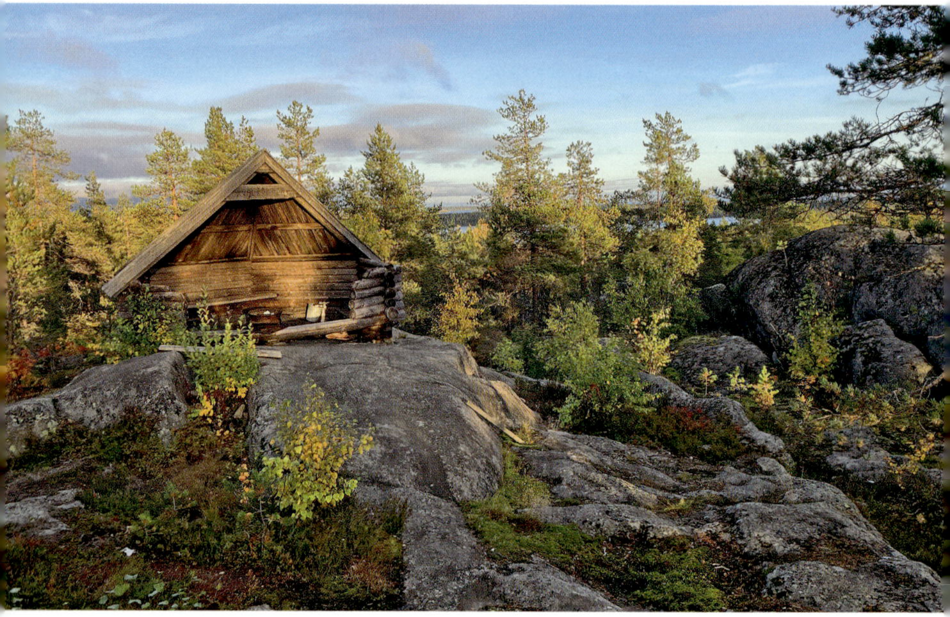

Die Grillhütte von Gölihatten wird langsam von herbstlichen Farben umarmt.

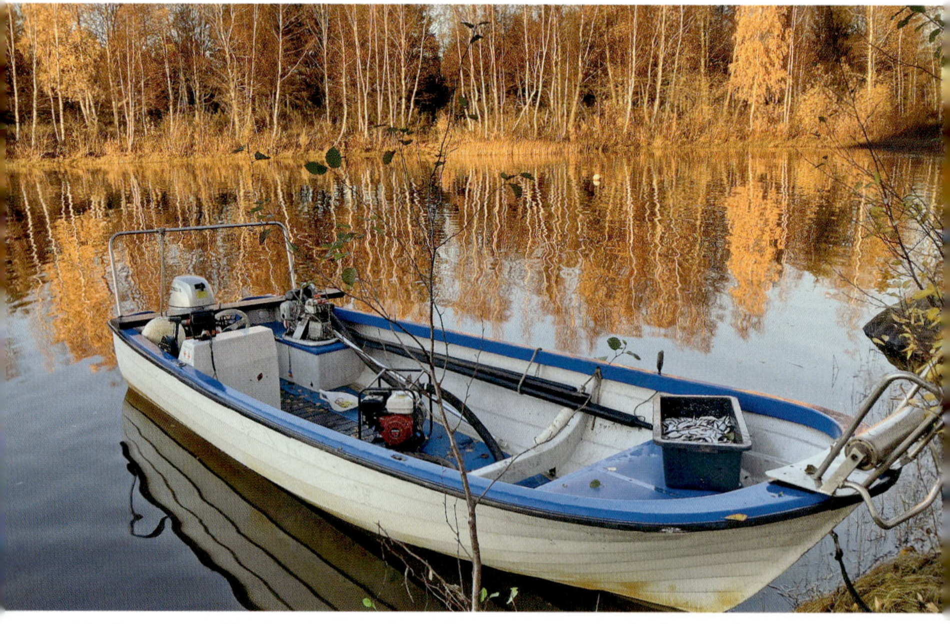

Fischertag im Oktober: Jetzt stehen Kleine Maränen hoch oben auf dem Wunschzettel der Fischer, um den beliebten Rogen *Löjrom* zu gewinnen.

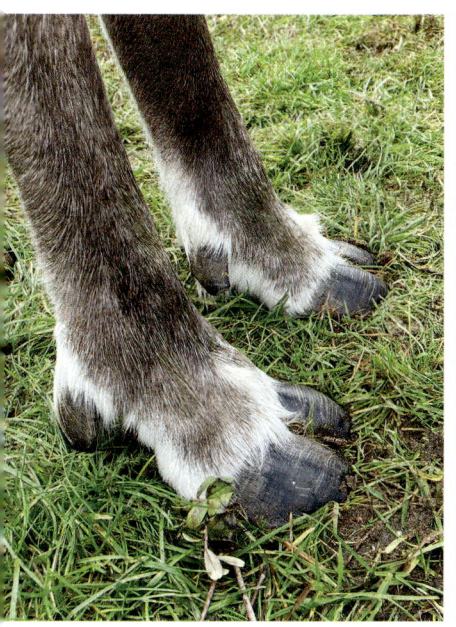 

Rentierhufe übernehmen eine schneeschuhartige Funktion; das teils üppige Geweih werden zumindest die Männchen jedoch zum Winter abwerfen.

Örjan und sein Kumpel Pelle bei der Arbeit am Fischhaus, einem großen, runden Fangnetz, das aus dem Wasser hochgepumpt wird. Darin zappeln viele Fischlein.

Herbstwinter, *Tjakttjadálvvie* 🦌

Ab Ende September wird es nachts schon richtig frostig.

Manche Früchte lassen sich auch vom Schnee nicht unterkriegen.

Wenn der Herbstwinter Einzug hält, singt das Meer unter der ersten Eisschicht wie ein Wal.

An einem Sonntag Ende November treibt das Sameby von Kalix mal wieder seine Rentiere zusammen, um sie neu zu trennen und zu impfen.

Anfang Dezember können die Rentiere oft noch eigenständig nach Flechten graben, solange die Eisschicht am Boden nicht undurchdringlich wird.

Winter, *Dálvvie*

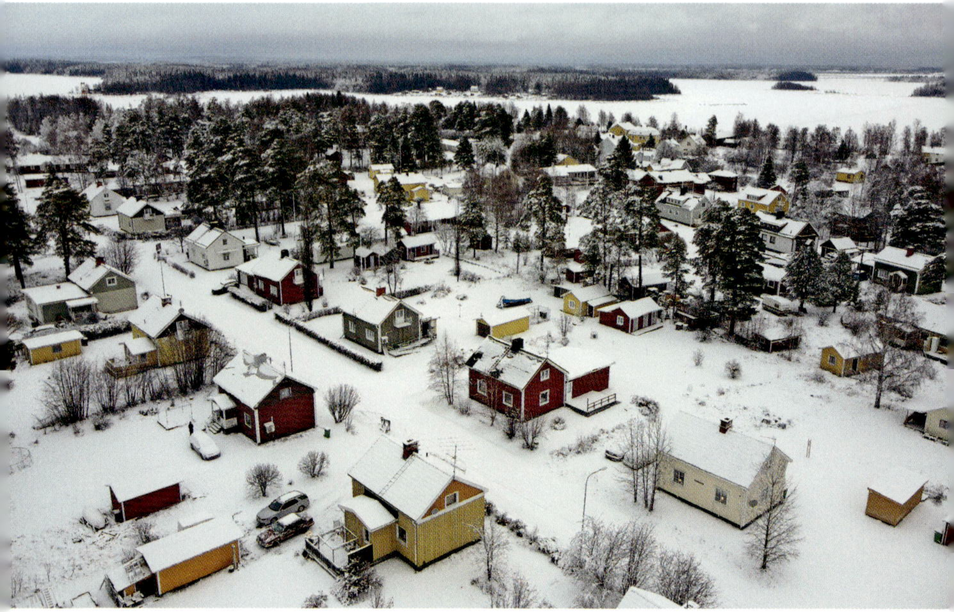

Båtskärsnäs im ersten Winterkleid im Dezember

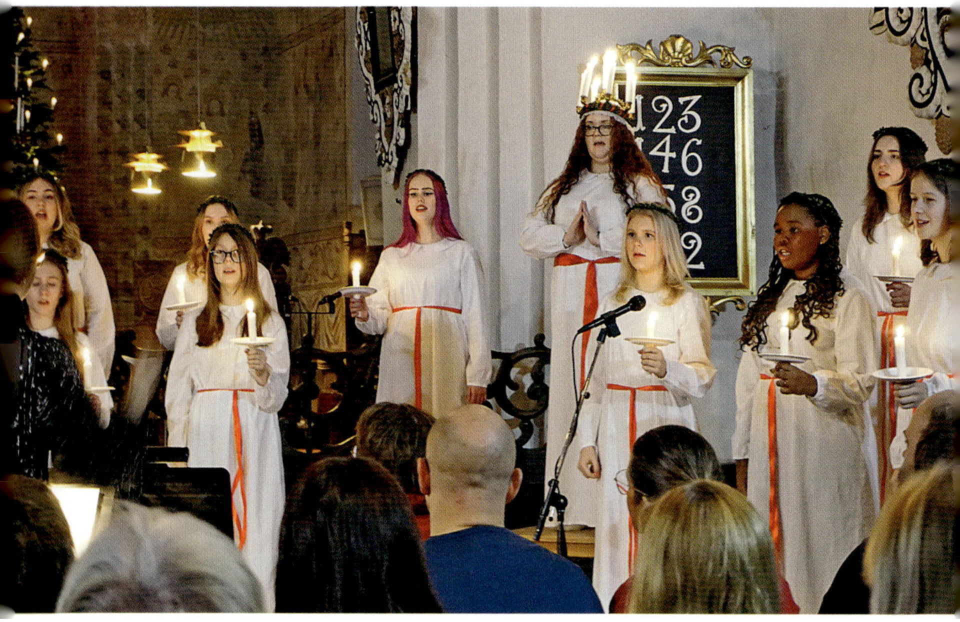

Das Luciafest am 13. Dezember bringt ein wenig Licht in die dunkelsten Wochen des Jahres.

Ein Appell an Mut und Durchhaltevermögen: Das erste Eisbad im zugefrorenen Meer, das mir wie eine schöne Zusammenfassung meines Lappland-Jahres vorkommt.

Glück ist, wenn die Wangen vor Kälte wieder rot werden und die Atemluft am Schal festfriert.

Winter, *Dálvvie* 🦌

Immer und immer wieder stehe ich auf dem zugefrorenen Meer und schaue zu, wie der Himmel über Båtskärsnäs tanzt – so, wie er mich zu Beginn willkommen hieß.

Hinter dem sich 42 Meter in die Tiefe stürzenden Muddus-Wasserfall geht es immer weiter durch Wald – bis sich die Bäume lichten, fast wie in den Bergen, wenn die Baumgrenze erreicht ist und eine hochalpine Steinwüste beginnt. Nur dass es im Muddus keine Steine gibt, sondern Sümpfe. Holzstege, an denen der Winter geknabbert hat, führen über den morastigen Boden. Der Muddus-Nationalpark soll zu den stillsten Orten in ganz Schweden gehören, und tatsächlich waren es bisher nur Vögel, vor allem ein sehr morgenmunterer Kuckuck, die diese Stille durchbrachen. Doch nun, im Sumpf, summt und surrt es: Millionen von Mücken heißen mich begeistert willkommen. Ich freue mich auch. Weniger über die Mücken, mehr über die sich in der Sonne rekelnden, tiefblauen Moorseen, auf denen sich Flauschwolken spiegeln. Sollte man eins der gefühlt Hunderte von Mückensprays vergessen haben, kann die Natur selbst da helfen: In Feuchtgebieten wächst eine Pflanze namens Sumpfporst *(Rhododendron tomentosum)*, erkennbar an filzigen Zweigen, die in alle Richtungen staksen, und im Sommer an hübschen weißen Blüten. Deren Geruch soll die Mücken abhalten. Doch trotz aller Tricks begleiten mich die summenden Heere weiterhin, und meine Befürchtung, dass zumindest ein Lappland-Klischee stimmt, bestätigt sich: Im Sommer ist regelmäßiges Blutspenden angesagt, ob man will oder nicht.

Die Jahreszeit des Nachdenkens:
Sommer, *Giessie*

circa ab Mittsommer bis Anfang August

Die Jahreszeit des Nachdenkens – das ist der Herbst. Wenn die Jahresrückblicke nicht nur über den Fernseh-, sondern auch über den mentalen Bildschirm flackern, damit man Bilanz zieht. Falsch! Jedenfalls bei den Samen. Da ist Nachdenken im immerhellen, vor Lebensfreude und -kraft strotzenden Sommer angesagt. Ob sie sich da irren?

Es ist der 19. Juni, und ich bin auf dem Weg zum Hügel Gölihatten drei Kilometer vor Båtskärsnäs. Das letzte Stück kraxele ich Felsen zu einem klapprigen Aussichtstürmchen empor und stehe über den Baumwipfeln, die sich wie eine eingeschworene Waldgemeinschaft bis zum Meeresufer wälzen und Baskeri unter ihren Blätterreifröcken verstecken. Der Wind hat bereits Feierabend, sehr zur Freude der Mücken, die mir zu Ehren eine Party veranstalten. Schade, dass ich weit und

breit die Einzige bin, die was zum Fressen mitbringt. Ein Kapu-
zenhoodie ist überlebenswichtig geworden, weil das Blut des
Kopfes im Mückenreich wohl wie die Kirsche auf der Torte ist.
Kein Blatt rührt sich, aber der Wald singt, als würden die gefiederten Bewohner in unverschämt guter Morgenlaune einen
neuen Sommertag zelebrieren. Dabei zeigt das Handy 22 Uhr
an, und die Schatten werden so gemächlich länger, wie der
Himmel über dem Bottnischen Meerbusen in sein rosafarbenes
Lieblingskleid schlüpft. Lose Wolken vermiesen der Sonne die
Schau, doch sie zwängt sich hindurch, pinselt links und rechts
der Störenfriede weiter. Ich stehe und schaue. Meine Lieblings-
tätigkeit seit fast genau sechs Monaten. »Und dann muss man
ja auch noch Zeit haben, einfach dazusitzen und vor sich hin zu
schauen«, lautet eins der bekanntesten Zitate von Pippi Lang-
strumpf. Endlich verstehe ich, was sie meinte. Ich schaue nicht
nur, ich lausche auch. Dem Summen der Mücken. Dem Singen und Schwätzen der Vögel. Als Augen und Ohren satt sind,
gehe ich zur Grillhütte, wo die Glut eines Feuers noch lebendig
ist. Ich blase hinein, und eine Flamme schießt in die Höhe. Als
ich mich hinhocke, umarmt mich Wärme. Wollte ich meditie-
ren, würde ich mit Feuermeditation beginnen. Nichts beruhigt
mehr, als in tanzende Flammen zu schauen und zu spüren, wie
mein Herz im Takt der knackenden Scheite schlägt.

Auf dem Heimweg mache ich einen Abstecher zur Dorfma-
rina, von wo der Blick nach Westen geht. Rosa-orangefarbene
Wolken bewundern ihr Spiegelbild auf der gebügelten Meeres-
oberfläche, schunkeln lediglich, als ein Boot vorbeifährt. In den
vergangenen Wochen hat mich der Licht- und Sonnenüber-
schuss oft überfordert, weil er mich glauben ließ, ich müsste

jede Sekunde davon aufsaugen, immer draußen sein, immer genießen. An diesem Abend verstehe ich: Das ist Quatsch!

Die Lichtüberdosis des Sommers erinnert mich an das XXL-Angebot materiellen Krams in der Stadt. Es ist omnipräsent, buhlt um meine Aufmerksamkeit, aber ich muss eine Auswahl treffen. Ja zu manchem sagen, Nein zu vielem anderen, ohne Torschlusspanik. Ich möchte doch lernen, nicht nur im Rhythmus der mich umgebenden Natur zu leben, sondern auch im Rhythmus meiner eigenen Natur. Also schließe ich gleich zu Beginn einen Pakt mit dem Sommer: Er darf mir alles anbieten, was er im dicken, hellen Rucksack mitbringt, aber ich darf auswählen, was mir guttut. So geschieht es, dass ich pünktlich zum 21. Juni, dem Jahreshöhepunkt des Lichts, alle Hektik, die seit Wochen Pflanzen, Tiere und Menschen ergreift, verabschiede. Und mich trotzdem freue, als die Radioreporter am längsten Tag des Jahres stündlich vom Licht schwärmen, das nach langem Vorspiel endlich den wohlverdienten Höhepunkt erreicht.

Einmal werden wir noch wach, heißa, dann ist Mittsommertag! Das wichtigste schwedische Fest des Jahres – neben Weihnachten – besteht aus Mittsommerabend und -tag und liegt stets an einem Wochenende Ende Juni. Dieses Mal fällt die Sause auf den 24. und 25. Juni, wobei der Freitag den Höhepunkt der Feierlichkeiten markiert. »Kommst du, um den Mittsommerbaum zu schmücken und aufzustellen?«, fragt mich Andrea. Klar bin ich dabei! Gemeinsam mit meinem Partner Diego, der über Mittsommer zu Besuch ist. Wir wollen uns am Nachmittag vorher um fünfzehn Uhr auf dem Dorfplatz treffen, gegen 15:30 Uhr trudeln die ersten Dörfler ein. Es sind ja noch 22 Stunden Zeit bis zur Feier, also immer mit der Ruhe. Haufenweise Birkenäste liegen schon bereit, von denen wir mit Gartenscheren die kleineren Zweige abzwacken und diese mit Fäden aneinanderbinden. Wir arbeiten Hand in Hand, die eigenen aneinandergereihten Zweige werden mit denen des Nachbarn verbunden. Trotz der in ebenso großer Feierlaune um uns herumschwirrenden Mücken spüre ich Zufriedenheit. Der Duft der Birkenblätter kitzelt meine Nase. Was haben wir lange gewartet, bis diese Blätter an den Bäumen sprießen, jetzt ehren wir sie auf dem Gipfel des Lichts.

Eine meterlange Girlande soll entstehen und um den Mittsommerbaum gewunden werden. Anders als an Weihnachten kommt dafür jedoch kein echter Baum ums Leben – es ist die Dorffahnenstange, die mit Birkengirlande und zwei Kränzen aufgehübscht als Mittsommerbaum herhält. Ohne Christbaumspitze oben, dafür mit schwedischer Flagge. Einige Männer hieven die aufgemotzte Stange mit Ketten und Traktor in die Höhe. Dass sie ein Fruchtbarkeitssymbol darstellt, muss mir niemand mehr erklären. Dass neun Monate nach Mittsommerabend besonders viele Kinder geboren werden, auch nicht.

Mittlerweile daran gewöhnt, dass dreizehn Uhr in Baskeri nicht vor 13:20 Uhr bedeutet, trudele ich am 24. Juni gegen halb zwei auf dem Marktplatz ein. Aber was ist das? Livemusik schallt aus mehreren Anlagen von der Bühne, vor dem *Fika*-Büfett (*Fika:* Kaffee und Snack aus Süßem oder Salzigem) mit zehn Kuchensorten wartet eine Schlange, und Familien stehen bereit, um um die birkengrün geschmückte Stange zu tanzen.

Manche Frauen und Mädchen tragen selbst gebastelte Blumen-
kränze auf dem Kopf, und erstmals sehe ich Sommerkleider
statt Funktionshosen. Ausnahmezustand in Baskeri. Lag vor
wenigen Monaten noch Stille überm Dorf, erinnert mich dieses
Durcheinanderreden, -lachen und -singen an die aufgeregten
Vogelchöre zu Frühlingsbeginn.

Kaum sind alle Mägen fürs Erste gefüllt und die Lose ver-
kauft – kein Event in Schweden ohne Verlosung, wobei die
Preise von Schokolade bis zu Kinderspielzeug reichen –, stimmt
die Sängerin auf der Bühne »*Små grodorna*« an. Die »kleinen
Frösche« gehören zu den Mittsommerlieblingsliedern, und
auch wir Erwachsenen machen uns einen Spaß daraus, im Kreis
zu tanzen und das Hüpfen eines Frosches nachzuahmen. Später
sind wir kleine Schweine mit Öhrchen und Schwänzchen, dann
imitieren wir mit in die Höhe schnellenden Armen einen Rake-
tenstart. Ich tanze mit Maria und Andrea, bis uns der Durst
ans Büfett treibt. Mein Bauch schmerzt vor Lachen. Hätten wir
doch in Deutschland auch eine so schöne Feier zu Ehren des
Sommers und des Lichts!

Als sich die Dörfler ausgetanzt haben, geht die Feier bei
Maria und Peter weiter mit »offenem Haus«. Der Tisch im
Garten erinnert an einen Verwandlungskünstler: Wollen da
zunächst Hering, Lachs und andere Fischsorten auf die Hüften, sind es auf einmal Erdbeeren, Kuchen und Eis, zum Finale
sogar Würste und Steaks von Peters Grill. Bierdosen stehen aufgereiht und -gestapelt im Terrassenkühlschrank, damit niemand
auch nur eine Sekunde im Haus vergeuden muss. Die Sonne
lacht immer wärmer, je mehr sich Bäuche über Hosenbünde
wölben, und das Geplauder der angeheiterten Dörfler übertönt

sogar das Summen der nicht minder munteren Mücken. Ja, so ähnlich habe ich sie mir vorgestellt, die Fete für die Natur in der Mitte des Jahres.

So, wie Walpurgisnacht den Winter in die Flucht geschlagen hat, leitet Mittsommer den richtigen Sommer ein. Mit der Sommersonnenwende verändert sich die Luft, und wie von den Dörflern vorausgesagt, werden die Socken beim morgendlichen Spaziergang im Garten plötzlich feucht. Bei schwülen 26 Grad machen Diego und ich uns auf in den Nationalpark Stora Sjöfallet, wo ich mit Maria und Peter bereits das Osterwochenende verbracht habe. Wir dürfen den Wohnwagen ihrer Freunde Benke und Eva ausleihen. Ich glaube, den Ort zum ersten Mal zu sehen, als wir zum Campingplatz abbiegen: Vor gut zwei Monaten standen dort Schneemobile aufgereiht, mit denen wir über zugefrorene Seen flitzten, um Löcher ins Eis zu bohren und zu fischen. Nun rekeln sich die Berge in der Sonne, mein T-Shirt ist schon nach wenigen Minuten nass geschwitzt, und nur erdbesudelte Schneefelder an schattigen Berghängen verraten, dass hier mal Winter war.

Diego träumt seit Langem davon, eine Bergwanderung unter der Mitternachtssonne zu unternehmen. Da bin ich dabei, obwohl die Dauerhelligkeit für mich längst Alltag geworden ist. Der Wetterbericht verspricht Best-of Bergwetter, ein blauer Himmel mit fluffigen Wolken bezeugt ihn. Also wandern wir gegen 21 Uhr hoch in Richtung des sogenannten Soldalen, Sonnentals. Am ersten Waldstück wartet das übliche Begrüßungskomitee aus Millionen Mücken, während in den Baumwipfeln Vögel feiern. Statt nach Bergwald, in dem die Luft frischer wird, fühlt es sich nach Dschungel an, wo sich ein spinnwebenartiger Schleier übers Gesicht legt und unsere Funktionsshirts mit dem Schweißaufsaugen nicht nachkommen. Am liebsten würde ich mich in den Wasserfall stürzen, der in der Ferne einen Hang hinabrauscht. Stolz erkläre ich Diego die Elchkötel am Boden und freue mich über einen Frosch in derselben Farbe. Schon im Muddus-Nationalpark war mir aufgefallen, was für eine beneidenswert regelmäßige Verdauung die Könige des Waldes haben. Klar – alle Tiere fressen seit dem Frühling, was der Magen schafft, denn der nächste Winter, wenn Nahrung wieder so rar wird wie Klopapier zu Beginn der Coronakrise, ist nicht weit. Von den Elchen und Rentieren bis zu den Mücken, alle futtern wie im Rausch, wollen satt werden, leben.

Es geht langsam, aber stetig bergauf, und wenn auf eins in den Bergen Verlass ist, dann darauf, dass auf Mühe und Schweiß eine Aussicht folgt. Und auf flaumige Wolken anscheinend ein sich am hellen Abendhimmel zusammenraufendes Gewitter! Wo kommt das denn her? Die Wetter-App gehört deinstalliert! Zum Glück bläst der Wind das Unwetter von uns fort. Wir genießen die Weitsicht über Berge und Wasser – mit der richtigen Perspektive kann man das Wasserkraftwerk von Vietas linker Hand ausblenden – und setzen den Weg fort, durch eine alpine Heidelandschaft voller Rollsteine, die aussehen, als hätte ein Riese dort Kugelwerfen gespielt. Über den gegenüberliegenden Gipfeln und einem See in der Ferne zwängt sich die Abendsonne durch trauerschwarze Wolken und zaubert einen halben Regenbogen an den Himmel. Ich hänge meinen Gedanken daran nach, wie oft ich in diesen Monaten schon dankbar war für einen Abendhimmel in sämtlichen Powerfarben des Tuschkastens. Da donnert es – und zwar gar nicht weit weg! Der Wind schraubt in Sekundenschnelle seine Geschwindigkeit hoch, und unsere inneren Ampeln wechseln auf Rot. Eben habe ich noch auf einen Felsbrocken am Hang gedeutet und ihn Diego als Unterschlupf bei Regen angepriesen, aber er hat abgewunken: »Zu schwierig, durch das Gestrüpp hochzukommen.« Der zweite Donner innerhalb weniger Minuten lässt das Gestrüpp zum kleineren Übel werden. Wir sprinten ein Stück des Weges zurück, kraxeln hoch zu dem ein wenig Schutz versprechenden Felsen. Werfen die Rucksäcke und Kamera darunter, uns selbst hinterher. Der Regen prasselt, Blitze durchzucken den Himmel über den Gipfeln. Mein Herz rast. Ich bin Berge nicht mehr gewohnt, erst recht nicht die Launenhaftigkeit ihres Wetters, die auf Apps pfeift. Was ist eigentlich die richtige Art, mit einem überraschenden Gewitter in den Bergen umzugehen, wenn kein Schutz in Sicht ist?

Später werden mir Internetforen bestätigen, dass Diego und ich mit dem Unterschlupf instinktiv richtiglagen. Allerdings lehnten wir an der Felswand, und hätte ein Blitz den Stein getroffen, wäre er wohl durch unsere Körper geleitet worden! Und was, wenn es nicht einmal einen schützenden Felsen gibt? Dann geht man – natürlich nicht gerade auf der Bergspitze oder unter einem Baum – in die Hocke, möglichst auf einer Oberfläche, zum Beispiel einem Rucksack, damit wenig Kontakt zwischen Körper und Boden besteht. Auf keinen Fall hinlegen, wie ich es früher gelernt habe. Nicht zum ersten Mal in diesem Jahr spüre ich, wie stümperhaft ich oft mit der Natur umgehe, wie viel Wissen mir fehlt. Angefangen mit dem Schneeschmelz-versuch unter der Heizung nach meiner Ankunft in Baskeri. Manchmal ist es, als wollte ich in Badelatschen einen Gipfel erklimmen. Aber statt mich dafür zu verurteilen, nehme ich die Lektion an: Ich bin hier, um zu lernen. Ein Jahr wird nicht aus-reichen, um mich mit der Natur und all ihren Eigenarten ver-traut zu machen, aber ich hoffe, zumindest für den Anfänger-kurs bekomme ich nach weiteren sechs Monaten mehr als eine Teilnahmebestätigung.

Als der Donner in der Ferne weitermacht, schaut Diego aufs Handy. »Es soll bis Mitternacht weiterregnen!« Die App kann mich mal. Über uns ist der Himmel blau, und in der Rich-tung, in die wir wollen, wird es abendlich rosa. Ich will dahin! Zu der Aussicht, von der die Frau im Informationszentrum geschwärmt hat. Aber hinter dem nächsten Berg könnten neue schwarze Wolken lauern. Weitergehen oder zurück zum siche-ren Wohnwagen? Wir schauen uns an. Denken mal nicht nach. Gewinnen bald an Höhe und lassen uns selbst von den Mücken nicht schrecken, die nach dem Gewitter heißhungrig um unsere Köpfe schwirren.

Wie so oft behält die Technik unrecht, und die Bergwelt tut, als hätte es nie ein Unwetter gegeben. Bei babyblauem Him-mel über und rosafarbenem Horizont vor uns erreichen wir den kleinen Gipfel, wo der Weg endet, mit Sicht bis zum höchsten Punkt des Nationalparks, dem Akka-Massif von 2015 Metern. Rechter Hand stürzt ein weiterer Wasserfall einen bewaldeten Berg hinab, tief unter uns fließt der Luleälv vor sich hin, und selbst die Mücken gönnen uns etwas Privatsphäre fürs Mitter-nachtspicknick. Diegos Augen leuchten wie das Display seines

Handys, als dieses 00:00 Uhr anzeigt und er für die Lieben daheim in Italien ein Video dreht mit Uhrzeit und taghellem Himmel. Ein Traum ist in Erfüllung gegangen. Ich glaube, vor allem, weil wir unserem Instinkt und unserer Neugier statt einer App oder der Angst vertraut haben. Und weil eine Prise Glück halt auch zum Potpourri des Lebens gehört.

Am nächsten Morgen bläst ein milder Wind den Schweiß auf der Stirn zumindest in den Morgenstunden trocken. Besonders einladend ist bei Hitze der Wald mit seinen bis zu 400 Jahre alten Kiefern. Einer dieser Wälder, wo nicht jeder umgefallene Baum gleich weggekarrt wird, wo die Pflanzen noch frei sind, ihr Ding zu machen. Als ich erstmals las, dass selbst umgefallene Bäume noch voller Leben stecken, wollte ich es nicht glauben. Dabei ist es logisch: Auch an »toten« Bäumen gedeihen oft Flechten, Moose oder Pilze. Ein Supermarkt für Insekten, aber auch für Ren- und weitere Säugetiere. Eine Infotafel erklärt, dass einige Kiefern etwa 200 Jahre lang wachsen und gedeihen können, in den folgenden 200 Jahren altern und sterben, aber auch tot weitere 200 Jahre stillstehen, bevor sie umfallen und dann wiederum 200 Jahre tot herumliegen. Das heißt doch, so eine Kiefer kann 800 Jahre lang im Kreislauf der Natur nützlich sein!

Wir wären nicht in Schweden, wenn der Waldweg nicht an einer Feuerstelle enden würde. Nicht irgendwo, nein, am Wasser, mit Blick auf den Berg Juobmotjåhkkå, wobei *juobmo* das samische Wort für Alpen-Säuerling ist – eine Pflanze, deren

Blätter die Ureinwohner sammelten, kochten und direkt aßen oder in hölzernen Fässern einlagerten. Ich bin stolz, meine in den letzten Monaten verbesserten Zündeltechniken mit Diego zu teilen. Es ist nicht nur das meditative Flammengucken, auf das ich mich freue, sondern auch das Zusammensuchen des Holzes. Was darf ich vom Boden aufsammeln, ohne dem Wald zu viel zu rauben? Welches Stück eignet sich zum Entzünden? Kann ich Birkenrinde aufstöbern, den besten Anzünder? Welche größeren Äste halten das Feuer am Leben? Ich möchte es mir nicht leicht machen und Feuerholz an der Tankstelle kaufen, sondern mein Feuer möglichst aus dem wenigen Holz basteln, das der Wald übrig hat. Häufig ist der Anfang schwer, es mangelt an Birkenrindenkapital, dann wieder ist das Holz feucht. Aber irgendwann lodert da ein Flämmchen.

Die Stärkung tut gut, bevor wir uns aufmachen zum offiziellen Highlight des Nationalparks – seinem Wasserfall. Wie ich im Frühling erfahren habe, ist das Wasserkraftwerk von Vietas, das uns am Vorabend aus der Höhe ins Auge stach, nur eins von fünfzehn entlang des Luleälv. An Kraftwerken wie diesem und den damit verbundenen Dämmen liegt es, dass der »große Wasserfall«, den der Name Stora Sjöfallet verspricht, heute eher klein fällt. Ihn anzuschauen ist mir trotzdem wichtig – weniger wegen des Traumblicks über Wasser und Berge, mehr, um einen Eindruck zu bekommen, wie der Eingriff des Menschen die Natur hier geformt hat. Und tatsächlich haben die Fotos vom Anfang des 20. Jahrhunderts von einem sich breit von den Felsen stürzenden Wasserfall nichts mehr gemein mit der auf Diät gesetzten Kaskade vor mir. Ist das nun alles schlecht, ist Wasserkraft zu verteufeln, sollte der Mensch die Flüsse in Ruhe lassen? Es gibt viele Fragen, noch mehr Antworten. Wie so oft in Lappland ist mir bewusst, dass nicht nur eine Seite existiert. Kein nur gut oder schlecht, kein nur dunkel oder hell. Stattdessen Gegensätze, die alle ihre Berechtigung haben, aber auch eigene Herausforderungen mitbringen.

Diesen Gedanken reflektiert der Same Lennart, den wir auf dem Rückweg in der Nähe des Nationalparks besuchen. Er empfängt seine Gäste in samischen *Lavvu*-Zelten. »Der Wasserpegel des Flusses steigt wie bei Ebbe und Flut, aber nicht auf natürliche Art, sondern danach, wie die Kraftwerke ihre Schleusen öffnen und schließen«, bedauert er. »Wir haben durch die Dämme viel Weideland verloren, das nun unter Wasser steht. Ich möchte meine Gäste deswegen lehren, wie man die Natur nutzt, ohne dabei immer mehr Tierarten und Wälder zu verlieren.« Die Samen lebten seit über 7000 Jahren in Lappland, trotzdem finde man keine Spuren von ihnen. »Das nenne ich nachhaltig!« Lennart hat sich anders als sein Bruder gegen ein Dasein als Rentierzüchter entschieden. »Ich sehe mich eher als Sprecher der Rentiere, denn was Rentieren guttut, tut meist auch Menschen gut.«

Ich mag es, an Lennarts Holztisch bei einer Tasse Kaffee zu sitzen und ihm zu lauschen. Und ihn zu fragen, ob er überhaupt eine Zukunft für die Rentierzucht sieht. Nach dem Gespräch mit der Samin Katarina im März und dem Dokumentarfilm zum Thema habe ich Zweifel. Lennarts Antwort überrascht mich: »Ich sehe die Zukunft der Rentierzucht positiv! Sogar mehr als noch vor Kurzem.« Über Jahrzehnte habe ihn der Eindruck gequält, nur die Samen und Inuks seien sich des Klimawandels und seiner Folgen bewusst. »Weil wir so eng mit der Natur leben, haben wir früh Veränderungen bemerkt. Und man kann in der Natur nicht eine Sache isoliert betrachten, alles interagiert miteinander.« Es gebe zum Beispiel öfter »schlechten Schnee« – der gefriere einfach zu Eis, weshalb die Rentiere wiederum nicht an Bodenflechten kämen – ein Problem, von dem ich sowohl von Örjan als auch von dem samischen Rentierzüchter Ber-Joná bereits gehört habe. »Dieser Schnee ist wie eine Plastikfolie über einem Teller mit Beerentorte im Kühlschrank.« Man habe zunächst auf Plan B gesetzt und gehofft, die Rentiere könnten stattdessen von Bäumen hängende Flechten fressen. Ich denke an die vielen Bäume mit ihren Flechtenbärten im Muddus-Nationalpark. Aber selbst das sei oft nicht mehr möglich, weil in der Forstwirtschaft viele alte Bäume gefällt würden.

»Lange Zeit gab es für ›Klimawandel‹ nicht mal ein Wort, aber es macht mir Mut, dass das Bewusstsein dafür weltweit wächst. Wenn alle etwas merken und manche etwas tun, gibt es Hoffnung auf Veränderung.« Zum Abschied legt mir Lennart ans Herz, mir samischen *Joik*-Gesang anzuhören, der seiner Meinung nach schönste Ausdruck der Beziehung zwischen Samen und Rentieren und ihrer Naturverbundenheit. Sofort entstehen vor meinem inneren Auge wieder Bilder von Ureinwohnern mit ihren Herden in den Bergen, wie sie schon das *Joik*-Konzert im Mai in mir wachgerufen hat. Ich frage Lennart, ob es nicht schwer sei, diese fast haustierartigen Tiere zu schlachten. »Das macht keinem Spaß, aber wir schlachten so respektvoll wie möglich. Das heißt, wir nutzen jeden noch so kleinen Teil des Rentiers, nichts wird weggeworfen!« Während das Fleisch den Samenfamilien als Nahrung oder zum Verkauf diene, entstünden aus Haut und Fell Sitzunterlagen und aus den Knochen unter anderem Kunsthandwerk. So schaffen es die Samen also selbst nach der Rentierschlachtung, das Unangenehme in etwas zu verwandeln, das entweder nahrhaft ist, warm hält oder Freude bringt. Für mich ein schönes Beispiel, einen schwierigen Spagat hinzubekommen.

Wenige Tage später sitzen wir vor einem roten Haus im Städtchen Jokkmokk auf einer Terrasse, der ein großer Sonnenschirm Schatten spendet. Vögel plaudern in den Baumwipfeln, Bienen surren um bunte Blüten, und es duftet nach Sommerblumen. Ich greife schon zum dritten Mal zu Brot aus Kiefernrinde und bestreiche es mit Brennnesselpesto. Spüre Baum- und Weidengeschmack auf der Zunge, unaufdringlich, sommerlich leicht. Eva Gunnare, die uns gegenübersitzt, lächelt. »In den Schulbüchern wurde dieses Brot als letzte Rettung vor dem Hungertod bezeichnet, aber die Samen haben schon immer Rinde gegessen, manchmal bis an die fünfzig Kilo jährlich pro Familie.« Eva selbst ist keine Samin, hat aber von Samen gelernt, welche Geschenke der Natur essbar sind, und viel mehr noch, was sich Leckeres daraus zaubern lässt. Mit *Essence of Lapland,* dem Wesen Lapplands, verdient sie heute ihren Lebensunterhalt, indem sie sowohl anderen Norrbottenern als auch ausländischen Besuchern Zutaten und Rezepte verrät, von denen die meisten noch nie gehört haben. »Der Juni ist der Kiefernmonat, wenn man Rinde erntet, denn im Frühlingssommer steckt sie voller Nährstoffe und schenkt dem Körper viele Kohlenhydrate.«

Doch es gibt nicht nur Brot aus Kiefernrinde, sondern auch Brotsticks aus Birkenblättern. Um die zu ernten, ist es allerdings schon zu spät. »Man muss die Blätter sammeln, wenn sie nicht größer als Mausöhrchen sind, am besten im Mai.« Eva dippt die Sticks in eine helle Soße aus Kieferntrieben mit Salz, Öl und Crème fraîche. Doch vor der Blätterernte läutet die 55-Jährige mit der Schneeschmelze Ende April oder Anfang Mai den Frühling auf ihre Weise ein – indem sie Saft aus Birkenstämmen abzapft. Das müsse jedoch mit Vorsicht geschehen, um den Baum nicht zu verletzen, und das in den Stamm gebohrte Loch müsse wieder verschlossen werden. Ich erzähle Eva von meiner Chaga-Erfahrung, jenem Baumpilz, den ich im Frühlingswinter mit Andrea geerntet habe. »Man darf Chaga nicht an öffentlichen Bäumen abschlagen, er hat ökologischen Wert, und man darf ihn eigentlich nur von eigenen Bäumen ernten.« Oje, da haben wir das Jedermannsrecht wohl zu weit interpretiert! Schlechtes Gewissen macht sich in mir breit, und ich nehme mir vor, auch Andrea bei meiner Rückkehr von unserem Fehler zu berichten.

Während Eva erzählt, strahlt sie. »Wusstest du, dass alle Pflanzen hier in Lappland nährstoffreicher sind wegen des kurzen Sommers?« Gewusst habe ich es nicht, höchstens geahnt, nachdem ich in den vergangenen Wochen Zeugin war, wie sich alles draußen überstürzt, um das kurze Hoch an Sonne und Licht auszuschöpfen. »Manchmal nenne ich mich Alchemistin«, kichert Eva und legt einige essbare Blumen vor uns auf den Tisch, darunter Löwenzahn, Veilchen, Wicken, aus denen sie Kräutertee herstellt, sowie Wiesenklee, der besonders eiweißhaltig sei. »Die Pflanzen, die die Samen am häufigsten als

Gemüse und auch Heilpflanze nutzten, sind Engelwurzen, die man am leichtesten in den Bergen findet.« Und wofür verwendet man die? Die Liste scheint lang, reicht von Verdauungsanregung bis zu Stärkung des Immunsystems. Ich frage Eva, ob sie sich auch mit Pilzen auskenne. »Pilze sind bei den Samen Rentierfutter. Sie haben für Menschen kaum Nährwert, für Rentiere aber schon.«

Eva ist mit dem Samen Lennart einer Meinung, dass man am ehesten nachhaltig mit seiner Umwelt umgehe, wenn man in und mit ihr lebe. Weil man sie erst dann kennen- und begreifen lerne. Vor allem aber, weil man sie dann am meisten schützen wolle. Genau wie geliebte Menschen oder Haustiere, denke ich mir und verstehe genau, was sie meint. Zum Abschied singt sie uns ihren liebsten Sommerpsalm vor, *»En vänlig grönskas rika dräkt«,* der den Sommer mit seiner vergänglichen Schönheit preist.

Im Juli tut der Sommer allerdings noch so, als würde er niemals vergehen. Da steigen die Temperaturen auf schwüle 32 Grad, sodass mir das Wasser beim nächsten Sprung ins Meer im Gegensatz zum ersten Versuch vor zwei Wochen fast zu warm ist. »So viele Tage am Stück ist es selten warm«, behaupten manche Dörfler zurück in Baskeri, nachdem Diego wieder heimgereist ist. Peter baut Maria einen Sitzpool im Garten auf, neben dem Bierdosen kalt stehen. Wie immer nach dem Motto: Hast du schon 'ne Lösung, oder stöhnst du noch? Aus offenen Haus- und Autofenstern schallt der 24/7 zelebrierte *riktig svensk*

sommar mit Feiermucke auf Schwedisch. Wer etwas bei Behörden oder anderen Einrichtungen erledigen muss, stößt bestenfalls auf eine übernächtigte Urlaubsvertretung, denn wenn die Natur Hochzeit hat, haben es die Schweden auch. Erst recht in Lappland.

Die besonders Lichtgierigen fahren noch weiter nördlich, ich auch. Obwohl die Temperaturen nach einem Gewitter auf achtzehn Grad fallen, ist es warm genug, um mein Zelt überall da aufzustellen, wohin mich der Wind und die Mücken treiben. Entlang des Torneälv, der Wassergrenze zwischen Schweden und Finnland, fahre ich tiefer hinein ins Land, vorbei an den Stromschnellen von Kukkolaforsen, und schaue zu, wie Angler dort Fische namens Lavaret (Schwedisch: *sik*) mit einem großmaschigen Netz zu fangen versuchen. *Sikhåvning* nennt sich der Sport – eine Angelmethode, die es angeblich nur im östlichen Norrbotten und am Amazonas in Brasilien gibt! Man lässt das Netz an einer langen Stange ins Wasser und dreht den Körper mit, während es die Strömung fortzieht. Schwups, zieht man es freudig wieder heraus. An diesem Tag haben die Angler so viel Glück wie die meisten Lottospieler bei den wöchentlichen Ziehungen. »Du musst dich dabei entspannen«, erklärt mir ein Angler, nachdem er mir das Netz mit einer Stange, die lang genug zum Poledance wäre, in die Hand gedrückt hat. »Halt sie oben mit der linken Hand und weiter unten mit der rechten, damit du sie leicht aus dem Wasser ziehen kannst.« Viele Fischer haben mir erzählt, es habe etwas Meditatives, stundenlang im Wasser zu stehen und zu warten, dass ein Fisch beiße oder sich ins Netz verirre. Ebenso viele glauben, Angeln sei ein Männersport. »Frauen wollen meist ein schnelles Ergebnis, aber

Männer können Tag um Tag warten und hoffen«, behauptet einer.

Ich weiß nicht, ob es an meinem Geschlecht liegt, aber bald überlasse ich die fischlosen Fischer sich selbst und düse im Rhythmus der *Riktig-svensk-sommar-Mucke* gen Norden – auf Landstraßen, die ich auch im Sommer mit wenigen Autos teilen muss, dafür aber mit Rentieren, die genauso laufen wie viele Schweden nach Mittsommerabend. Mein Blick folgt einem Rentier minutenlang von rechts nach links und links nach rechts, während ich hinter ihm herschleiche. Jetzt verschwindet es im Wald! Doch nicht, es legt weitere Schlangenlinien auf der Straße ein. Was steckt bloß in den Beeren oder in anderem Sommerfutter, das den Vierbeinern den Verstand verdreht? Ebenso oft wie an beschwipsten Rentieren komme ich an Sommercafés vorbei, die ab Juni überall aus dem Boden sprießen wie die Pilze aus der Erde. Hier schnell einen Kaffee, dort noch eine *Fika*. Einige Norrbottener bauen im Garten Tische auf und servieren selbst gebackene Köstlichkeiten – eine tolle Möglichkeit, ein paar Kronen dazuzuverdienen. Doch es sind nicht nur Sommercafés, die den Sommer mit Leckereien versüßen, es sind auch die über Lappland verteilten Sommermärkte. Als größter im ganzen Land rühmt sich der Markt der Kleinstadt Pajala im Tornedalen, wo ich mich mit Rentierkebab und in der Region beliebten *Kangos kakor* stärke, Plätzchen aus dem Ort Kangos, die laut Rezept aus viel Margarine, Streuzucker, Weizenmehl, Milch und Hirschgeweihsalz entstehen. Hirschgeweihsalz? Was ist denn das? Später lese ich, dass es als sogenanntes Backtriebmittel den Teig von flachem Gebäck wie auch Spekulatius und Lebkuchen auflockert.

Das, was ich früher am Reisen geliebt habe, begleitet auch meine Reise in den Norden Schwedisch-Lapplands: Begegnungen und Gespräche. Die meisten ziehen vorbei, manche bleiben hängen. Die Geschichte einer Argentinierin, die mir in einem Dorfgasthaus Elchburger serviert. Die Worte des Gasthausbesitzers: »Am schönsten ist, dass ich hier nackt in der Natur stehen und pinkeln kann und die Polizei mich nicht verfolgt«, mit Einspruch eines Gastes: »Aber die Mücken!«

Noch weiter oben, in der Ortschaft Lannavaara, besuche ich die samische Sängerin Yana Mangi. Sie fährt auf einem Quad über den Acker, als ich in die Einfahrt einbiege, das lange graue Haar zum Zopf gebunden. In der Küche tischen ihre 93-jährige Mutter und ihr Mann eine *Fika* auf. Vor unserem Treffen habe ich Yanas Liedern gelauscht, *Joik*-Klängen, die wie bei Jon Henriks Musik mein Kopfkino anwerfen. Dank denen vor meinem inneren Auge Rentiere in den Bergen herumstromern, Rentierhirten ihre Herden mit Lassos einfangen und sich manchmal schwarze Wolken über immer weißen Gipfeln zusammenbrauen. »Meine Mutter ist als Nomadin aufgewachsen und mit den Tieren herumgezogen«, beginnt Yana. »Sie ist erst 1948 sesshaft geworden.« Die Augen der 93-Jährigen studieren mich, und ich studiere ihr Gesicht, auf das das Leben ein unkoordiniertes Netz an Linien gezeichnet hat. Ich stelle mir die Frau als Jugendliche vor, wie sie mit ihren Tieren durch Lappland wanderte. Was für eine ferne Welt, und doch noch ganz nah. Ich unterdrücke den Wunsch, sie auszufragen, denn sie ist schwerhörig, scheint nur an die Lautstärke und Geschwindigkeit von Yanas Stimme gewöhnt. »Wir sind Waldsamen und manchmal schauen die Bergsamen auf uns herab. Dabei wurden viele Berg-

samen beim Bau der Erzgruben zwangsumgesiedelt auf Wald-
samengebiete«, berichtet Yana. Mein Eindruck, dass die Erleb-
nisse dieser Ureinwohner Europas so tief reichen, dass man bei
allzu viel Recherche darin versinkt, bestärkt sich. »Ich wollte
durch meine Lieder meine Geschichte erzählen.« Mit achtzehn
sei sie das erste Mal in Mailand aufgetreten, danach in weiteren
dreißig Ländern. »Durch meine Musik erzähle ich, wer ich bin,
von meiner Liebe zur Natur und meinen Gefühlen dafür. Aber
nun bin ich reisemüde und möchte Zeit an den Orten verbringen, über die ich singe.«

Yana ist zwar im Gegensatz zu ihrer Mutter keine Ren-
tierzüchterin, hält aber einige Tiere unter der Aufsicht eines
Rentierhirten in gut zwanzig Kilometern Entfernung. »Wir
hatten gerade Kälbermarkierung. Ich hätte dich gerne mitgenommen, aber das ist schwierig, wenn du nicht in der Nähe
wohnst, weil das ganz spontan passiert.« Ich seufze, weil mir
Rentierzüchter Ber-Joná dasselbe gesagt hat und ich das Problem zwar einsehe, aber auch unheimlich gerne bei diesem
für Rentierzüchter so bedeutenden Unterfangen dabei gewesen wäre. Kälbermarkierungen fänden grundsätzlich nachts
statt, zwischen Mitternacht und vier Uhr in der Früh oder
länger, wenn die Sonne tiefer stehe, es kühler sei und die Kälber dadurch ruhiger würden. »Was wir wann machen, hängt
auch vom Wetter ab – und von den Mücken!« Mücken? »Ja,
Mücken sind die besten Rentierhirten«, lacht Yana, »sie treiben die Tiere zusammen.« Stimmt, davon hatte ich doch
schon im Muddus-Nationalpark gelesen. Von wegen Mücken
sind nur lästig! Dass sie auf dem Speiseplan von Vögeln und
Insekten stehen, war mir klar, aber dass sie sich auch in der

Rentierhaltung engagieren, macht mir die blutrünstigen Viecher sympathischer.

Yana lädt mich in ihr Auto, und wir fahren auf eine Schotterpiste, um ein krankes Rentier mit Augentropfen zu versorgen. In meinem Kopf hängt das Bild von zu tropfenden Rentieren noch schief, als Yana schon weiterplaudert. »Die Kälbermarkierung ist aufwendig, man muss beobachten, welcher Mutter ein Kalb folgt, um den richtigen Besitzer festzustellen. Schlafen wird dabei nebensächlich – was getan werden muss, muss getan werden. Egal ob nachts, am Wochenende oder am Feiertag.«

Nach einer halben Stunde endet die Straße, und es zeichnet sich ein kleiner Hof ab, in dessen Inneres wir uns vor dem einsetzenden Regen retten. Zwei grauhaarige Frauen mit einer Menge Lachfältchen um die Augen sitzen in einem düsteren Zimmer. Yana stellt mich vor, und die Augen der einen Frau leuchten auf. »Wohnst du etwa in Baskeri, wie mein Verwandter Janne?« Sogar eins meiner Videos will sie im Internet gesehen haben. Mir bleibt keine Zeit, mich über meine Berühmtheit bis in die Wildnis Schwedisch-Lapplands zu wundern, denn da erscheint Rentierzüchter Emil höchstpersönlich – ein Mann von etwa 1,65 Meter Größe mit ungebügeltem Gesicht, Zigarette im Mundwinkel und Regenhut. Er grinst zahnlos und bedeutet uns, ihm zu folgen, damit Yana ihr krankes Rentier behandeln kann. In einem kleinen Gehege fliehen einige Tiere vor dem Regen in den Stall, wir folgen ihnen. Ich frage Yana, warum diese Tiere nicht draußen in der Natur sind. »Sie können frei herumlaufen, kommen aber immer zurück, weil es hier Futter gibt. Emil verwöhnt sie, und sie sind faul geworden!«

Laut Yana sind viele Tiere dieser Farm kastrierte Männchen. Einmal kastriert, seien sie in der Brunftzeit weniger aggressiv und würden schneller fett, was wiederum der Schlachtung zugutekomme – wobei es Emil allerdings nie übers Herz brächte, ein Tier zu schlachten. »Möchtest du ein Kalb sehen?« Ich folge Yana in einen Stall, wo uns ein mir bis ans Knie reichendes Baby-Rentier mit schwarzen Kulleraugen und langen Wimpern entgegenspringt. Es begeistert sich für meine Schnürsenkel, zieht einen nach dem anderen auf und lässt erst von meinen Schuhen ab, als Yana in die Hocke geht. Denn an Yanas Haaren zu zupfen, als wären diese besonders leckere Flechtenbärte, ist noch lustiger als Schnürsenkelziehen. »Die Mutter hat das Kalb verstoßen, und draußen wäre es verendet, aber das kann ich nicht mit ansehen.«

Eigentlich will ich nach Abisko weiterfahren, aber Yana und ihr Mann wollen vorher unbedingt meinen Magen füllen. Ich bekomme das Stück Fisch, das eigentlich der Mann essen wollte. Auch Yanas Mutter sitzt mit am Tisch. »Glaubst du, dass viele ältere Samen keine Paprika und anderes Gemüse kennen?«, fragt sie mich. »Salat ist was für Stadtmenschen!« Ich will wissen, was sie früher gegessen hätten. »Ganz viel Rentierfleisch. Und wir haben noch mehr Kaffee getrunken.« Den habe man tatsächlich schon damals in Dorfläden kaufen können, und Händler in den Dörfern habe es wiederum seit Beginn des 20. Jahrhunderts gegeben. Als ich mich drei Stunden später als geplant von der gastfreundlichen Familie trenne, um in den hellen Abend hinein weiter gen Norden zu fahren, überlege ich, meine Ernährung umzustellen. Ich werde die in Norrbotten teuren Paprika durch Rentierfleisch ersetzen. Und mehr

Kaffee trinken. Wenn das meine Chance erhöht, in gut fünfzig Jahren so rundum fit zu sein wie Yanas Mutter.

Ich blinzele, fahre sekundenlang blind weiter, trotz extradunkler Brille geblendet von der Sonne, die um 22 Uhr tief über Abisko steht. Viele, aber nicht alle Wolken haben sich kurz zuvor über Kiruna ausgeregnet. Der Himmel spult ein rosarotes Melodram runter, während ich an meinen letzten Besuch hier im Februar denke, als der Wind den Plan durchkreuzte, meinen Geburtstag auf der Abisko Sky Station zu feiern. Aber fünf Monate später ist der Wind lieb und der Sessellift auf den Berg Nuolja in Betrieb. Bald schweben meine Füße Hunderte von Metern über mit Wasser vollgetankten Weiden. Mein Blick wandert nach rechts zu noch verschneiten Berggipfeln, nach links zu Lapporten, dem inoffiziellen Eingangstor nach Schwedisch-Lappland. Ich habe Tränen in den Augen. Teils vom frischen Fahrtwind, teils vor Dankbarkeit. Dass ich zwar keine Nordlichter, aber zumindest eine weiße Nacht, wie die dauerhellen Sommernächte der Arktis heißen, und die Mitternachtssonne auf dem Nuolja erleben darf. Ich könnte wieder wie im Juni in Stora Sjöfallet unter dem Nachthimmel, der keine Nacht mehr kennt, wandern. Aber dieses Mal will ich nur still stehen und starren. In Richtung der regenbäuchigen Wolken, die an den Bergen hinten in Norwegen kleben, durch die sich aber die knallfarbene Abendsonne presst wie eine Katze in einen zu kleinen Karton. 23:30 Uhr. Ich schaue zu, welche Wolke die Sonne in welchem Farbton bemalt, bevor sie hinter ihnen Verstecken spielt.

Mitternacht. Ich packe einen Müsliriegel und Schokolade aus. Mitternachtssnack zu Ehren der weißen Nacht. Noch bis Mitte Juli soll sich die Sommersonne im nördlichsten Schweden ganztägig durchsetzen, dann wird sie sich um Mitternacht erste Verschnaufpausen gönnen.

Keine 24 Stunden später macht die Sonne jedoch fürs Erste schlapp. Es nieselt, der Himmel ist grau, meine Stimmung auch. Zelt aufbauen bei Regen macht keinen Spaß. In der Stadt würde ich mich in ein Café verkrümeln und einen extragroßen Kaffee bestellen. Ich schiebe die Entscheidung auf, ob ich mir statt Zelt ein überteuertes, fensterloses Zimmer in einem Gasthaus gönne, mache zunächst einen Abstecher zum Silverfallet. Über den Wasserfall bei Björkliden, wenige Kilometer von Abisko entfernt, schwärmen viele Artikelschreiber. Wüsste ich nichts von ihm, würde ich gar nicht anhalten an einem der vielen Parkplätze entlang der Straße in Richtung Norwegen und mich erst recht nicht ins Gebüsch schlagen, um dem Rauschen zu folgen. Dem crescendoartig ansteigenden Tosen von Wasser, das es eilig hat, von den Bergen nach Hause zu kommen – in den Torneträsk. Das Dröhnen verschluckt die Motorengeräusche der auf der Straße vorbeifahrenden Autos. Ich bin allein. Beobachte, wie das Wasser auf Felsen klatscht, dort aber nicht zur Ruhe kommt, sondern weiterzieht, um am Ende den meterhohen Sprung in die Tiefe zu wagen. Eigentlich sollte die Kaskade nicht silberner, sondern grüner Fall heißen, denn die Felsen rundherum sind voller Moos. Ich spüre die Gischt auf meinem Gesicht und folge dem Wasser zu einem kleinen Steinstrand unten am See. Er ist nicht mehr als zwei Meter breit und wird von Überresten eines

Bahnwaggons geziert, der wohl schon seit Jahrzehnten am Torneträsk vor sich hin rostet.

Mein Blick bleibt an verkohlten Holzstücken auf dem Strand hängen. Im Auto ist doch Hamburgerfleisch, das gegrillt werden müsste! Aber aus feuchtem Holz Feuer machen? Viel zu mühsam! Oder? Ich kraxele den Hügel zurück zum Wagen und schleppe die Taschen mit Essen, Grillgitter und Feuerzeug an den Strand. Ich wollte doch möglichst Feuer aus dem Holz machen, das ich gerade finde. Jetzt habe ich die Chance, mich an richtig feuchtem zu üben. *Challenge accepted.* Ich klaube ein paar halb trockene Stückchen Birkenrinde unter dem verrotteten Waggonteil auf und halte die Flamme des Feuerzeugs dagegen. Nichts. Oder nur ein schüchternes Flämmchen, das gleich zu Rauch wird. Wie gut habe ich das Sprichwort über das Sich-in-Rauch-Auflösen in Lappland verstehen gelernt.

Ein italienisches Pärchen kommt an den Strand, macht Selfies, schaut mitleidig auf mich herab, verschwindet. Zwanzig Minuten vergehen. Mein Magen knurrt. Soll ich Tatar oder nur Brot mit Tomaten essen? Aber ich bin doch Wahlnorrbottenerin! Ein erstes Birkenrindenstück hat Erbarmen mit mir, ein weiteres zieht nach, und endlich merken auch andere Stöcke und Äste, wie lustig es ist, sich gegenseitig Feuer und Flamme zu machen. Ich lächle stolz, während das Fleisch im Grillgitter gart. Ist nicht auch im Alltag vieles so, als müsste man ständig aus feuchtem Holz Feuer machen, wenn man mit immer neuen Problemen konfrontiert wird, man herumexperimentiert und mit Frust kämpft, bis sich erste Lösungen abzeichnen?

Ich habe keine Lust weiterzufahren. Der winzige Strand am Silverfallet ist, wo ich sein will. Und so klettere ich den Hügel ein weiteres Mal hoch, um auch das Zelt und alle anderen Campingutensilien an den See zu schleppen. Die Heringe und Steine zanken, aber irgendwann steht mein Plastikheim, und sogar der Nieselregen wird müde. Mein Feuer vertreibt weiter die Mücken, und so sitze ich vorm Zelt, blicke über die zwar graue, aber wellenlose Oberfläche des Torneträsk bis hin zu den sommergrünen Bergen auf der gegenüberliegenden Seite. Aber was ist das? Ganz schüchtern zeigt sich Farbe in den düsteren Wolken. Der Maler gewinnt an Selbstvertrauen, zeichnet mit unsichtbarem Pinsel Streifen in Blau, Gelb und Lila nebeneinander. Die Streifen werden zu einem halben Kreis, erst in Pastell-, dann in Neonfarben, bis der Regenbogen den Torneträsk überspannt. Fast verschlucke ich eine Mücke, die sich in meinen offen stehenden Mund verfliegt. Als würde ein prächtiger Regenbogen nicht ausreichen, pinselt der Maler links daneben einen zweiten, der den ersten an Höhe und Schönheit noch übertrumpft. Und ich habe in Erwägung gezogen, mich der Bequemlichkeit halber in ein fensterloses Zimmer zu verkrümeln!

Seit der Sommer in Lappland Zwischenstopp macht, geht nicht nur Zelten ohne Frostbeulengefahr, sondern auch Bergwandern. Doch da merke ich: Ich möchte weniger wandern statt mehr. Was? Ich liebe doch das Wandern und Draußensein, hatte vor, mehrere Fernstrecken zu erobern, um noch tiefer in die Wildnis vorzudringen. Während sich meine Finger am nächsten Morgen am Torneträsk an einer Tasse Tee wärmen und die Szene vor mir einen sommerlichen Blauhimmeltag ankündigt, schweifen meine Gedanken zurück zu meiner ersten dreitägigen Bergwanderung vor wenigen Tagen. Was ist passiert, dass ich zumindest diesen Sommer keine langen Strecken mehr wandern möchte?

Ich hatte mich so darauf gefreut, auf den 1179 Meter hohen Berg Skierfe zu steigen, der nicht nur zu den schönsten Wanderzielen Schwedens zählt, sondern auch den schönsten Weitblick des Landes bieten soll, ins Tal Rapadalen. Dazu gilt er als idealer Zugang zum Sarek-Nationalpark für Wildnisabenteuer-Anfänger, denn im Sarek, oft als Europas letzte Wildnis bezeichnet – was falsch ist, wie ich zum Ende des Sommers lerne –, gibt es keine Wege und Markierungen. Wer in sein Inneres vordringt, ist auf ein Navigationsgerät angewiesen, muss teils rasende Flüsse furten und wissen, wie man bei Starkregen und Sturm ohne Schutzhütten überlebt. In diese Natur lässt es sich schwer vordringen, sollen wir Menschen sicher auch nicht in großer Zahl einfallen, damit sie bleibt, was sie ist: das Zuhause der angeblich größten Elche Schwedens und anderer Wildtiere.

Auf dem Weg zum Skierfe erreichte ich nach sechzehn Kilometern Wanderung die Berghütte Aktse an der Grenze zum Sarek-Nationalpark. Mein Rücken fühlte sich verbogen an vom 18-Kilo-Rucksack samt Zelt, Unterlage und Schlafsack, das Mückennetz meines Mückenschutzhutes klebte an Wangen und Hals. Ich baute mein mobiles Heim auf einer Wiese voller Schmalblättriger Weidenröschen auf, Bergblick inklusive. Die Sonne, die den ganzen Tag über Verstecken gespielt hatte, wachte am Abend in Feierlaune auf, und ich bereitete mein Extra-Leicht-Wander-Fast-Food zu. »Bei den Mücken kann man doch nicht vorm Zelt sitzen!«, riefen mir Wanderer zu. Quatsch! Ich ließ mir nicht von Mücken vorschreiben, wann ich wo zu sein hatte, und zündete eine Antimückenspirale an, woraufhin den meisten Biestern das Summen verging. Sogar sie waren zum Teil meines Sommeralltags geworden, und ich machte es wie die Einheimischen: Schenkte man dem anfänglichen starken Jucken keine Beachtung, verschwand es bald von selbst.

Ich hätte wie viele Wanderer weitergehen und noch an diesem Abend den Gipfel des Skierfe erreichen können, um schon an Tag zwei zurück zum Ausgangspunkt zu laufen. Hätte das Geschenk des lappländischen Sommers annehmen und die ganze Nacht durchwandern können, ohne mich vor einbrechender Dunkelheit zu fürchten. Aber ich wollte nicht schnell weitergehen. Zeit ist Geld? Urlaub ist Stress? Ich hatte kaum Geld, keinen Urlaub, aber Zeit. Schon an diesem Abend spürte ich, dass Ankommen für mich zwischen die Zeilen rutschte. Obwohl ich den Skierfe als Ziel auserkoren hatte, fühlte ich mich bereits auf halber Strecke angekommen. In der blumenreichen und dank Rauchspirale nur noch halbmückigen Wiese, mit einer fotopreisverdächtigen Bergwelt auf dem rahmenlosen Naturbildschirm vor mir. Ähnlich erging es einem Mann, der von Fußproblemen zu einem Rasttag genötigt worden war. Er erzählte, er sei in der Nähe seines Zeltes oberhalb der Baumgrenze geblieben, statt auf den Skierfe zu wandern. »Ich habe mir erstmals angeschaut, wie eine Baumgrenze überhaupt aussieht«, berichtete er strahlend. »Was bis wo wächst, welche Baumart es am weitesten geschafft hat.« Hatte ich mich jemals mit einer Baumgrenze beschäftigt? Nein. Auf eine Baumgrenze folgte meist Gestein, das auf dem Weg zu irgendeinem Gipfel erobert werden wollte, wer hatte da schon Muße, Bäume und Pflanzen zu studieren? Der verletzte Mann wird der Einzige während dieser Wanderung bleiben, der vom Weg und von der Natur am Wegesrand schwärmte und nicht nur vom Blick ins Rapadalen.

Am nächsten Morgen machten die Mücken und ich uns früh an einen steilen Aufstieg, bis ein Holzschild nach links zum Skierfe deutete. Schon der erste Blick über den See tief unten und zum Gipfel, der wie ein Zeigefinger gen Himmel ragte, ließ meine Morgenmüdigkeit davonziehen wie eine vollgesaugte Mücke. Bis meine Wanderstiefel bis zum Schaft in Matsch verschwanden. Meine Augen suchten nach einer ausgelatschten Spur, aber da waren nur Abdrücke von anderen Wanderern, die offensichtlich genauso im Schlamassel festgesteckt hatten. Wie lange sollte das unter solchen Bedingungen bis zum Skierfe dauern? Nach mehreren Minuten Kampf zwischen meinen Füßen und dem Matsch blieb ich stehen, atmete aus. Dachte an meine Ungeduld mit dem nicht schmelzen wollenden Schnee Anfang Januar. An meine städtische Schneller-höher-weiter-Mentalität, die ich doch schon ein Stück weit ausgewechselt hatte. Was, wenn ich einige Stunden länger bis zum Skierfe bräuchte? Ich hatte genug Wasser, Essen und Licht. Was stand einem langsamen Vorankommen also im Weg? Ich stellte mir meine Ungeduld in Form eines garstig dreinschauenden Kobolds vor, den ich mit einem imaginären Tritt in den Hintern ins Gestrüpp beförderte. Gestrüpp, das bald Platz machte für eine Geröllwüste. Der Kobold holte mich wieder ein. Wo war der farbig markierte Pfad, dem ich einfach folgen konnte?

Weil da sonst keiner war, der mir zuhörte, redete ich mit mir selbst. »Wofür brauchst du einen vorgegebenen Weg? Sonst findest du auch lieber deinen eigenen!«

Immer wieder suchte mein Blick in der Weite nach Wanderern. Sosehr ich mich sonst und vor allem in der Stadt nach Alleinsein sehnte, so freute ich mich dort draußen über menschliche Nähe. Wie über zwei junge Schweden, die aus Richtung des Skierfe zu ihrem Zelt unterhalb eines Hanges zurückkehrten. »Du kannst den Berg dort hochsteigen, immer dem Grünzeug nach.« Ich sah einen sehr steilen Hang mit sehr viel Grünzeug, wollte mich am liebsten bei der Hand nehmen und hochgeleiten lassen. Nein! Ich kraxelte weiter, machte bald tatsächlich einen Weg aus, der in die Höhe führte. »Du erreichst den Gipfel, wenn du es am wenigsten erwartest. Pass auf, dass du nicht sofort runterfällst«, hatte mir einer der Jungs scherzend mitgegeben.

Als ich sicher war, niemals auf dem Skierfe anzukommen, weil Steine und Geröll endlos weiter gen Himmel strebten, war Schluss. Ich stand vor einer Klippe, die wie ein Zeigefinger auf die Wolken zeigte. Ich stieg die Klippe hoch – und segelte vor Begeisterungshüpfern fast rückwärts wieder runter. War dies der schönste Blick Schwedens? Auf jeden Fall war es der schönste, der mir seit Langem vor die Linse gekommen war. Gut tausend Meter unter mir erstreckte sich das Rapadalen, das Tor zum Sarek. Irisch grün verteilten sich sumpfige Grasflächen zwischen Seen, Flüssen und ihren krakenartigen Armen, gebildet aus jeder Menge Wasser, das die fernen, in der Höhe weiß bepuderten Berge ins Tal schickten. Mitten im sommergrünen Delta lag der heilige Berg der Samen Nammatj, aus dem

Samischen übersetzt »namenlos«. Der namenlose Berg wirkte wie ein grauer Hut, den ein Riese im Kvikkjokksdelta verloren hatte. Gleichzeitig bedrohlich und faszinierend erstreckte sich der Sarek zu meinen Füßen, und ich gab mich fürs Erste damit zufrieden, ihn von diesem Punkt aus zu bewundern, ohne meine Fußspuren weiter darin zu verteilen.

Auf dem Rückweg in Richtung Zivilisation an Tag drei bei Starkregen, der sich sogar in meine wasserfest geglaubten Wanderstiefel fraß und es in die Regenjacke schaffte, erinnerte ich mich an Tipps zum Überleben in der Wildnis, die ich gelesen hatte. Daran, dass ein Mensch etwa drei Minuten ohne Sauerstoff überleben könnte, drei Tage ohne Wasser, drei Wochen ohne Essen und sich in ungeschützter Umgebung bei Regen und Sturm schnellstmöglich einen Unterschlupf schaffen sollte. Mein wachsender Respekt galt nach diesen Tagen am Rande des Sarek nicht nur der Natur, sondern auch meinen Grundbedürfnissen, die ich weit draußen intensiver wahrnahm als in der Stadt oder in zahmerer Natur. Warm und trocken, nicht durstig und möglichst satt sein. Das war alles, was ich wirklich brauchte. Als ich irgendwann am Auto ankam, waren selbst Unterhose und BH nasser, als sie sonst aus der Waschmaschine kommen. Ich war so dankbar. Für die Wechselkleidung im Auto, vor allem aber für ein Plumpsklohäuschen, in dem ich meine Schrumpelhaut aus den klammernden Klamotten schälte. Es stank, und doch war das Häuschen nach fast fünf Stunden Dauerberegnung der schönste Zufluchtsort der Welt.

Auf der Weiterfahrt sann ich darüber nach, dass ich viele Stunden mehr als geplant für meine Skierfe-Wanderung gebraucht, sie trotzdem oder deswegen aber eingehender erlebt hatte. Mir dämmerte: Etwas in mir hatte sich gewandelt, seit ich näher an der Natur lebte und Feingefühl für die Kleinigkeiten da draußen entwickelt hatte. Zuvor hatte ich nie darüber nachgedacht, doch je mehr und länger ich wanderte, Kilometer machen und zügig ein Ziel erreichen wollte, desto mehr war ich mit mir selbst, meinen Rückenschmerzen und Blasen an den Füßen beschäftigt, und desto weiter verschwand die Natur aus meinem Blickfeld. Obwohl sie sich 360 Grad um mich herum erstreckte. Ich dachte an Gespräche mit Leuten in Aktse, die den Kungsleden erwanderten, Schwedens wohl bekannteste Fernwanderung. Jedes Gespräch drehte sich um die beste Blasenvorbeugung und -verarztung. Um das Gewicht von Zelt und Isomatte, um die am Tag geschafften Rekordkilometer. Eine Belgierin hatte gewonnen: Sie wollte einmal die letzten hundert Kilometer nach Santiago de Compostela in 26 Stunden zurückgelegt haben und dann vor der Kirche zusammengebrochen sein. »Was ist dir vom Weg in Erinnerung geblieben?«, fragte ich sie. »Das Gefühl, etwas total Beklopptes geschafft zu haben!«

Ich bin nicht in Lappland, um etwas Beklopptes zu schaffen. Nach einem halben Jahr des mal bedächtigen, mal blitzschnellen Wandels der Jahreszeiten, mit vielen Momenten des Innehaltens und Hinschauens, habe ich keine Lust mehr, für irgendein Ziel auf der Karte durch die Natur hindurchzutrampeln. Sosehr ich Langstreckenwanderer für ihre Ausdauer bewundere, für mich ist das gerade nichts. Mein Nein zu langen und Ja zu kürzeren Wanderungen nehme ich nach dem Morgentee am Torneträsk mit auf den nur sieben Kilometer langen Weg zum Trollsjön – dem angeblich klarsten See Schwedens. Die meisten Wanderer stapfen schnell über den gut ausgeschilderten Pfad. Ankommen. Picknick machen. Ziel abhaken. Noch vor einem Jahr hätte ich es genauso gemacht. Jetzt tauche ich Hände und Flasche lange in gletscherkaltes Wasser, das von den Bergen in die Täler rinnt und mir ein Stück seiner Lebendigkeit schenkt. Gehe in die Hocke, um an quietscheentengelben Blumen am Wegesrand zu schnuppern. Lausche dem Schmatzen jedes Schrittes auf dem Boden, den vor ein paar Wochen noch Schnee bedeckte. Wer auch immer behauptete, »weniger ist mehr«, war wirklich weise. Weniger Fotos bedeuten mehr Eindrücke. Weniger Drama um mich, meine Schmerzen und Blasen schafft Platz für mehr Eintauchen. Ich rupfe eine Löwenzahnblüte ab und kaue darauf herum. Wandersnack aus Vitaminen und Mineralstoffen, wie mir Eva Gunnare aus Jokkmokk beigebracht hat.

Je weiter das grüne Tal in Straßennähe zurückfällt, desto steiniger wird es. Der Weg zum Trollsjön führt nämlich durch das »Tal der Steine«, das mich an Orte auf Island erinnert, wo Vulkane Lavabrocken und Gestein um sich gespuckt haben, die danach dumm in der Gegend rumlagen. Aber hier gibt es keine Vulkane. Wer ist also für dieses Chaos verantwortlich? Wahrscheinlich das Eis vor langer Zeit, das unterwegs war wie ich heute.

Ist der Trollsjön der klarste See Schwedens? Das Wasser schillert türkis-blau, und auf seinem Grund offenbart sich jeder noch so winzige Stein. Ich streife die Funktionskleidung ab, den Bikini über und hüpfe unter den entsetzten Blicken anderer Wanderer zum Wasser. Es ist, als steckte ich meine Füße in eine

Gefriertruhe. Der Trollsjön soll vier bis fünf Grad warm sein. Mein Wunsch, in die Mitte des Sees hinauszuschwimmen, wo sich Schäfchenwolken spiegeln, verpufft. Ich rette mich zurück ans Ufer, zum applaudierenden Flügelschlag Dutzender Bremsen. Während mein Mittagessen im Topf über dem Gaskocher gart, verfangen sich weiße Wolken an den Berggipfeln um den See. Ich lege mich zurück, solange ich will, muss nirgendwo schnell hin. Und fühle mich so satt mit Eindrücken, dass ich glaube, es passt nichts mehr rein. Zeit für die Rückreise und für ein wenig Alltag, bis wieder Platz für Neues ist.

»Hej, du bist doch die deutsche Autorin, die schon im Winter hier war!« Ich schaue die Frau mit Zigarette im Mundwinkel an, die mir vom Boot hilft. Oft erkenne ich Menschen, die ich in Winterschichten und mit Mütze kennengelernt habe, später nicht wieder. Denn knapp fünf Monate ist es her, dass ich das letzte Mal auf Malören war, jener Insel gut dreißig Kilometer vor der Küste von Baskeri. Nur dass ich damals nicht aus einem ehemaligen Militärboot kletterte, sondern von einem Schneemobil, mit dem ich übers Eis gekommen war. Jetzt steigen alle Bootsankömmlinge an der langen Holzbrücke aus – die wohl Ambitionen hat, den schiefen Turm von Pisa nachzuahmen. Ich bekomme ein Zimmer in der einzigen Insellodge, einem alten Lotsenhäuschen.

Manche *Stuga*-Besitzer sitzen in Bikini und Badehose statt Overalls, aber mit genauso roten Gesichtern wie Anfang März vor ihren Häuschen, halb nackte Kinder spielen im Gras. Wie schon im Frühlingswinter wabert Grillwurstduft über die Insel. Damals habe ich mir vorgenommen zu klären, ob die Leute die Wahrheit gesagt oder mir einen Elch aufgebunden haben, dass es auf Malören selbst im Hochsommer keine Mücken gibt. Ich erkunde das hufeisenförmige Inselchen absichtlich ohne Mückenspray auf der Haut. Ein paar Fliegen schwirren um meinen Kopf, sonst summt nichts. Nur die Möwen machen Krach und übertönen alle anderen Vögel, mit denen sie sich das zum Vogelschutz errichtete Naturreservat von Malören teilen – darunter Silberseeschwalben, Kiebitze und Strandläufer. An einer Lagune kreisen die Luftpiraten um einen Hasen, der Reißaus in Richtung der kleinen Kapelle nimmt. Ich tue es ihm gleich, trete aber auch ins dämmrige Innere. Was für ein Duft! Nach Holz, das seit über 200 Jahren der Sommersonne, Peitschregen und Schneestürmen trotzt und Unmengen an Geschichten erzählen könnte.

Zurück im gleißenden Licht führt ein Holzsteg vor den Hütten entlang. Ein Junge spielt mit einem Traktor vor einem roten Häuschen. Wie gut haben es diese Kinder, denen die Eltern gleich nach dem Sprechen beibringen, wie man Feuer macht, sich auf Skiern, einem Boot und bald Schneemobil fortbewegt und welche Naturgeschenke dem Körper guttun. Sie bekommen Naturverbundenheit statt Schnuller in den Mund gesteckt. Ich schäle den Neid wie sonnenverbrannte Haut von mir ab. Ich bin halt anders aufgewachsen, schaffe mir vierzig Jahre später ein neues Naturbewusstsein. Wäre ich wie diese Kinder groß geworden, sähe ich die Weite Lapplands, den Wandel der Jahreszeiten, mit anderen Augen. Dann wäre ich vielleicht *hemmablind*, wie es viele Dörfler in Båtskärsnäs von sich behaupten. Und wie mir genauso viele Dörfler bestätigen, bin ich es, die Fremde, die ihnen mit frischer Perspektive Augentropfen gegen diese Heimatblindheit verpasst. Wie schade wäre es, für die Wunder der Arktis blind zu sein!

»Du kannst mit dem Kajak eine Runde um die Insel drehen«, hat mir meine Vermieterin gesagt und dabei auf zwei rote Kajaks am Ufer gedeutet. Ich schaue aufs Meer, das zwar ruhig ist, aber eine starke Strömung aufweist, und sehe mich in Richtung Finnland abdriften. Ich habe erst einmal in einem Zweierkajak gesessen, auf einer Pressereise zusammen mit einer Kollegin, die das seit Jahren als Hobby machte. Immer wieder überrascht mich die Annahme der Norrbottener, dass ich mit allen Outdoorsportarten genauso vertraut bin wie sie. Langlaufski. Kajakfahren. Packrafting. »Du kannst ein Packraft mieten und damit über die Seen und Flüsse im Padjelanta-Nationalpark paddeln«, hat mir Niklas kürzlich empfohlen. Klar. Mit aufblasbaren Untersätzen über wilde Gewässer schippern gehört ja sonst auch zu meinen Routinen. Dass eine solche Erfahrung für mich ohne Übung oder kundige Begleitung wohl genauso enden würde wie ein Sprung vom Kebnekaise, Schwedens höchstem Berg, kommt niemandem in den Sinn.

Ich beschließe, das Kajakfahren ebenso zu verschieben wie das Weitstreckenwandern. Gedanken, ob ich deswegen ein Feigling bin, kommen und ziehen weiter wie Wattewolken. Wenn es feige ist, sich mal fürs Nichtstun zu entscheiden, dann bin ich das gerne. Aber ich tue ja was. Ich sehe den Möwen beim Fischen zu. Lausche dem Säuseln der Wellen, das zum Plappern wird, wenn ein Boot vorbeibraust. Bewundere Steine in Rostfarben und Weiß, andere in Schwarz und Weiß, mit winzigen silbernen Stellen, die in der Sonne glitzern. Der Teufel steckt bekanntlich im Detail. Wahre Schönheit auch.

Echter Luxus auf Malören ist die kleine, zur Unterkunft gehörende Sauna mit Blick übers Meer. Ich will Holz hacken gehen, um den Saunaofen pünktlich zu meinem Termin um siebzehn Uhr zu befeuern, da sehe ich die beiden Schweden, die mit mir im Boot gekommen sind, bereits am Werk. Sie mühen sich ab, die erste Flamme vom Zündeln zu überzeugen. Ich reiche ihnen einige Birkenrindenstücke, ernte überraschte Blicke. »Wir dachten, du wüsstest nicht, wie man Feuer macht!« Ha! Die Frau des einen kommt dazu. »Warst du nicht gestern auf dem Flohmarkt in Björkliden? Ich habe dich gesehen!« Ja, Norrbotten ist klein. Oder nein, die Region ist riesig, aber der Platz für Menschen darin klein. Langsam überkommt mich das Gefühl, jeden Zweiten getroffen zu haben, während jeder Erste wiederum mich irgendwo gesehen oder von mir gehört hat. Nach sieben Monaten kenne ich mehr Leute in Schwedisch-Lappland als in Hamburg. Weil wenige Menschen umgeben von viel Natur sich einander so anziehen, wie auch ich mich im Sarek zu anderen Wanderern hingezogen fühlte. Ich mag das. Zwar gehört das Alleinsein in dieser menschenarmen Gegend für viele dazu, aber in der Not sind die wenigen Menschen füreinander da. Auch ich musste kein Problem allein bewältigen, musste keine Unsummen dafür zahlen, Schwierigkeiten aus der Welt zu schaffen. Nachbarschaftshilfe, Geben und Nehmen, statt Rechnung mit Mehrwertsteuer. *»Allt kommer att lösa sig.«*

Um 21 Uhr sitze ich am Westufer, von wo man an klaren Tagen das Festland ausmachen kann, und habe mein gegrilltes

Abendessen verputzt. Noch immer summt nichts in der Luft. Ich erkenne in weiter Ferne die beiden Windkrafträder hinter Baskeri. Ende Juli verabschiedet sich die Sonne zwar noch immer spät, aber doch merkbar in den Feierabend. Über dem Festland versammeln sich Wolkentürme, die sie aus dem Bild drängeln wollen, aber sie presst ihre Strahlen durch jede Lücke und malt die Wolken blaubeerfarben an. Aus der Ferne sieht es aus, als würde jemand mit Marker graue Striemen zwischen den dicksten Wolken und der Erde zeichnen. Komisch, ein Unwetter wie auf einem Fernsehbildschirm mitzuerleben, nur dass ich auf einer Insel hocke statt auf dem Sofa. Aus der Distanz werde ich mir des großen Ganzen bewusst, erkenne den blauen Himmel oberhalb der Wolkentürme, sehe den Wettkampf zwischen Sonne und Wolken im Westen, während es weiter östlich regnet. Könnte ich bloß jedes Mal, wenn ich vor Fragen oder Schwierigkeiten stehe, diese Perspektive einnehmen! Als Zuschauerin des sich austobenden Unwetters und in der Gewissheit, dass schon bald der blaue Himmel und die Sonne gewinnen. Die alte Geschichte von Licht und Dunkelheit, die mal ins und mal aus dem Gleichgewicht fallen. Diese Gedanken packe ich zusammen mit dem Schreibblock in den Rucksack, als ein paar freche Dunkelwolken Ansturm auf die Insel nehmen. Wenig später falle ich ins Bett, während der Regen an die Fenster klopft. Das war ein guter Tag. Jeder Tag, an dem ich mit Rauchgeruch auf der Haut einschlafe, ist ein guter Tag.

»I wanna dance with somebody, I wanna dance with somebody who loooves me!« Maria und ich werfen die Arme in die Luft und schwingen die Hüften, während wir singen. Es ist das vorletzte Juliwochenende, und zumindest in Kalix ist an diesem Abend eine Ode an die nicht enden wollende Sommerfreude angesagt. Mit kaum den Po bedeckenden Kleidern, Röcken oder Shorts bekleidete Jugendliche zwängen sich an uns vorbei, um ganz nah an die Bühne des Sommerfestes heranzukommen, für das schon seit Wochen in Stadt und Umland Reklametafeln stehen. Mittsommer war nur der Prolog einer Geschichte, die in immer neuen Kapiteln weitergeht. Bei sechzehn Grad ist der Abend lau, und wer den Eintrittspreis zum Konzert am Fluss nicht bezahlen will, dümpelt im Boot auf dem Kalixälv, wenige hundert Meter von der Bühne entfernt. An mehreren Ständen stopfen Helfer Huhn- oder Rindfleisch in Brot und werden Bier und Softdrinks über Tresen geschoben.

Während sich die Sonne im Rücken zögerlich verabschiedet, schaue ich in den blau-rosafarbenen Himmel über und vor mir, lausche den Klängen auf Englisch und Schwedisch und lasse den Sommer auch meine Poren weiter erfüllen. Die zweite Halbzeit meines Experiments hat längst begonnen, doch ich bin mit der Arktis noch lange nicht fertig. Werde es vielleicht niemals sein. Während zwei weitere schwedische Interpreten die klare Luft über Kalix bis ein Uhr morgens zum Flirren bringen, nistet sie sich weiter in mir ein, die wunschlose Zufriedenheit.

Obwohl die Lust des Sommers beim Sommerfest weiter knospt, erahne ich bald die Fühler des Herbstes. Eines Abends spaziere ich zur Marina von Båtskärsnäs und schaue der Sonne zu, wie sie verschnaufen will. Da bekomme ich einen Schreck.

Etwas fehlt! Summen! Wo sind die Mücken, die mir an dieser Stelle seit Wochen jedes Stelldichein mit der Abendsonne miesmachen? Kommt etwa schon Frost? Nein, als ich weitergehe, surrt es bald wieder, und wenig später juckt mein Hals. Alles gut, der Sommer bleibt noch ein bisschen. Und bringt zum August ein Geschenk mit, auf das ich mich seit Langem freue: Beeren.

»Magst du *smultron?*« Nachbar Gunnar, der noch immer so häufig mit dem Rasenmäher zugange ist wie im Winter mit der Schneeschippe, deutet auf ein Beet vor seinem Haus. Was sind denn *smultron?* Da sehe ich sie – winzige Walderdbeeren, die ich schon mal in Finnland gegessen habe und die einen Geschmacksorgasmus auf meiner Zunge auslösten. Ich greife dankend zu – und entdecke kurz darauf auch in meinem Garten, gut versteckt im Gebüsch, viele der Beerchen. Nun gehe ich jeden Tag ernten, schaue unter Büsche und Blätter, um auch die schüchternsten Beeren zu meiner Nachmittags-*Fika* zu machen. Hätte Gunnar mir nicht Bescheid gegeben, dass da etwas wächst, hätte ich es gar nicht mitbekommen.

Während ich stets neue Quellen an Walderdbeeren in meinem Garten auftue, zeigen sich weitere kleine rote Beeren, die sich am Boden zu mehreren aneinanderkuscheln. »Das sind Steinbeeren«, erklären mir die Dörfler. »Sie sind essbar, aber pass auf deine Zähne auf, die haben harte Kerne!« Man könne allerdings Marmelade oder Gelee daraus machen. Ich lasse sie noch dicker und roter werden, dann versuche ich genau das. Lecker – solange man Marmelade vom Brot lutschen oder sich Zahnkronen und -implantate leisten mag.

Als ich an meiner Straße weitere saftig rote Walderdbeeren im Gestrüpp entdecke, das zu keinem Haus gehört, greife ich zu. Eine ältere Finnin von nebenan gesellt sich dazu. »Ich habe gestern acht Kilo Moltebeeren bei Gölihatten geerntet«, erzählt sie stolz. Moltebeeren? Sind die etwa auch schon reif? Ich habe sie bisher nur in Form von heißer Marmelade auf Vanilleeis im Restaurant probiert, weiß, dass die Norrbottener sie lieben und als »Gold des Waldes« bezeichnen, weil sie nach anfänglicher Rotfärbung als reife Beeren golden schimmern. »Die Saison ist fast vorbei, in etwa einer Woche sind alle weg«, warnt sie mich. Ach du Scheiße! Der Sommer in Lappland erinnert mich mit seiner Schnelllebigkeit zunehmend an den Alltag in der Stadt: Ständig passiert irgendwas, ständig gibt es neue Angebote, und zack, ist alles schon wieder anders, und man hat was verpasst. Ich habe es bereits versäumt, die ersten Birkenblätter zu ernten oder Birkensaft im Frühlingssommer zu zapfen. Als mir Niklas dann auch noch von der arktischen Brombeere namens *Åkerbär* erzählt, die in Strandnähe wachse und besonders schmackhaft sei, fühle ich mich vollkommen überfordert.

Aber jetzt kümmere ich mich erst mal um Moltebeeren. Mit Andrea mache ich mich am nächsten Tag auf die Suche bei Gölihatten. »Die wachsen am liebsten in feuchten, sumpfigen Gebieten«, weiß sie, weshalb wir unsere Gummistiefel anhaben. Auch zum Schutz der Knöchel sollten wir doch mal eine Schlange im Gestrüpp überraschen. Wir finden jede Menge Blaubeersträucher, aber das Gold des Waldes will sich nicht zeigen. »Ich fürchte, die professionellen Pflücker sind uns zuvorgekommen«, bedauert Andrea. Davon gebe es viele, denn Moltebeeren könne man teuer verkaufen. Tatsächlich identifiziert sie mehrere Moltebeerenblätter am Boden. Fruchtlos. Meine Enttäuschung wächst, bis Andrea jauchzend auf eine Beere am

Boden deutet, die aussieht wie eine goldgelb angepinselte Him-
beere. Ich greife zu. Ein herber, säuerlicher Geschmack verteilt
sich auf meiner Zunge.

Viele Moltebeeren haben uns die anderen Pflücker nicht
gelassen, wir kommen nur auf 500 Gramm. Doch dann lädt
Niklas mich wenige Tage später zum Moltebeerenpflücken auf
die Insel Rånön ein, wohin er mich Anfang Januar zur Skilang-
lauftortur mitgenommen hat. War damals alles weiß eingefroren, einschließlich der Fenster seiner *Stuga,* erwartet uns die
Insel nun in sattem, in der Abendsonne badendem Grün. Mit
dem Quad fahren wir zu einer sumpfigen Wiese mit so vielen
Moltebeeren, wie es Sterne am klaren Winterhimmel gibt. Zum
Gezanke einiger Kraniche pflücken wir. Was für eine Fülle die
Natur den Menschen hier bietet! Wenn auch nur ganz kurz,
bevor sie sich nach monatelangem Auspowern in den Win-
terurlaub verabschiedet. Die Fächer meiner Gefriertruhe sind
danach so voller Moltebeerentüten, dass sich die Tür nur noch
mit Gewalt schließen lässt.

In den Tagen darauf widmen Andrea und ich uns den Blaubeeren, kämmen mit speziellen Beerenkämmen vier Kilo in
unsere Eimer. Nachdem wir Kraut und unreife Beeren aus
der Masse gesiebt und gefummelt haben, geht es in der Küche
weiter. Andrea teilt all ihre Rezepte mit mir: Blaubeeressig,
-ketchup, -likör, -marmelade und -pfannkuchen zum Abendessen stehen auf der To-make-Liste. Sechs Küchenstunden später
reihen sich gefüllte Einmachgläser aneinander, und ich könnte
noch lange weitermachen. Was ist bloß los mit mir? Ich habe
nie gerne gebacken und koche nur, weil es etwas Gesundes zu
essen geben soll. Ist es vielleicht anders, Geschenke der Natur zu

verarbeiten, die ich selbst in mühsamer Arbeit und im Kampf mit den Mücken gewonnen habe? Weil ich es mag, ihre Konsistenz beim Säubern unter den Fingern zu spüren, und es mir vorkommt, als ehrte ich sie, indem ich etwas daraus zaubere? Die Samen erzählten mir, kein Stück eines geschlachteten Rentiers werde verschwendet – mir ergeht es mit den Beeren ähnlich. Alles, was zu verwerten ist, wird verwertet. Ich denke an Eva Gunnares Worte: »Wenn man auf dem Land lebt, das man nutzen möchte, lernt man es schätzen und möchte es schützen.« Jetzt begreife ich nicht nur, was sie meinte, sondern empfinde es selbst.

In den Tagen und Wochen darauf ziehe ich noch oft mit Eimern und Beerenkamm in den Wald, koche allein Blaubeermarmelade und stehe, ohne auf die Uhr zu schauen, im Himbeergestrüpp, als ich sehe, dass auch meine Lieblingsfrüchte reifen. Ich lerne, dass nur die wirklich reifen Früchte loslassen, während die unreifen an der Pflanze festhalten. Mein Herd ist rot und blau bekleckert, meine Zunge blau, mein Morgenmüsli besteht wochenlang aus selbst gepflückten Beeren. »Bärplockare« nennt mich Nachbar Gunnar – die Beerenpflückerin –, wenn ich wieder mit Gummistiefeln und Eimern losziehe. Es geht nicht darum, mir das Geld für Marmelade aus dem Supermarkt zu sparen, vielmehr verliebe ich mich in den Akt des Pflückens. Zunächst greife ich jede reife Beere ab, fühle mich wie bei Sonderangeboten im Geschäft, von denen mich irgendjemand glauben macht, dass ich sie brauche. Begreife jedoch bald, wann es reicht, selbst wenn das Angebot noch lange nicht erschöpft ist. Das Pflücken lässt meinen Atem ruhiger gehen, ich bin bei der Sache, studiere den Boden. Beerenpflücken als Lektion, dass ich vieles haben kann, aber nicht alles haben muss, und aufhören darf, wenn mein Bedarf fürs Erste gedeckt ist.

Zu Beginn des Sommers habe ich mich gefragt, warum die Samen ihn als »Jahreszeit des Nachdenkens« bezeichnen. Auch ich habe viel nachgedacht, unter anderem darüber, was ich möchte. Möchte ich nach meinem Experiment mit dem naturnahen Leben an diesem festhalten, oder sehne ich mich in die Stadt zurück? Die Antwort überrascht mich: Das Sehnen schweigt, aber ich möchte auch an nichts festhalten, möchte annehmen können, was sich ergibt. So, wie sich im Verlauf des Jahreszyklus alles wendet, wie es sein soll. So, wie sich eine neue Jahreszeit ankündigt, für die die Zeit reif wird.

Es ist am Abend des 8. August, ich möchte meine Dunkelgardine im Schlafzimmer runterziehen, als ich etwas am Himmel leuchten sehe. Nein, es zwinkert mir vielmehr zu: ein Stern! Der erste seit April! Nie habe ich mich mehr über einen Stern gefreut. Die Dunkelheit kehrt zurück, aber ich habe genug Licht getankt, selbst genug Wärme, obwohl die Hitze von dreißig Grad nur wenige Tage angedauert hat. Trotzdem fühlt sich der wohl kürzeste Sommer meines Lebens wie der reichste an. Weil ich ein Teil des rapiden Wandels geworden bin und mich nach anfänglichem Stolpern habe mitziehen, aber nicht überwältigen lassen. Von Düften und Klängen, von Lichtspielen, von Trocken- und Feuchtigkeit, unter denen ich die Angebote ausgewählt habe, die zu meinem eigenen Rhythmus passten. Mit dieser Erkenntnis im Eimer lasse ich den Sommer ziehen.

Die Jahreszeit der Ernte:
Herbstsommer, *Tjakttjagiessie*
circa Anfang August bis Mitte/Ende September

Ich schaue auf die Uhr und erschrecke: Ich sitze seit fünf Stunden im Wald, umgeben von bis zu 200 Jahre alten Bäumen. Mein Magen wölbt sich über den Hosenbund, in meinem Gaumen wuseln ungewohnte Geschmäcker umher. »Geht einen halben Becher Blaubeeren pflücken!«, lautete unsere erste Aufgabe. Wir, das sind ein Stockholmer Paar auf Hochzeitsreise und ich. Den Becher hat uns Pia Huuva in die Hand gedrückt, eine Samin aus dem etwa zwanzig Einwohner starken Dorf Liehittäjä, eine Autostunde von mir entfernt, die zusammen mit ihrem Mann Henry eine Bar führt – die Huuva Bar mitten im Wald, deren Koordinaten nur geladene Gäste bekommen. Als eine der »fünf entlegensten Bars der Welt« beschreibt sie das amerikanische Magazin *Wine Enthusiast,* zusammen mit vier weiteren, unter anderem in der Antarktis und im nepalesischen Himalaja. Als Gast des Waldes das trinken und essen, was die Natur hergibt, lautet das Motto bei den Huuvas, und zwar an einer Holzbank neben dem mit Rentierschädel geschmückten Bartresen. Gekocht wird unter einem Unterstand mit Wellblechdach. Alles könnte innerhalb einer Stunde abgebaut werden, ohne größere Spuren zu hinterlassen, so, wie auch die nomadischen Vorfahren über Jahrhunderte nur Kotenabdrücke am Boden zurückließen.

In einen Naturdrink kommen Mitte August natürlich Blaubeeren, die teils schon über Erbsengröße hinausgewachsen sind. Um unsere blauen Hände zu säubern, zeigt uns Pia einen Trick: Sie zerreibt eine unreife Preiselbeere zwischen den Fingern und tatsächlich – selbst hartnäckige Blautonreste verschwinden. Die Blaubeeren kommen in vorbereiteten Saft aus Echtem Mädesüß *(Älggräs)*, Zucker, Zitrone und Wasser, der drei Tage stehen muss, um sein Aroma zu entfalten.

Als Henry eine Flasche mit roter Flüssigkeit hervorholt, denke ich an Preiselbeersaft, doch er schüttelt den Kopf. »Das ist Rentierblut. Daraus mache ich Pfannkuchen!« Blutpfannkuchen, *Blodplättar,* nennt sich das. Rentierblutpfannkuchen landet auf meiner To-eat-Liste gleich neben frittierten Kakerlaken, die ich mich bei Südostasienreisen zu essen geweigert habe. Henry erzählt, das Rentierblut sei angereichert mit Mehl, Salz, Wasser und Piment, dazu gebe es Soße aus Crème fraîche, Rotkohl, roten Zwiebeln und Preiselbeeren. »Wenn man im Winter draußen in Not gerät, sollte man Rentierblut trinken, um zu überleben«, rät er, während er das Blut in eine Pfanne kippt, in der überm offenen Feuer Butter schmilzt. »Das gibt sofort Energie und schmeckt richtig gut!« Ich schaue wie die Stockholmer angeekelt auf das in der Hitze blubbernde Blut, das sich schnell zu einer dunklen, tatsächlich pfannkuchenähnlichen Masse versteift. Da ich offen sein will für alles, was die Natur Lapplands bietet – auch samische Spezialitäten, die ich niemals bestellt hätte –, überzeuge ich meinen Magen, das gegart weniger blutig aussehende Rentierblut zu probieren.

Wüsste ich nicht, was ich da esse, würde ich sagen, es wäre normaler Pfannkuchen. Gibt es Nachschlag? Nein, als Nächstes landet *Gurpi* in der Pfanne. Eine weitere Spezialität aus trocken gesalzenem und gemahlenem Rentierfleisch und Rentierfett, das in ein die Innereien umschließendes Netz gewickelt und dann kalt geräuchert wird. Dieses Fettgewebe könne man nur im Herbst und frühen Winter gewinnen, da ein Rentier den Winter über zu viel Fett verliere. Auch bei dieser Köstlichkeit steht das samische Prinzip »Nutzen und Bewahren« im Vordergrund. Zu dieser Delikatesse gibt es *Dopp i kopp,* frische Kartoffeln, die in zerlassene Butter gedippt werden. Doch nicht nur Fleisch kommt bei Pia und Henry auf den Tisch – auch Fisch, insbesondere *Löja* (eigentlich *Siklöja*). Das sind die Kleinen Maränen, aus deren Rogen auch der berühmte Kalixer Kaviar *Löjrom* gewonnen wird. Vegetarier und Veganer haben es schwer bei den Samen, für die Fleisch und Fisch seit Generationen auf den Speiseplan gehören. Zum Dessert präsentiert Henry kleine Stücke *Kaffeost,* Kaffeekäse, eine nordfinnische Spezialität, die aber auch im Tornedalen, wo die Huuva Bar liegt, beliebt ist. Der gegrillte, leicht angekokelt aussehende Käse entsteht aus nach dem Kalben gewonnener Kuhmilch. Wir bekommen Kaffee in unsere *Guksis,* die typisch samischen Trinkgefäße aus Holz, die an eine Schöpfkelle erinnern. Ich schaue zu, wie Pia den Käse in den Kaffee dippt wie die Italiener ein Stück Croissant, und tue es ihr gleich.

Schon eine Woche später geht meine samische Geschmacksreise bei den Huuvas weiter. Ich mag das Paar, und die beiden mögen mich wohl auch, denn sie laden mich ein zu einem eigentlich Samen vorbehaltenen Kochhandwerkskurs mit dem bekannten samischen Koch Kristoffer Åström, der durch Schweden reist, um seine Künste zu vermitteln. War ich beim ersten Besuch der Waldbar noch unsicher, ob mir Rentierblutpfannkuchen bekommen würde, so führe ich nun gabelweise gebratene Rentierleber und Rentierzunge mit *Palt,* einer Art Kartoffelteigfladen, allerdings bei Kristoffer angereichert mit Rentierblut, zum Mund. Mein Lapplandjahr beweist mir immer wieder, dass ich mich an fast alles gewöhne. An ein Haus ohne fließendes Wasser. An ewige Nacht und ewigen Tag. An Rentierblut und -organspeisen. Ans Langlaufskifahren. Gut, Letzteres noch nicht ganz.

Die samischen Gäste und ich verlieren den Überblick, beim wievielten Gang wir sind, während in Kristoffers Pfanne überm offenen Feuer nicht nur Rentierteile und Blutbrot landen, das dem Blutpfannkuchen ähnelt, sondern auch Elchfleisch und Saiblinge. Den abschließenden Kaffeekäse gibt es bei ihm mit geriebenem, getrocknetem Rentierfleisch als Garnierung, auf einer Schicht gekochter Moltebeeren. In den Fresspausen diskutieren die Gäste, wer wie viele Gefriertruhen und -schränke hat, um die Gaben des Sommers über den Winter zu retten. Die meisten kommen auf drei, Pia Huuva auf neun.

Eine Samin erklärt mir Pilze, die neben dem Tisch wachsen und angeblich essbar sind. Ich erkenne gerade mal Pfifferlinge und greife umso dankbarer zu, als sie mir fleischige Butterpilze und *Cantharellula umbonata* zeigt, kleine und schlanke grau-weiße Pilze, die sich oft aneinanderreihen. »Zieh die Haut vom Kopf ab. Du kannst die Pilze in einer Pfanne anbraten, dass das eigene Wasser rauskommt, und dann in Butter garen.« Mein Abendmenü wäre damit klar. Ein bisschen mulmig ist mir aber schon, als ich diese Gabe der Natur in die Pfanne haue. Vor-sichtshalber gebe ich Andrea Bescheid und lasse die Haustür unabgeschlossen, falls mich jemand zur Notaufnahme fahren muss. Doch alles gut. Die Pilze schmecken nicht nur lecker, meinem Magen bekommen sie auch. Kaffeekäse zum krö-nenden Abschluss fehlt zwar, aber das Gefühl, einen Tag lang Dinge gegessen zu haben, die die Natur Lapplands gerade her-gibt – oder die Gefriertruhen der Samen –, ist mehr als genug.

Der Helikopter fliegt über Wälder, weiß schäumende Flüsse und an Bergmassiven vorbei. Unter uns badet Schwedens größter Nationalpark Padjelanta, Teil des UNESCO-Welt-erbes Laponia, in der Sonntagssonne. Sorgt die Pilzmahlzeit bei mir für Halluzinationen? Nein, mir liegt tatsächlich ein Teil des 2000 Quadratkilometer großen Gebietes zu Füßen, das aus dem Samischen *Badjelánnda* als »das höhere Land« über-setzt wird. Ich sitze neben dem Piloten, der aussieht, als wäre er einer Unterwäschereklame entstiegen. Hinter mir hockt Ronny, der norwegische Same, den ich mit seiner Frau Kata-rina im März in ihrem Winterlager an der Küste kennenge-lernt habe. Bereits damals haben sie mir von ihrem Sommersitz inmitten des Padjelanta-Nationalparks erzählt, wo sie bis in den September ihren Kiosk für Wanderer betreiben. Wenige Tage zuvor habe ich auf meine Mail, ob ihre Einladung, sie dort zu besuchen, noch gelte, eine Antwort bekommen: »*Välkommen!*« Mein Rucksack und Ronnys Großeinkauf – Kisten voller Nudeln, Kekse, Schokolade und allem, was Wanderer zum Überleben brauchen – sind am Schwanzende des Helikopters verstaut, ganz obendrauf zwei Pizzen in Kartons aus Jokkmokk. Ihren Duft haben sie auf der 120 Kilometer langen Autofahrt bis nach Kvikkjokk, dem Tor zu den Nationalparks Sarek und Padjelanta, längst verschenkt. Nun stehen ihnen weitere zwanzig Minuten in der Luft bevor, bis Ronny und Katarina sie endlich verputzen können.

Würden wir von Kvikkjokk nach Stáloluokta laufen, wo das Paar seine Sommer-*Stuga* und den Kiosk hat, bräuchten wir vier Tage. »Stalo ist ein böser Riese aus der samischen Mythologie, *luokta* heißt ›Bucht‹«, wird mir Katarina später erzählen. Stáloluokta und der sogenannte Parfas Kiosk, der bereits Katarinas Familie gehörte, bevor sie und Ronny ihn 2015 übernahmen, liegen nicht irgendwo, sondern im Herzen des Nationalparks, am oftmals als schönsten See Schwedens bezeichneten Virihaure. »Würden wir alle Waren mit dem Helikopter zum Kiosk fliegen lassen, wäre das teuer. Wir fangen deshalb schon im Frühlingswinter an, mit Schneemobilen und Anhängern länger Haltbares herzuschaffen«, berichtet Ronny. Allerdings sei das Befahren des Nationalparks mit Fahrzeugen wie Schneemobilen – ebenso wie der Bau eines Häuschens im Park – allein den Rentierzüchtern beziehungsweise Mitgliedern des Samendorfes Tuorpon erlaubt, deren Rentiere dort ihr Sommerweideland hätten.

Da Ronny und ich die einzigen Passagiere sind, landet der Helikopter nicht dort, wo er Touristen rauslassen würde, sondern im Garten. Ich erkenne Katarina, die aus dem Haus stürzt und von den sich noch drehenden Rotoren eine Sturmfrisur verpasst bekommt. Sie scheint etwas zu rufen. Erst als wir aussteigen, verstehen wir, was: »Ihr habt die Waschmaschine weggeblasen! Ich habe sie gerade angestellt, wo endlich gutes Wetter ist!« Die Waschmaschine steht mit aus der Wand gerissenem Schlauch neben einer Hütte. Tagelang werden die beiden daran herumwerkeln. »Sonst muss ich von Hand im See waschen«, jammert Katarina.

Waschmaschinenfrust beiseite, die Samin umarmt mich wie eine langjährige Freundin, und ich helfe den beiden, die Einkäufe zum Haus zu schleppen. Wäre die graue *Stuga* eine Touristenunterkunft, würden Gäste mehrere Tausend Kronen die Nacht für den unverbauten Blick von einer Anhöhe über den Virihaure hinblättern, der an diesem Tag glatt gebügelt in der Sonne funkelt. Unterhalb des Hauses thront der Parfas Kiosk aus Holz, an dem neben einem Rentiergeweih die samische Flagge hängt. Hinter dem Haus steht das Plumpsklo, unweit der *Stuga* eine begrünte Torfkote, die das Paar als Vorratslager und Kühlschrank nutzt. In einigem Abstand befinden sich weitere Sommer-*Stugor* der Samengemeinde. »Die anderen kommen meist nur zur Rentierkälbermarkierung zu Sommerbeginn. Ihnen ist es hier zu einsam«, erklären Katarina und Ronny, warum alle anderen Häuser nun verwaist sind.

Das mitgebrachte Zelt bleibt in seiner Hülle, ich darf in einer Holzhütte neben der Sauna übernachten, in die gerade ein Stockbett passt. Aber wie in Schweden üblich und bei den Samen nicht anders, gibt es erst einmal *Fika*. Ich bewundere die holzvertäfelten Wände der grauen *Stuga* mit Wohnküche und einem kleinen Schlafzimmer, die Katarina zusammen mit ihrer Mutter Anfang der 90er-Jahre gebaut hat. In einer Ecke stehen Batterien in der Größe von Handgepäckkoffern, teils verbunden mit Sonnenenergiezellen an der Vorderseite des Häuschens. Die laut Katarina jedoch nicht allen Energiebedarf decken. Mit ihrer Pädagogikdoktorarbeit kommt sie nur schwer voran, weil sie dafür aufs Internet angewiesen ist. Also passt sie ihr tägliches Arbeitspensum dem an, was ihr die natürlichen Ressourcen erlauben oder auch nicht. »Jetzt hatten wir auch noch einen Hermelin in den Wänden und im Haus. Die Viecher machen alles kaputt, pinkeln und kacken überallhin.« Um Material und Einrichtung für das Häuschen nach Stáloluokta zu schaffen, nutzen die beiden ebenfalls Schneemobile mit Anhängern im Winter oder Frühlingswinter. Nie hätte ich vor meinem Lapplandjahr gedacht, dass der Winter logistisch nützlicher sein kann als der Sommer.

Zwei Frauen stoßen zu uns, die durch den Sarek-Nationalpark bis nach Stáloluokta gewandert sind. Eine von ihnen ist verwandt mit Mitgliedern der Samengemeinschaft Tuorpon, sodass die Freundinnen einige Tage im Sommerhaus der Familie verbringen. Als Erstes stellt Ronny eine frisch gekaufte, nur leicht angeschmolzene Packung Eis auf den Tisch, die perfekte Begleitung zum Kaffee. Darauf folgen Brot und Aufstrich, sogar eine Krabbendose wird zu Ehren der Gäste geöffnet. Ich sitze in einem Häuschen im nordschwedischen Nichts mit Mitgliedern einer für Außenstehende schwer zugänglichen Samengemeinschaft und fühle mich wohler als bei vielen sozialen Treffen in Hamburg. Warum nur?

»War das heute Morgen ein schöner Gottesdienst!«, unterbricht eine der Besucherinnen die in mir aufkommende Sentimentalwelle und erklärt Ronny, dass sie dafür schwarzen Eyeliner und Lidschatten aufgelegt habe. »Eigentlich haben wir nur zweimal im Sommer ein sogenanntes Kirchwochenende, wozu ein Priester herfliegt«, weiß Katarina. »Aber zufällig war auch jetzt einer da.« Die samische Kirchenkote, die ein paar Hundert Meter entfernt steht, bei der Berghütte für Wanderer, habe ihr Großvater mütterlicherseits aufgebaut. Heute gilt sie als Sehenswürdigkeit im Padjelanta-Nationalpark. Als ich am Abend hineingehe, hängt der Rauchduft des Gottesdienstfeuers noch in der Luft. Ich erinnere mich an die Kirche auf Malören und wie sie mich mit ihrem Holzaroma und ihrer Behaglichkeit umgarnt hat. Die Kirchenkote von Stáloluokta setzt noch eins drauf. Bänke fehlen, dafür ist der Boden mit verbrannt aussehenden Zweigen ausgelegt. Vorne in dem niedrigen, kuppelartigen Gebäude befindet sich der Altar aus Bambus vor einer Fensterreihe. Ich glaube, das ist die gemütlichste Kirche, die ich je besucht habe. Es ist diese Einfachheit, die es doch an nichts fehlen lässt, die mich genauso ergreift wie die Natur Schwedisch-Lapplands, über die sich oftmals dasselbe sagen lässt. Es gibt selten posaunenuntermalte Hochs, keine dramatischen Fjorde und größenwahnsinnigen Berge. Nur ein stilles So-Sein. Dass Katarina und Ronny in diesem Kirchlein vor zwanzig Jahren geheiratet haben, wundert mich nicht. »Welcher Religion gehört ihr überhaupt an?«, frage ich, habe ich doch vermutet, die Samen hätten ihren eigenen Glauben. Was sie früher auch hatten, allerdings seien sie heute Mitglieder der christlichen *svenska kyrkan* mit evangelisch-lutherischer Ausrichtung.

Nach stundenlanger *Fika* schreit mein Körper nach Bewegung. Ich folge Katarinas Rat, an diesem sonnigen, windstillen Abend auf den Berg hinter den Sommerhäuschen zu steigen. »Von dort hast du den schönsten Blick über den See und kannst bis in den Sarek-Nationalpark schauen.« Ich erinnere mich an meinen ersten Blick in den Sarek vom Gipfel des Skierfe und bin begeistert. Die Wasserflasche fülle ich an einer Quelle unterhalb des Hauses. Zum Saunahäuschen führen hingegen Schläuche von einer Wasserquelle in den Hügeln, die Quellwasser für Abwasch, Waschmaschine und Sauna spendet. Hat kurz zuvor ein Tier in der Quelle gebadet, kommt das Wasser allerdings erdbraun oder mit Blättern aus dem Kran.

Steil führt der Weg hinter dem Plumpsklo nach oben. Bald stehe ich verschwitzt in ein paar Hundert Höhenmetern und weiß nicht, ob ich zuerst den Panoramablick über den See bewundern soll oder über die Gipfel des Sarek. Ich streife die feuchte Kleidung ab und dippe im Evakostüm in einen der Miniseen, die sich oberhalb des Virihaure wie Infinity Pools auf den Felsen aneinanderreihen. Weit komme ich nicht, meine Beine versinken bis zu den Knien im Matsch, und die Mücken fliegen total auf mich. Aber für ein kurzes Bad reicht es. Als Vorspeise zum Gaskocherabendessen ernte ich Blaubeeren, Krähenbeeren und in den Bergen gerade erst reife Moltebeeren. Zu Ultraleichtpasta gibt es einen Sonnenuntergang, dessen Künstler es knallig mag. Eine schlechte Bucht zum Leben hat sich der böse Riese Stalo wirklich nicht ausgesucht.

Am nächsten Morgen werde ich gegen sieben Uhr wach. Katarina und Ronny schlafen aus, bis Ronny den Kiosk um neun öffnet und Katarina die Morgenstunden für ihre wissenschaftliche Arbeit nutzt. Da sie im Kiosk keine Hilfe brauchen, erkunde ich einen Teil des Padjelanta-Wanderwegs, der sich auf 140 Kilometern durch den Park schlängelt, von Kvikkjokk bis an den See Akkajaure bei Ritsem, unweit des Nationalparks Stora Sjöfallet. »Zieh immer etwas Knalliges an, dann sieht man dich aus dem Helikopter besser, wenn du gerettet werden musst«, hat mir Katarina geraten. Ich gehe ein Stück des Weges in Richtung Árasluokta, das als schönstes Teilstück des Wanderwegs angepriesen wird. Warum, ist klar – weil der Blick über den Virihaure und die Landschaft schweifen kann. Ich bewundere Wollgräser, die sich im Wind wiegen, und pflücke in matschigen Wiesen Moltebeeren zum zweiten Frühstück. Auch die Pilze überall machen mich neugierig, und ich hoffe, dass Katarina Zeit haben wird, mich auf die Pilzsuche mitzunehmen.

Sie hat. »Eigentlich kenne ich mich nicht gut mit Pilzen aus, die lassen wir ja meist den Rentieren. Aber ich habe mich mehr damit befasst, was hier wächst und was auch wir essen können, und bei zwei Pilzen bin ich mir nun sicher«, verkündet Katarina. Sie liest einen gelbköpfigen Pilz auf, den sie *Gulkremla* nennt, Gelber Graustiel-Täubling. In der Pilzerkennungsapp auf meinem Handy hat er drei Sterne in Sachen Essbarkeit und Nährwerte, der nächste Pilz, auf den Katarina zeigt, sogar die maximalen fünf Sterne: *Karljohan*, Gemeiner Steinpilz. Sie rät mir, zuerst den Stiel abzubrechen, um zu prüfen, ob Würmer drin sind, die Lamellen zu entfernen und nur den oberen Teil des Kopfes zu kochen. Um zu testen, ob ein Pilz essbar ist, ritzt sie trotz Ronnys Einspruch ein winziges Stück der Lamellen eines ihr unbekannten Pilzes ab und legt es sich auf die Zunge. »Ist es bitter, dann ist der Pilz nicht essbar. Und dieses hier ist bitter!«

Immer wieder weist Katarina auf große, runde Abdruckstellen im Gras. »Ich war schon als Kind im Sommer mit meiner Familie hier, und dort hatten wir Koten stehen.« Sie hätten zu sechst oder siebt in den großen Zelten gewohnt.

»Das ist *Fjällsyra!*« Katarina drückt mir etwas in die Hand, das aussieht wie ein kleines Kopfsalatblatt. Alpen-Säuerling. Wäre das Blatt ein Wein, würde ich ihn als vollmundig beschreiben. Der satte, leicht säuerliche Geschmack macht sich in meinem Gaumen breit und Lust auf mehr. »Das hat ganz viel Vitamin C. Ich schmelze die Blätter in einem Topf, gebe Milch dazu und mache daraus eine Creme. In meiner Familie pflückt man die Blätter im Frühlingssommer, bis spätestens zur letzten Juliwoche.«

Um fünfzehn Uhr sind wir zurück, dann gibt es Abendessen. »Du meinst Mittagessen?«, frage ich Ronny. »Nein, wir essen zu Abend, bevor wir den Kiosk um sechzehn Uhr wieder öffnen. Das lohnt, ab dann kommen immer mehr Wanderer nach ihrer Tagesetappe am See an und wollen essen und trinken, bevor sie im Wanderheim nach einem Bett fragen.« Katarina bereitet die Pilze in Sahnesoße zu, danach gibt es Elchsuppe.

Am Abend entzündet sie an einer Feuerstelle vorm Haus ein Feuer. »Alle meinen, wir sollten eine Terrasse bauen, aber wir sitzen lieber auf Rentierfellen am Feuer und beobachten den Sonnenuntergang hinterm See.« Sie hantiert mit dem Feuerzeug. »Wir Samen sagen, die Art, wie jemand Feuer macht, gibt viel darüber preis, wie er als Liebhaber ist!« Ich denke mit Unmut an meine stümperhaften Versuche, doch auch Katarina hat an diesem Abend Mühe. Sie nimmt ein scharfes Messer zu Hilfe, setzt es an ein Stück Feuerholz an und klopft mit einem anderen Stück auf den Griff, bis sich die Klinge hindurchgearbeitet hat. Nach wenigen Minuten sind genug kleine Stücke zusammengekommen, an denen die Flammen zunächst zögerlich, dann freudiger lecken. Zu dritt sitzen wir auf Rentierfellen, trinken Bier und schauen zu, wie die Sonne in den Virihaure abtaucht. Ich mag, dass sie wieder untergeht. Dass sich zumindest einige Stunden schwarzer Nacht ankündigen. Ja, ich habe mich mit der Dauerhelligkeit abgefunden, aber meine beste Freundin wird sie nicht. Ich liebe den Wechsel von Hell und Dunkel. Die Abwechslung.

Als Wind aufkommt, deutet Katarina in die Gegenrichtung. »Wir wissen in etwa, wo die Rentiere sind, je nachdem, woher der Wind weht. Sie bewegen sich nämlich gegen den Wind.« Für ein effektiveres Beine-Po-Training? Die Samin lacht. »Der Wind verrät ihnen Raubtiergeruch, deshalb ist es für sie sicherer, gegen den Wind zu laufen.« Ich erinnere mich an die lange Feindesliste der Rentiere, von der mir Örjan schon im Winter erzählt hat. »Rentiere bewegen sich überhaupt nur so viel wie nötig«, erklärt sie weiter. »Ihr einziges Ziel ist es, vor dem Winter so viel Muskelmasse und Fett wie möglich aufzubauen.«

Je mehr Katarina den Charakter der Rentiere beschreibt, desto besser verstehe ich, wie die meiner Vorstellung nach im Sommer wild über die Berge verstreuten Tiere wieder zusammengetrieben werden können. »Rentiere sind Gewohnheitstiere. Anders als Menschen erkunden sie ungern Neues. Sie sind

Weidetiere, kennen ihren Boden und wollen ihre Herde dort zusammenhalten, wo sie schon immer waren.« Ich denke an Urlauber, die jedes Jahr an denselben Ort in dasselbe Hotel reisen und dort am liebsten denselben Liegestuhl wie immer mit ihrem Handtuch reservieren. Vielleicht sind einige Menschen den Rentieren seelenverwandter, als Katarina annimmt!

»Viele sagen, die schönste Zeit für Rentierhirten ist die Kälberzeit, aber für mich ist es, die Rentiere nach dem Winter zurück in die Berge zu bringen.« Man treibe sie nach dem Transport mit Fahrzeuganhängern langsam mit Schneemobilen vor sich her. Nicht zu schnell und möglichst leise, um trächtige Weibchen nicht zu sehr aufzuregen. »Einige Rentiere haben wir mit Sendern ausgestattet, dann finden wir sie leichter wieder«, erzählt Ronny. »Als Senderträger wählt man die Tiere nach Charakter aus – gut sind charakterstarke Tiere geeignet, die ihre Herde anführen. Merkt man, dass der Sender sich nicht mehr bewegt und das Rentier wohl tot ist, kann man den Kadaver auch leichter finden und nachvollziehen, ob das Tier eines natürlichen Todes gestorben ist oder gerissen wurde.« Letzteres sei am wahrscheinlichsten. »Wir verlieren jährlich etwa siebzig Prozent aller Kälber. Und viele sterben schon, bevor die Kälbermarkierung im Juli beginnt. Rentierkälber sind eine Festmahlzeit für Raubtiere wie Bären, Vielfraße, Adler und Raben.« Raben? Ich versuche, mir einen Raben vorzustellen, der ein doch viel größeres Rentierkalb im Schnabel wegschleppt. »Mehrere Raben arbeiten zusammen, einer lenkt die Mutter ab, ein anderer verletzt das Kalb, pickt ihm zum Beispiel ein Auge aus, sodass es hilflos wird.« Mein Mitleid für die Rentiere wächst. Aber ja, die Sache mit »fressen oder gefressen werden« ist auch in ihrem Reich Thema.

»Selbst viele der Kälber, die es bis zum Herbst und Winter schaffen, überleben dann den Winter nicht«, setzt sich Ronnys Rentierdrama fort. »Der Staat spricht von etwa zehn Prozent Verlust pro Jahr. Wenn es so wenig wäre, wäre ich ein reicher Mann!« – »Viele Rentiere, die im Winter in den Bergen verbleiben und ihn überleben, haben danach trotzdem ein Problem«, wirft Katarina ein. »Schlechte Zähne! Besonders, wenn sich früh Eis gebildet hat und sie sich durch die Eisschicht beißen müssen.« Schlechte Zähne? Bei der Menge an Feinden hätte ich gedacht, dass Zahnprobleme die letzte Sorge eines Rentiers wären. Ich denke an meine fast zahnlosen Katzen, die trotzdem munter weiterfressen. Katarina lacht. »Rentiere sind keine Katzen! Sie brauchen ihre Zähne, um an Flechten zu kommen. Ein Tier mit schlechten Zähnen verhungert schnell, also schlachtet man es besser sofort.«

Habe ich bisher geglaubt, dass Katarina und Ronny als Rentierzüchter gelten, belehren sie mich nun eines Besseren. »Echte Rentierzüchter sind die, die nur von ihren Tieren, von der Elchjagd und vom Fischen leben.« Jedoch müssten sich alle Rentierbesitzer innerhalb der Samengemeinschaft mit den anderen absprechen, wann was gemacht werde, zum Beispiel die Kälbermarkierung. »Am Anfang war ich schlecht im Umgang mit Rentieren und im Markieren und habe einen erfahrenen Züchter gefragt, wie ich das lerne«, gibt Ronny zu. »Der hat mir gesagt: Die Rentiere werden es dir beibringen, und zwar schnell. Er hatte recht.« Ich denke an die Konzessionssamengemeinschaft von Kalix, wo unmarkierte Rentiere für gewöhnlich versteigert werden – mit nicht eindeutig markierten Vierbeinern gestaltet es sich laut Ronny noch schwieriger. Jede Samengemeinschaft handhabe solche Fälle nach eigenem Ermessen, und je nach Gegebenheit könne die Entscheidung anders ausfallen. Manchmal würden nicht identifizierbare Rentiere sogar geschlachtet.

Ich merke, wie dank der Gespräche mit Katarina und Ronny immer mehr meiner Fehlvorstellungen von den Samen und der Rentierzucht korrigiert werden. Dazu gehört auch, dass die Ureinwohner im Sommer in den Bergen täglich stundenlang mit der Angelrute an einem See oder Fluss stehen. »Ich lege ein Netz aus und schaue immer mal, ob was drin ist«, verkündet Ronny. Im Virihaure gebe es Saiblinge. Genau wie beim Alpen-Säuerling sei die Zubereitung auch beim Saibling je nach Familie unterschiedlich. »Besonders lecker ist es, frischen Fisch zu salzen und direkt zu kochen. Man kann ihn aber auch aufspalten, beide Hälften salzen und in der Kote aufhängen, ihn räuchern und dann braten.« Katarina redet sich in Fahrt.

Irgendwann holt sie eine tragbare Musikanlage raus, und wir hören ihre Lieblingslieder, unter anderem samischen *Joik*. »Sprecht ihr Samisch?«, frage ich die beiden, und Ronny schüttelt den Kopf, während sich Katarinas Miene verfinstert. »Ich bin mit Samisch aufgewachsen, aber meine Mutter merkte, dass die meisten Kinder um mich herum Schwedisch sprachen, und hatte Angst, ich würde ausgegrenzt. Also hat sie ein Kindermädchen aus Südschweden besorgt, das mir feinstes Schwedisch beibrachte.« So habe sie ihre Muttersprache, das Samische, zunehmend verloren. »Erst später habe ich versucht, es neu zu lernen, aber ich spreche meine eigene Muttersprache noch immer nicht perfekt. Das ist ein großes Problem für mich.« Das glaube ich ihr, auch, wie wichtig es in der Kultur der Samen ist, möglichst früh Nachkommen zu zeugen. Ronny habe seinen ersten Sprössling in seiner ersten Beziehung mit 21 Jahren bekommen, sie selbst mit 23. »Wenn ein Paar keine Kinder bekommt, fragen wir uns, was mit denen nicht stimmt!«

»Heute meinte ein Kunde, dass wir hier ja mitten in der Wildnis leben«, wechselt Ronny das Thema, der sich wohl erinnert, dass ich kinderlos bin. »Ich habe ihm gesagt, dass *er* aus der Wildnis kommt, aus irgendeiner Stadt, das ist ja wohl kompletter Dschungel!« Wir lachen. »Uns ärgert immer, wenn von Padjelanta und Sarek als Wildnis gesprochen wird«, erklärt Katarina. Ich stutze. Der Sarek-Nationalpark wird doch so häufig als »Europas letzte Wildnis« bezeichnet, weil es dort eben keine vorgegebenen Wanderwege gibt, die Natur überwiegend sich selbst überlassen ist. Warum ist das keine Wildnis? »Es kommt natürlich darauf an, wie man Wildnis definiert. Wenn es nur um fehlende Wege geht, könnte man den Sarek als Wildnis beschreiben. Aber regiert die Natur dort von Menschen unberührt? Nein! Alle Nationalparks in Nordschweden sind eine lebendige samische Kulturlandschaft!« Alle Bergregionen seien nämlich Sommerweideland für Rentiere. Selbst den UNESCO-Welterbestatus hätten die vier Laponia-Nationalparks diesem Umstand zu verdanken. »Als man zuerst um den UNESCO-Status ansuchte, um die Natur zu schützen, wurde abgelehnt, mit dem Argument, die Natur allein sei nicht außergewöhnlich genug. Erst in Verbindung mit unserer samischen Kulturlandschaft wurden die Nationalparks unter Schutz gestellt.«

An meinem letzten Morgen in Stáloluokta hämmert Regen gegen die Tür meiner Hütte wie einer, der stinksauer auf mich ist und reinwill. Nur wenige Stunden zuvor haben wir ein weiteres Sonnenuntergangskitschprogramm auf dem Landschaftsbildschirm vor uns geschaut und ins Feuer geseufzt, jetzt kommt es mir vor, als wollte uns der böse Riese Stalo für so viel Zufriedenheit abstrafen. »Wenn es regnet, ist das gut fürs Geschäft, dann wollen die Wanderer frustessen und kaufen reichlich«, freut sich Katarina. Ich hingegen bange, ob der Helikopter, der mich am Nachmittag zurück nach Kvikkjokk bringen soll, bei solchem Wetter kommt. Ronny schaut aus dem Fenster, wo die Wolken den Virihaure knutschen, und zuckt die Schultern. Wie ich schon bei meinem wasserlosen Start in Baskeri im Januar gelernt habe, bringt es nichts, sich zu sorgen oder aufzuregen, wenn die Natur ihr Ding macht. »Der Helikopter kommt, sobald es geht. Kann heute Abend sein. Oder morgen.« Alles klar. Leben im Rhythmus der Natur halt. In der Zwischenzeit schenke ich mir Kaffee aus der ständig gefüllten Thermoskanne ein und lausche dem Regen, der aufs Dach und gegen die Fenster prasselt.

Fiskflyg heißt das Helikopterunternehmen, mit dem ich zurückfliegen möchte und das im Padjelanta-Nationalpark Tradition hat. Fischflug. »Fliegen die Helikopter denn auch Fische?«, frage ich im Scherz, und meine neuen Freunde lachen. »Manchmal schon noch! Bis Ende der 90er-Jahre transportierten sie mit Wasserflugzeugen Fisch, den wir Samen gefangen hatten und der zum Verkauf in die Ortschaften gebracht wurde.« Später sei man zu Helikoptern übergegangen, um die Ureinwohner damit auch beim Zusammentreiben der Rentiere zur Kälbermarkierung oder für die Schlachtung zu unterstützen. Und um Hängelasten zu befördern, unter anderem Material für den Häuserbau oder Rentierkadaver. Selbst Katarina, Ronny und viele andere Samen lassen sich nun im Sommer von den Helikoptern in den Park und wieder hinausfliegen. Ich denke an Yana Mangis Mutter, die als Nomadin zu Fuß in dieser Bergwelt umherstreifte. Ein gutes halbes Jahrhundert ist das her, inzwischen bedienen sich Rentierzüchter ebenfalls aller verfügbaren technologischen Hilfsmittel. Warum sollten sie auch nicht? Moderne Rentierzucht wäre ohne Schneemobile, Helikopter, Sender an Halsbändern und stets verbessertes Impfen undenkbar. Dass die Urbevölkerung keine Spuren zurücklässt, wie der Same Lennart mir erzählte, trifft sicher nicht mehr auf die Samen des 21. Jahrhunderts zu. Dennoch habe ich den Eindruck, dass viele zumindest bemüht sind, nicht allzu tiefe Fußabdrücke zu hinterlassen. Wie die Huuvas mit ihrer schnell abbaubaren Holzbar.

»Neulich hatten wir einen medizinischen Notfall und haben den Rettungshelikopter gerufen, aber der war defekt«, unterbricht Ronny meine Gedanken. »Stattdessen haben wir *Fisk-flyg* gerufen, um den Kranken nach Gällivare ins Krankenhaus zu bringen. Nur dank diesem raschen Transport hat er überlebt!« Auch ich überlebe. Den Rückflug im Helikopter bei Starkregen. Statt in der Weite des Nationalparks endet die Sicht dieses Mal an den vom Fenster tränenden Regentropfen. Ich sitze zusammengekuschelt mit durchnässten Wanderern in der Kabine hinten. Alle atmen auf, als wir in Kvikkjokk landen. Doch der Helikopterflug war noch nicht mein größtes Tagesabenteuer. Bald wird der Regen auf der Rückfahrt nach Baskeri so erbarmungslos peitschen, dass die Scheibenwischer überfordert sind, und um den Wagen herum werden Blitze einschlagen. Bis sich der Wolkenteppich zurückrollt, am Horizont eine Leinwand aus Licht erscheint und ich hineinfahre.

Die Gespräche mit Katarina und Ronny klingen noch in mir nach, als ich erneut den Rentierzüchter Ber-Joná aus dem Samendorf Könkämä an der schwedisch-norwegischen Grenze treffe. Er war es, der mir erzählte, die Rentiere seien aus Samensicht Eigentum des Windes. Immer wenn ich glaube, nun das Grundsätzliche über die Rentierzucht erfahren zu haben, werde ich überrascht. »Ich mache mir große Sorgen wegen des Zufütterns«, erzählt er mir. »Der Staat unterstützt Rentierzüchter zu fünfzig Prozent, damit sie im Winter Pellets kaufen und ihre Rentiere füttern können, aber das ist ganz schlecht.« Sollten sich die Besitzer nicht darüber freuen? Ber-Joná schüttelt den Kopf. »Kurzfristig hilft das mehr Tieren, über den Winter zu kommen und im Frühling mehr Kälber zu gebären, aber langfristig bedeutet es das Ende der traditionellen Rentierzucht.« Die Tiere verlören durch die Pellets ihren natürlichen Instinkt, nach Nahrung zu graben, würden abhängig von der Fütterung, immer zahmer, fühlten sich zu Dörfern, Straßen und Menschen hingezogen und könnten sich am Ende nicht mehr selbst versorgen. Abgesehen davon, dass Rentierfleisch nach einer Pelletfütterung nicht so gut schmecke wie nach Naturmahlzeiten. »In der traditionellen Rentierzucht gab es immer schlechte Jahre, zum Beispiel 1972. Unser Samendorf hatte zu Winterbeginn

15 000 Rentiere, danach nur noch 2000.« Die Menschen seien verzweifelt, hätten sich andere Jobs suchen müssen. »Trotzdem hat sich die Anzahl an Rentieren über die Jahre erholt, ohne dass wir zugefüttert haben. Denn die Natur belohnt den, der nichts in ihr besitzt.«

Das Beste nach 1972 sei gewesen, dass der Boden und die Flechten sich hätten erholen können. In den 80er-Jahren habe es dann viele gute Winter gegeben, die Rentierherden seien gewachsen, und die Menschen hätten wieder von ihren Tieren leben können, woraufhin die 90er erneut schlechte Winter gebracht hätten und die 2000er bessere. »Schlechte Winter sind ein Mittel der Natur, um ihre Ressourcen zu schonen.« Nur deshalb könne die Rentierzucht schon so lange bestehen.

Als Rentierhirte müsse man außerdem über Generationen vermittelte Weisheiten nutzen, um zu Beginn des Winters kluge Entscheidungen zu treffen. »Wir bestimmen, wo wir die Tiere zur Winterweide hinbringen, was vom Wetter abhängt.« Je früher Schnee komme, desto schwieriger mache das die Arbeit, erst recht, wenn er auf noch warmen Boden falle und sich eine Eisschicht bilde. »Aber die Rentiere zeigen uns auch selbst, wo sie gut aufgehoben sind. Wenn sie laut werden, wissen wir, das ist keine gute Winterweide. Dann beklagen sie sich. Aber wenn sie anfangen, sich zu verteilen und zu graben, dann wissen wir, dass sie dort klarkommen.« Ich muss an Ronnys Erzählung denken, dass die Rentiere einem schon beibringen, wie man mit ihnen umgehen muss.

»Das Problem ist, dass viele Hirten Futter auf den Schnee streuen – sowohl in den Wäldern als auch in den Bergen, wo unsere Tiere die letzten Winter bessere Weidebedingungen hatten als im Wald. Und zwar auf demselben Land, wo unsere naturweidenden Rentiere leben.« Nach jeder Fütterung sammelten sich viele Rentiere an einer Stelle. Sobald die Pellets aufgefressen seien, würden die Tiere dann dort nach Flechten graben. »Als wir jene Stellen im Sommer überprüft haben, waren dort alle Flechten verschwunden, der Boden war komplett schwarz. Beim Zufüttern wird leider oft der Ort gewechselt und der Boden somit über weite Gebiete zerstört.« Rentiere, die natürlich weideten, würden sich hingegen über eine größere Fläche verteilen, was den Boden weniger stark beanspruche. »Natürlich soll jeder, der möchte, seine Herde in harten Zeiten füttern können, aber dann innerhalb eines Geheges und nicht auf natürlichem Weideland, wo die Chance für traditionelle Rentierzucht damit schwindet.«

Eins wird mir durch Ber-Jonás Erzählungen besonders bewusst: dass ein Leben im Rhythmus der Natur mir, oder vielmehr uns Menschen, oft Umdenken abverlangt. Nach dem Winter von 1972 mit seinem Massenrentiersterben sahen selbst viele samische Rentierzüchter die Tragödie: Die armen Viecher! Die armen Menschen, die ihren Lebensunterhalt verloren hatten! Wie grausam die Natur sein kann! Das waren auch meine ersten Gedanken. Ber-Joná hat meine Perspektive zurechtgerückt. Nun sehe ich parallel zur Misere auch den Boden, der seine benötigte Auszeit bekam, um schon wenige Jahre später neue Generationen von Rentieren durch Sommer und Winter zu füttern.

Sagt Ber-Joná damit nicht, dass sich in den guten und schlechten Jahren der natürliche Kreislauf der acht Jahreszeiten spiegelt? Jahreszeiten, in denen permanent etwas stirbt, etwas anderes erblüht, gedeiht und erneut vergeht, während gleichzeitig schon Samenkörner für einen weiteren Neubeginn fallen. Nur dass selbst viele Rentierhirten nicht mit dem Moment des Sterbens klarkommen und der Prozess zum Drama mutiert. Wenn es bloß leichter wäre, das, was Ber-Joná die »Ressourcenschonung der Natur« nennt, anzunehmen und darauf zu vertrauen, dass aus dem Mist von heute schon bald die Keime unseres Futters von morgen hervorsprießen.

»Heute ist *Surströmming*-Premiere!«, verkündet P4 Norrbotten am Morgen des 18. August. Ich mag den Radiosender. Da werden nicht nur Krieg und Krankheiten und andere Kakerlaken des Lebens Stunde um Stunde plattgetreten. Da geht es auch um stinkenden Fisch, den die Nordschweden besonders zu lieben scheinen, um Elche, die im Mai über brechendes Eis laufen, und um Freude über den Lichtorgasmus Ende Juni.

Surströmming. Sobald ich den Begriff erwähne, erstrahlt Marias Gesicht, während Peter seins angeekelt verzieht. Man liebt oder man hasst ihn. Fermentierten Ostseehering, der inzwischen seltener wird, früher aber ein Alltagsgericht der nordschwedischen Bauern war. Dass er mittlerweile als Rarität gilt, weil der Heringsbestand stark zurückgegangen ist, entsetzt viele Norrbottener. Manche geben der *Löjrom*-Gewinnung die Schuld daran: Man sei nur hinter dem beliebten und teuren Kaviar aus Kalix und hinter Kleinen Maränen her und entsorge dabei viele andere ins Netz gegangene Fische, wodurch diese langsam ausstürben. So auch der für *Surströmming* benötigte Hering. Der Radiosprecher berichtet von Warteschlangen vor den Geschäften, weil jeder eine Dose des im Frühjahr gefangenen, danach in Salzlake gegebenen und meist im Juli eingebüchsten Stinkfisches erwerben will. Maria hat schon einige Dosen ergattert und verspricht, dass wir die zusammen aufmachen, denn wer auch nur ein halber Schwede sein will, kommt um *Surströmming* nicht herum. »Ohne mich«, schwört Peter.

Dann ist er aber doch dabei an einem Sonntag Ende August und grillt sich in Salz eingelegte Heringe, während Maria mit einer Dose *Surströmming* zu einem Wassereimer auf der Terrasse schreitet, gefolgt von Andrea und mir. Schwedisch-deutsches *Surströmming*-Fest. Maria hält die Dose ins Wasser und öffnet sie festlich. Eine Furznote steigt auf. »Wenn man die Dose nicht unter Wasser aufmacht, ist der Geruch noch intensiver«, gibt Maria zu. »*Surströmming* öffnet man immer draußen.« Wir machen es auf die richtig schwedische Art und nehmen Wraps, zerkleinern darauf Kartoffeln, geben Zwiebel- und Tomatenstücke sowie Crème fraîche dazu und verteilen darüber ebenfalls klein geschnittene *Surströmming*-Stückchen. Unsere Nasen gewöhnen sich an den Blähungsduft, der über dem Gartentisch wabert. Unter den gespannten Blicken meiner Freunde beiße ich in den Wrap. Lecker! Na ja, nicht richtig lecker, aber zerkochtes Ei mit Senfsoße, das meine Oma oft machte, als ich ein Kind war, roch ähnlich und schmeckte schlimmer. Beim zweiten Durchgang nehmen wir statt Wrap eine Scheibe Tunnbröd, dünnes, knäckebrotartiges Brot, mit etwas weniger Beilagen darauf, beim dritten essen wir den fermentierten Fisch mit ein wenig Salat und Kartoffeln. Wie ich immer wieder merke, gewöhnt man sich an alles. Und in Lappland geht das mit der Gewöhnung oft sternschnuppenschnell.

Peter warnt Maria, dass sie ihn frühestens am Dienstagabend wieder küssen dürfe. Mit vollem *Surströmming*-Magen schauen wir zu, wie die Abendsonne die nun dunkelgrünen Blätter der Laubbäume in warmem Orange bemalt, und schnuppern, wie die Brise den letzten Hauch von fermentiertem Fisch zu den Nachbarn hinüberträgt. Und ich, ich fühle mich immer mehr wie eine echte Norrbottenerin. Die sich nun ein Jahr bis zum nächsten *Surströmming*-Festmahl gedulden muss.

Geduld habe ich mir in Lappland zugelegt wie ein Rentier seinen Winterspeck. Mit mal größerem, mal sehr kleinem Erfolg in der praktischen Anwendung. Die Natur wirkt Ende August hingegen etwas ungeduldig, wie zum Ende des Frühlingswinters, als das Eis plötzlich weg war und fast jede Pflanze unter Torschlusspanik drauflosblühte. Der *wind of change* bläst milde, feuchte Luft heran, die sich abends auf Gras und Gartenmöbeln ablegt. Als ich aus dem Haus trete, fühlt es sich auf dem Gesicht an, als würde ich in ein Spinnennetz hineinlaufen. Nebelgespenster huschen über Meer und Felder, mancherorts tun sie sich zusammen und verschlucken die Sicht.

Das Licht hat die Lust verloren und verabschiedet sich schon um halb neun. Aber wie bei der Tür, die sich schließt, woraufhin eine neue aufgeht, so ist es mit dem Licht Lapplands: Kaum hat sich die Helligkeit des Sommers verabschiedet, da funkeln wieder Milliarden Sterne am schwarzen Nachthimmel, und als mir die erste Sternschnuppe entgegenpurzelt, verspüre ich Dankbarkeit. Aber nicht nur die Sterne sind wieder da: Am

27. August tanzt weiß-grün-violettes Polarlicht über dem Dorf in den Saisonstart, als würde es sich genauso über die Heimkehr der Nacht freuen wie ich. Dabei habe ich immer gedacht, Nordlichter wären Sache des Winters!

Am 1. September macht Lappland endgültig Schluss mit dem Sommer, die Temperaturen sacken von zwanzig auf zehn Grad und weiter ab, der Wind bläst herbstlich frisch, und ich mache mich mit Winterjacke auf zum Beerensammeln, wo ich eine Woche zuvor im T-Shirt stand. Die Himbeeren sind verblüht, viele Blaubeeren mittlerweile braun. Dafür ist der Waldboden mancherorts leuchtend rot gepunktet – die Preiselbeeren sind reif. Doch nicht nur wegen der in die Verlängerung gehenden Beeren- und Pilzerntezeit macht sich zum Ende des von den Schweden heiß geliebten Sommers noch keine Schwermut breit. »Jetzt fängt die Jagdsaison an!«, strahlt Niklas und schickt mir einen Link zu einem Radioprogramm, in dem es um die Bedeutung der Jagd geht. Darum, wie wir Menschen genetisch seit Jahrtausenden zum Jagen programmiert seien, über den Jagdinstinkt in jedem von uns, auf dem sogar viele Sportarten basieren. Über die wichtige Aufgabe der Jäger, invasive Arten, deren Verbreitung durch die Klimaveränderungen begünstigt werde, aus fremdem Milieu zu reduzieren.

Es geht auch um Wildfleisch wie Elch, das als besonders umweltfreundlich gelte, da Elche teils auf dem eigenen Land geschossen würden. Ich höre erstmals etwas von Elchhunden, die Wölfen oder auch Huskys ähneln und bei der Elchjagd eine ganz wichtige Aufgabe übernehmen: Sie lenken die Waldkönige ab, die stehen bleiben und sich auf den Hund fokussieren. »Wenn nur immer Herbst wäre«, schwärmt der Jäger im Radio, und Niklas ist ganz seiner Meinung. »Zumindest hier in Lappland ist der Zweck der Jagd nicht das Töten an sich, vielmehr beschaffen wir unsere eigene Nahrung. Ich habe eine Gefriertruhe voller Fleisch, muss das nicht für viel Geld oder in schlechter Qualität kaufen.« Ich erinnere mich an die Worte eines weiteren leidenschaftlichen Jägers, mit dem ich schon im Frühjahr gesprochen habe: »Jede Familie im Dorf erhält durch die Elchjagd jährlich hundert Kilo Fleisch.« Für die Einheimischen sei es normal, regelmäßig Fleisch zu essen, weil man wisse, woher es komme und wie viel man zur Verfügung habe.

Auch dieser Jäger korrigierte meine Vorstellung, dass Jäger in erster Linie Killer sind, und erzählte von den strengen jahresaktuellen Auflagen, welche und wie viele Tiere geschossen werden dürften oder müssten. »Wenn wir nicht jagten, würden zum Beispiel Bären und andere Raubtiere bis in die Dörfer kommen, denn wir regulieren auch den Raubtierbestand.« Ohne die Arbeit der Jäger sei selbst die Rentierhaltung schwierig, denn eine zunehmende Anzahl an Raubtieren wie Bären und Luchsen würde bedeuten, dass auch mehr Rentiere getötet würden. »Wir sind ein Teil der Natur, solange wir uns um sie kümmern«, lautete das Motto dieses Mannes.

Ich spüre, wie sich meine Perspektive auf die Jagd erweitert, je mehr ich Jägern wie diesem Mann und Niklas lausche. Dass es für mich interessant ist, einen gewissen Nutzen der Jagd auch über die reine Nahrungsbeschaffung hinaus kennenzulernen und damit den schwierigen Balanceakt von Mensch und Tier in der lappländischen Natur. Im Hinblick auf den Artenschutz frage ich mich trotzdem, ob die Schweden es mit dem

Jagen nicht übertreiben, insbesondere, wenn es um Tiere geht, die mancherorts vom Aussterben bedroht sind.

Nicht nur Elche werden ab dem Herbstsommer gejagt, sondern auch Auer- und Birkhühner, die Niklas besonders gern vor die Flinte bekommt. Dazu nimmt er einen seiner drei Jagdhunde mit, wie einen Finnischen Spitz. Die sollen einen ausgeprägten Geruchssinn und besonders scharfe Augen haben. Der Job des Hundes besteht ähnlich wie beim Elchhund mit dem Elch darin, einen Vogel aufzutreiben, zu bellen und ihn damit in einen Baum zu scheuchen. Von dort behält der Vogel den Hund im Blick, ist abgelenkt – die beste Chance für den Jäger. Dies gilt jedoch auch als eine der schwierigsten Jagdformen, und selbst manch erfahrener Jäger gibt zu, nur etwa jeden zehnten Vogel zu erwischen.

Obwohl die Jagd also zum Leben Lapplands gehört wie der mal langsame, mal schnelle Wandel der Jahreszeiten, bin ich selbst nicht erpicht auf Jagderlebnisse. Ein Widerspruch, ich weiß, da ich durchaus Fleisch esse. Bis zu diesem Jahr am liebsten ab und zu solches, das schön filetiert war und nicht mehr nach Tier aussah. Jetzt merke ich, dass ich diese Filets aus der Supermarktkühltruhe zunehmend meide, dafür aber mehr zu Wild greife und bereit bin, den höheren Preis zu zahlen. Für das Fleisch eines Tieres, das zumindest bis zum letzten Augenblick frei in seinem Habitat lebte und nie gemästet oder anders gequält wurde.

Auf die Jagd gehe ich zwar nicht, übe mich dafür aber zum ersten Mal im Fischausnehmen. Ein Nachbar bringt mir einen zwei Kilo schweren Sack voller Kleiner Maränen, die ich bereits in der Huuva Bar vor wenigen Wochen gekostet habe. Die

Fischlein kommen samt Kopf und allem an Organen, die so ein Fisch hat. Ich stehe ratlos mit dem blutigen Sack vor der Tür. Was soll ich damit anstellen? Selbst auf dem Hamburger Fischmarkt kann man sich Fische ausnehmen und entgräten lassen, pfannenfein. Andrea hat das Fischausnehmen schon mal probiert und weiht mich ein: »Du drehst den Fisch auf den Rücken, setzt das Messer bei den Kiemen an und schneidest, bis du auf die Gräte stößt. Dann ziehst du den Kopf ab, und wenn du Glück hast, kommen die Eingeweide mit raus.« Danach stecke man nur noch einen Finger in den Fischbauch, kratze damit den Rest an Innereien raus und ziehe dann Rückgrat samt Schwanzflosse ab. Et voilà, fertig ist das Filet. Ich greife einen der glitschigen Minifische, klatsche ihn auf dem Rücken aufs Brett und suche nach den Kiemen. Der Schnitt ist gut, zusammen mit dem Kopf kommt eine dunkelrote Masse raus. Als ich den ersten Bissen der kurz in Butter gebratenen Maränen koste, glaube ich, noch nie einen frischeren, köstlicheren Fisch gegessen zu haben. Es ist ein bisschen wie mit den selbst gepflückten Beeren – jeden Löffel davon, jeden daraus gebackenen Muffin und jede andere Leckerei schätze ich viel mehr als gekaufte. Weil die Erinnerung daran, wie ich die Beeren gesucht, gefunden und gepflückt und wie ich sie mit eigenen Händen verarbeitet habe, so wertvoll ist wie Safran und noch besser würzt.

»Es gibt endlich wieder einen Bären in der Gegend!«, erzählt mir Andrea begeistert. Irgendjemand will ihn gesichtet haben, nicht weit von Gölihatten. Ob uns da einer versucht, einen Bären aufzubinden? Egal, mental darauf vorbereitet zu sein ist wichtig. Erst wenige Wochen zuvor habe ich von einem Schweizer Biologen, der eine Huskyfarm in Lappland eröffnet hat, gelernt, wie man sich bei einem Zusammentreffen mit einem Bären verhalten soll: »Behalt ihn unbedingt im Auge, und wenn er auf dich zukommt, geh du auch auf ihn zu!« Das wäre nicht meine erste Wahl gewesen, vielmehr hätte ich es einem Rentier gleichgetan – Kopf in den Nacken und weg! Obwohl ich weiß, dass man einem Bären nicht den Rücken zuwenden und erst recht nicht rennen sollte, denn damit macht man sich zur Beute. »Während du auf den Bären zugehst, mach dich groß, heb die Arme und sei laut, aber ohne Panik«, hat mir der Biologe eingebläut. Ob das im Ernstfall klappt? Meistens verliere der Bär irgendwann das Interesse und ziehe sich zurück. Möchte ich wirklich einen Bären treffen? Erst mal freue ich mich riesig, als ich mit dem Schweizer zusammen einen frischen Tatzenabdruck im feuchten Waldboden entdecke, in etwa so groß wie meine Hand.

Während die Jagd auf Raubtiere, Vögel, Hasen und anderes Kleinwild in Norrbotten weitergeht, ist mit der Elchjagd ebenso wie mit der bereits begonnenen Rentierschlachtung für ein paar Wochen Schluss – es ist Brunftzeit und das mit Geschlechtshormonen vollgepumpte Fleisch ungenießbar. Das habe ich bereits im Januar auf der Arctic Moose Farm von Besitzer Ola gelernt, den ich jetzt wieder besuche. Der Prachtbulle Oskar, der im Januar anstelle seines Gehörns zwei blutige Stellen am Kopf trug, stapft nun mit üppigem Geweih, an dem sich bereits die Basthaut löst, durch den Wald und gibt tiefe, rülpsartige Laute von sich. Brunftlaute. »Man darf ihm nicht mehr zu nahe kommen, er versteht gerade gar nichts mehr«, warnt Ola. Oskar und seine Elchkumpels – Männchen wie Weibchen – würden in den Wochen der Brunftzeit kaum noch fressen, dächten nur »an das Eine«.

So, wie ich im Januar davon beeindruckt war, dass Elche im Winter ihre Geweihe abwerfen, um in der harten Jahreszeit weniger Gewicht herumzuschleppen, bewundere ich im Herbst, wie wieder jedes Detail der Elchanatomie ins Gesamtbild passt: Die vom Geweih hängende Basthaut mag ungepflegt aussehen, die Elchbullen aber streichen sie an Bäumen und Büschen ab und verkünden damit: »Hej, Mädels, ich bin hier!« Ola deutet auf abgeschabte Baumstämme. »Auch die Weibchen markieren: Sie befreien Bäume von ihrer Rinde, reiben mit dem Hals oder Kopf dagegen und verbreiten so ihren Duft für die Bullen.«

Mit der Brunft beginnt jene Jahreszeit, zu der ich Schwedisch-Lappland das erste Mal besuchte. Jene Jahreszeit, die mich damals mit ihrer Naturaktivität so überraschte und faszinierte, dass ich beschloss, alle acht hautnah erleben zu wollen: Wir sind angekommen im Herbst, eingeläutet vom ersten Nachtfrost von minus ein Grad in der Nacht auf den 21. September.

Die Jahreszeit der Antriebskraft:
Herbst, *Tjakttja*

circa Mitte/Ende September bis Ende Oktober

Es war im Oktober 2020, dass Schwedisch-Lappland zu einem neuen Spielort meiner Gedanken wurde. Schaue ich zwei Jahre später auf jene durchgetakteten Pressereisetage in Norrbotten zurück, kommt es mir vor, als würde ich in einem alten Kapitel lesen über einen Menschen, der längst weitergereist ist. Eine Reise, die ohne jene Tage in Nordschweden in eine andere Richtung verlaufen wäre. Deswegen gehört an den Anfang meiner siebten Jahreszeit ein Rückblick auf meine erste lappländische Herbsterfahrung – nach der es noch zwei Jahre dauern sollte, bis ich eine Antwort darauf bekomme, warum die Samen den Herbst als Jahreszeit der Antriebskraft bezeichnen.

»Ab wie viel Uhr kann man ungefähr Nordlichter sehen?«, stellte ich dem Autovermieter am Flughafen von Luleå die Frage, die mich den Flug über beschäftigt hatte. Mein Pressereiseprogramm lief unter dem Titel »Nordlichtbeobachtung im Herbst« – klar also, dass das Polarlicht ebenso vorgebucht war wie der Wagen mit Spikereifen. Der Mann sah nicht von den Papieren auf. Grunzte etwas, das ich als »Wenn es dunkel ist« auffasste. Ich rollte mit den Augen. Wahrscheinlich sprach er zu schlechtes Englisch für eine klare Aussage.

Kurz vor der Umstellung auf Winterzeit ließ die Dunkelheit noch bis in den späten Nachmittag auf sich warten. Während ich den Schildern nach Kalix folgte, war es nicht die Straße, auf der weniger Autos zu sehen waren als Elchwarnschilder, die meine Aufmerksamkeit bannte, sondern vielmehr das Licht. Licht wie aus Bühnenscheinwerfern. Als wollte sich die Sonne vorab für die langen, dunklen Stunden des Winters entschuldigen, indem sie umso heller auf die Welt herabschien, solange sie noch beim Himmelsgeschehen mitspielte. Bald dimmte sie die Scheinwerfer zu Goldgelb, wie für eine Liebesszene. Ich war mitten im gigantischen Bühnenbild, fuhr durch Wälder und Felder, die mit dem Horizont verschmolzen und auf die hier und dort ein rotes Häuschen gesprenkelt war. Mich überkam das Gefühl, die Freiheit säße auf dem Beifahrersitz, so groß und schwer, dass sie angeschnallt gehörte. Im Rückspiegel verwandelte sich die Sonne in einen Feuerball, während die flauschigen Wolken vor mir sich pink-violett färbten. Ich überlegte, anzuhalten und ein Foto zu schießen. Aber das wäre so sinnlos gewesen wie der Versuch, Karibikkindern das Knirschen von Schnee zu beschreiben. Es gibt Naturspektakel, die lassen sich nicht in 26 Buchstaben quetschen und erst recht nicht auf ein Bild.

Heute weiß ich, dass mir schon mein erster Abend in Kalix reichlich »Antrieb« gab. Die Kraft dahinter hieß Maarit. Auch wenn die Lippen der gebürtigen Finnin Mitte fünfzig mal nicht lächelten, strahlten ihre Augen hinter der Brille. Sie empfing mich in ihrem *Ice & Light Village* in Kalix wie eine heimkehrende Freundin. Eis und Licht gab es bei Maarit in Form von Glas- statt Schneeiglus. »Hier kannst du die Nordlichter vom Bett aus sehen«, verkündete sie. Zum Glück kannte sie sich im Gegensatz zu dem Autovermieter mit Polarlichtern aus, wusste sogar, aus welcher Richtung sie heranwehten. »Schau auf Aurora nach«, riet sie mir außerdem. »Auf der Nordlichter-App kannst du sehen, wann die Wahrscheinlichkeit am höchsten ist!« Ich lud die App runter – und mein Flunsch zeigte in die gleiche Richtung. Wahrscheinlichkeit für die kommende Nacht: drei Prozent. Für die nächsten Tage sah es ähnlich aus. In dem festen Entschluss, mir von fehleranfälliger Technik nicht die Laune vermiesen zu lassen, nahm ich Maarits Angebot an, gemeinsam essen zu gehen.

Als Vorspeise bestellte sie *Kalix Löjrom,* Maränenrogen, jene Delikatesse, die 2010 die geschützte Ursprungsbezeichnung erhielt. Hätte mir jemand gesagt, dass ich die Fischlein zwei Jahre später selbst ausnehmen sollte, hätte ich laut gelacht. Der orangefarbene Kaviar erinnerte eher an cremigen Aufstrich, und ich lernte, wie man *Löjrom* isst: Man gibt Crème fraîche auf Brot oder *Tunnbröd,* dann eine dickere Schicht *Löjrom* darauf und zuletzt klein gehackte rote Zwiebeln. »*Löjrom* kostet 160 Euro pro Kilo, und wenn du siehst, in welcher Kleinstarbeit er gemacht wird, verstehst du, warum.« Bei diesem Stichwort kam ihr eine Idee: »Ein Pärchen hier bietet eine *Löjrom*-Safari an, um den Leuten zu zeigen, wie Kleine Maränen gefangen und der Rogen gewonnen wird.« Maarit kramte ihr Handy hervor, wählte, sprudelte einen Wasserfall auf Schwedisch in die Sprechmuschel und nickte.

Manchmal stimmt die Sache mit der richtigen Zeit und dem richtigen Ort, denn so lernte ich Niklas kennen, der mich ein gutes Jahr später auf Langlaufskiern verschneite Hügel rauf und runter scheuchen sollte. Davon ahnte ich natürlich nichts, als wir an einem Oktobermorgen 2020 mit Niklas' Boot zu den Fischern rausfuhren. Groß bewegen konnte ich mich nicht, denn er hatte mir ein neues Outfit verpasst: Latz- und darüber Skihose, Yeti-Schneestiefel, Strickjacke, Daunenjacke und eine Mütze, die aussah wie ein halbes Elchfell. Ich war dankbar für die zwar nicht figurschmeichelnde, dafür aber mollig warme Ausrüstung, als uns eisiger Wind entgegenschlug. Das flache Ufer mit den wenigen Häuschen raste vorbei, gebadet ins grelle Licht der Vormittagssonne. Die Ostsee spritzte mich nass, schmeckte nach nichts. Bald gesellte sich das Gefühl, das am Vortag im Auto neben mir gesessen hatte, auch im Boot dazu: Freiheit. Und ein weiteres, das ich als Kind »die Freude im Bauch« genannt und das mich immer erfüllt hatte, wenn wir für einen Tag ans Meer fuhren. Oft hatte ich diese Freude gemalt – ein pausbäckiges, strahlendes Gesicht. Es war ein Gefühl prallen Glücks.

»Zum Maränenfang fahren viermal die Woche zwei Boote raus«, unterbrach der bis dahin schweigsame Niklas meine Gedanken, als wir zwei auf dem Wasser wippende Fischerboote erreichten. »Die Berufsfischer arbeiten teils in siebter Generation und schlafen während der Saison nur drei bis sechs Stunden pro Nacht. Maränenrogen können wir nämlich an maximal zwanzig Tagen im Jahr gewinnen, zwischen Ende September und Oktober, wenn die Fische laichen. Deswegen war es früher auch wichtiger, dann zu fischen, als zur Schule zu gehen.« Echt jetzt, Maränen laichen im Herbst? Tun Fische das nicht überwiegend im Frühjahr und Frühlingssommer? Meine Ahnungslosigkeit machte sich bemerkbar. Dennoch erstaunte es mich, dass im Herbst überhaupt ein Fisch in Sachen Eier aktiv war. Erst später sollte ich erfahren, dass ich mit der Hauptlaichzeit im Frühling nicht falschlag, es aber neben Kleinen Maränen viele andere Fischarten gibt, die lieber im Herbst oder Winter laichen, darunter Lachse und verschiedene Forellen. Vielleicht war der Herbst gar nicht nur grau und trist, wenn dann sogar in Lappland winzige Fische an ihrer Vermehrung arbeiteten? Die Jahreszeit hatte für mich bis dahin vor allem aus dem bestanden, was sie oberflächlich preisgibt: dem Ende von Blättern, Blüten und Licht. Aber was, wenn jenseits dieses offensichtlichen Verfalls auch etwas Neues entstand, nicht mit großem Pomp wie im Frühling, sondern leise und versteckt?

»Man braucht 250 der winzigen Maränen, um ein Kilo Rogen zu erhalten«, holte mich Niklas in die Gegenwart zurück. Noch gab es nicht viel zu sehen, und er fragte, ob ich bereit sei fürs *Lunch*, Mittagessen – nicht zu verwechseln mit *Middag*, wie in Schweden das Abendessen bezeichnet wird. Ich schaute auf die Uhr – erst elf! Ich war noch pappsatt von Maarits Frühstück. Niklas steuerte eine Insel an und kramte Kühlboxen raus. »*Välkommen* auf Rånön, der größten Insel im Archipel der Bottnischen Bucht!« Von der Anlegestelle erspähte ich einige über eine hügelige Wiese verteilte Sommerhäuschen, dahinter Wald. Ich folgte Niklas zu seiner Insel-*Stuga*, einem Pippi-Langstrumpf-Haus, allerdings in Rot. So falunrot das Äußere des Häuschens war, so rosafarben war das Innere: rosa Blümchentapeten, rosa Decke auf dem Tisch. Niklas zündete ein Feuer im Kamin an.

»Eigentlich arbeite ich unter der Woche als Polizist, aber ich komme auch im Winter in jeder freien Minute nach Rånön«, erzählte er. Ich atmete den Duft der brutzelnden Holzscheite ein und Zufriedenheit aus. »Elektrizität und fließendes Wasser gibt es nicht, aber das brauche ich auch nicht. Ich lebe am liebsten im Einklang mit der Natur.« Niklas schwärmte schon damals von der Jagd. Manchmal zelte er mit seinem Jagdkumpel auch bei minus dreißig Grad im Schnee. »Dann müssen wir das Bier nicht kühlen, sondern über dem Feuer schmelzen, bevor wir es trinken können!« Ich war fasziniert. Wie wäre es, solche Menschen, die ihre Gewohnheiten nach den Jahreszeiten ausrichteten, öfter mal da draußen zu begleiten? Heute weiß ich, dass bei diesem viel zu frühen Lunch ein ideenschwangeres Samenkorn irgendwo in mir auf fruchtbaren Boden fiel.

Als Aperitif gab es *Kalix Löjrom* zum Zweiten. Ich gewöhnte mich an die sonnenuntergangsfarbene Spezialität, die Meersalzgeschmack im Mund hinterließ. »Wenn der *Löjrom* nach Fisch schmeckt, ist er nicht gut«, behauptete Niklas. Dann grillte er vor der *Stuga* Dutzende der silbernen Kleinen Maränen.

Als wir nach Mittag wieder rausfuhren, hatten die Fischer ihren Fang eingeholt, der sogleich in die Fabrik in Kalix geschafft wurde. »Über die Jahre haben die Leute versucht, eine größere und schnellere Industrie aus *Löjrom* zu machen, aber nur Handarbeit bringt gute Ergebnisse.« In der Fabrik nahmen die Männer jeweils eine Maräne und bogen sie, als wollten sie einen Ast durchbrechen. Nicht zu kräftig, dann konnte der Rogen zerstört werden, aber fest genug, dass die orangefarbene

Masse hervorquoll wie Wurst aus der Pelle. Am Ende ploppte der Rogen in eine Schüssel. Um die winzigen Eier voneinander zu trennen und zu säubern, nahm man eine Art großen Schneebesen. Danach wurde die Masse glatt gestrichen und auf den Millimeter genau durchgeschaut. »Wenn man den Rogen mit Liebe und Fürsorge behandelt, wird man am Ende dafür belohnt«, erzählte einer der Arbeiter.

Am Abend nach meiner *Löjrom*-Tour wollte ich in einem luxuriösen Baumhaus übernachten. Es wurde zwanzig Uhr, mein *Middag* war verputzt, und ich lief den langen, fast nachtschwarzen Waldweg zurück zur Unterkunft. Stolperte über Wurzeln, weil meine Augen am Himmel hafteten, damit ich ja kein grünes Licht verpasste. Das Jahr war hart gewesen, Corona stand weiter auf dem Bremspedal der Welt, und alles, worum ich bat, waren ein paar Nordlichter. Mit dem gleichbleibend schwarzen Himmel wuchs mein Frust. Viele Momente vergingen, ohne dass ich sie erlebte, obwohl mich die arktische Natur umarmte. Weil das, was ich wollte, nicht passierte. Und ich wollte immer irgendwas. Leckere Pizza um 22 Uhr? Kam in Hamburg auch im Lockdown in dreißig Minuten vom Lieferservice. Neue Schuhe? Kamen mit dem Expressservice vom Onlinehandel am selben Abend. Aber wo war der Bestellknopf für Nordlichter?

Ich blieb stehen, bis die Kälte des halb gefrorenen Bodens durch meine Schuhsohlen stach, und starrte in den Himmel. Ganz so schwarz war er gar nicht. Kein Mond, aber da waren Milliarden von Sternen. Sogar die Milchstraße. Eine Sternschnuppe. Sollte ich mir etwas wünschen? Ich wünschte mir Nordlichter. Dann, endlich! Ein von meinem Jammern genervter Waldkobold griff ein: Ich bekam die imaginäre Ohrfeige, die ich verdiente. Denn auf einmal lachte ich laut los, fragte mich, ob ich noch alle Tassen im Schrank hatte. Warum dockten meine Synapsen unter diesem wahnsinnig tollen Himmel nur an Mist an? Warum heulte ich dem hinterher, was nicht da war, anstatt mich an dem zu erfreuen, was über mir ablief? Schlecht waren Sternenmilliarden, die Milchstraße und immer mehr Schnuppen wirklich nicht. Ich drehte mich im Kreis, lachte immer lauter. Der Waldkobold versprach, ein Auge auf mich zu haben und mir auch zu Hause mal eine zu scheuern, wenn ich wieder meine Verdunklungsbrille aufsetzte. Noch lange dachte ich nach jenem Abend darüber nach, wie oft ich auf irgendwelche Nordlichter wartete und wie viele Milchstraßenhimmel und Sternschnuppen ich dabei missachtete.

Eine Woche später, ich war längst zurück in Hamburg, schickten mir Maarit und Niklas die schönsten Nordlichterfotos, und die Aurora-App kündigte neunzig Prozent Sichtwahrscheinlichkeit in Schwedisch-Lappland an. Ich war zwar ein bisschen traurig, vor allem aber dankbar – für eine notwendige Lektion, die nicht auf meinem Pressereiseprogramm gestanden hatte. Und die ich bei meinem wasserlosen Start in Båtskärsnäs im Januar 2022 vielleicht noch ein wenig im Hinterkopf hatte, auch wenn sie dringend eine Auffrischung brauchte.

Bei meinem ersten Lapplandbesuch waren die Blätter schon fortgeblasen, und nur die schlapp über den Horizont kriechende Sonne bemalte sanft und warm die arktischen Landschaften. Dieses Mal bin ich von Anfang an dabei auf der Reise durch den Herbst. Von dem Moment an, als die Birken ihren herbstsommerlich dunkelgrünen Mantel ab- und einen knallig gelben anlegen. Es ist das kräftigste Gelb, das die Morgen- und Abendsonne in sämtlichen Nuancen erstrahlen lässt. Andere Bäume haben noch keine Lust auf den Kleiderwechsel. Ich stapfe durch nun weinrotes Blaubeerkraut und halte Ausschau nach Blaubeeren, die noch nicht vergammelt sind. Deren Ernte fällt immer spärlicher aus, dafür haben die Preiselbeeren Mitte und Ende September Hochsaison. Sie verdrängen die Blaubeeren, schauen frech rot zwischen ihren immergrünen, gummihaften Blättchen hervor. Erstmals seit meiner Kindheit sammle ich auch wieder bunte Blätter auf, gelbe, rote und orangefarbene, und lege sie zwischen die Seiten eines dicken Buches, um sie zu trocknen. Einen winzigen Teil dessen, was die Bäume loslassen, möchte ich mir bewahren. Auch wenn ich die bunte Vielfalt vermissen werde, erfreue ich mich an jedem Tag, den sie noch da ist. Weil mir das Jahr nah dran an der Natur stets aufs Neue beweist, dass wahre Schönheit im Wandel steckt. Darin, sich immer wieder zu verändern, anzupassen, etwas fürs eigene Überleben tun zu müssen.

Und doch überrumpelt mich dieser Wandel auch wieder. War es nicht erst gestern, dass die Bäume ihre zartgrünen Sprossen der Frühlingssonne entgegenstreckten? Irgendwann Ende Mai, als Andrea mir sagte: »Die Pflanzen beeilen sich jetzt, sie wissen, dass sie nicht viel Zeit haben.« Ich schaue die gelben und roten Blätter täglich an, bunkere die Erinnerungen. »Wenn es richtig kalt wird oder jetzt Sturm kommt, sind alle Bäume im Nu kahl«, prophezeit Andrea. Ich weiß, das Blätterloslassen der Laubbäume ist reiner Selbstschutz. Behielten sie ihr grünes Kostüm im Winter, würden sie erfrieren oder vertrocknen, denn damit die Fotosynthese funktioniert, braucht ein Baum viel Energie, die wiederum in Form von Wasser nach oben gelangt. Gerade ein Arktisbaum hätte da also schneller mit gefrorenen Leitungen zu kämpfen als Baskeri mit seinen rostigen Wasserrohren. Obwohl dies ein so natürlicher Vorgang ist, den wir überall dort, wo es Jahreszeiten gibt, von klein auf verinnerlichen, habe ich mich nie bewusst damit beschäftigt. Auf einmal sehe ich nicht nur einen Baum, der zum Überleben seine Blätter loswird – er erinnert mich auch an die sich Jahr für Jahr wiederholenden Zyklen, die im Buch der Natur festgeschrieben zu sein scheinen. Und zwischen den Zeilen die Botschaft, wie überlebenswichtig regelmäßiges Loslassen und Raumschaffen für einen Neuanfang ist.

Auch die Blumen haben sich davongestohlen, der Duftwettbewerb der Blüten ist längst beendet. So, wie die Luft allmählich wieder nach nichts riecht, so klingt es im Dorf auch wieder nach nichts. Das Reisegeplapper der Zugvögel auf dem Weg nach Süden ist verklungen. Noch lässt der Wind die Blätter rauschen, doch bald wird er durch nackte Äste fahren. Auf dem Meer sind es statt der vielen Enten und Gänse nur noch vereinzelte Boote, die Wellen schlagen. Und selbst das Wasser macht sich vom Sand, mancherorts erinnern die Strände ans Wattenmeer. »Wo ist es denn hin?«, frage ich eine ältere Dörflerin. »Das ist unten bei euch, in Deutschland! Der Wind weht es nach Süden.« Selbst das Wasser lässt die Arktis im Stich. Also doch eher Herbstblues statt -action?

Warum bezeichnen die Samen den Herbst denn nun als Zeit der Antriebskraft? Dieser Frage nachzuspüren ist wie Salbe auf meinem beginnenden Herbsttief. Verbinde ich selbst diese Jahreszeit teils weiterhin mit einem unaufhaltsamen Ende, so habe ich doch begriffen, dass da draußen jetzt etliche Grundlagen für neues Leben entstehen. Kleine Maränen laichen, und Elche und Rentiere rammeln, dass die Blätter von den Bäumen rieseln. Schon vor zwei Jahren berührte es mich, dass im Tierreich mancher Neuanfang im Herbst stattfindet, auch wenn zunächst nur in der Gebärmutter einer Elch- oder Rentierkuh. Dabei erscheint diese Paarungszeit sogar logisch, denn viele Jungtiere werden immerhin im Frühjahr geboren. Lange hatte ich keinen Gedanken an die Zeugung oder Schwangerschaftsdauer (bei Rentieren etwa 230 Tage) verloren. Als ob Wildtiere ihre Jungen alle irgendwann vom Storch gebracht bekämen! Ich mag, wie der Herbst vormacht, dass sich Ende und Anfang nicht ausschließen müssen, sondern ergänzen dürfen. So zumindest interpretiere ich die Sache mit der Antriebskraft.

Dann frage ich die Samin Katarina. Sie überlegt. »Mein Großvater hat immer gesagt, dass die Kälbermarkierung im Sommer die Erntezeit der Rentierzüchter ist. Auf die Erntezeit folgt ein Neuanfang, bei dem der kommende Winter im Mittelpunkt steht.« Der Fokus habe nach der Kälbermarkierung im traditionellen Rentierzüchterleben auf dem folgenden Jahr gelegen, wenn die nächste Kälbermarkierung zeigen würde, wie der vergangene Winter war. »Der Wendepunkt zwischen Rück- und Vorwärtsblick liegt vor dem Herbst. Der Herbst ist also eine Art Neustart.« Für den es viel Kraft brauche. Antriebskraft, um die Arbeit mit den Tieren einen weiteren langen Winter über zu meistern und kluge Entscheidungen zu treffen.

Ich hingegen ringe um Antrieb – vor allem an Tagen, wenn der Himmel Beerdigungsfarben trägt und sich feuchte Kälte so unbarmherzig durch jede Ritze ins Haus schleicht, dass schon Ende September die Heizung angestellt werden muss. Auch wenn mir der Sinn in solchen Momenten eher nach Latte macchiato in einem gemütlichen Stadtcafé steht, zwinge ich mich rauszugehen. Runter ans Meer oder in den Wald. Oft werde ich spontan belohnt. Mit einem orange-rosafarbenen Hoffnungs- streifen am Rande des Bottnischen Meerbusens. Mit über den Himmel hetzenden, geladenen Wolken. Mit gelben Blättern, die auf den Wellen schunkeln oder mir vor die Füße rieseln. Mit in der Überlebenskunst versierten Blumen, die ihre weißen oder lila Köpfchen durch Laubhaufen in die Höhe recken. Ich bleibe stehen, schaue hin.

Eines Oktoberabends kommt es mir draußen so sonderbar hell vor, dass ich rausgehe, um mir den Himmel genauer anzu- schauen. Keine Nordlichter. Aber da! Überm Meer thront ein Mond, der aussieht, als hätte er mehr Pilze und Flechten ver- speist als sämtliche Rentiere den ganzen Sommer über. Ich laufe zum Ufer. Das Wasser hält still, um dem Mond seine kurvige

Schönheit widerzuspiegeln. Rechts davon stiehlt sich Jupiter ins Bild, der größte Planet im Sonnensystem. Wie oft habe ich schon an dieser Stelle gestanden und das Abendprogramm des Himmels bewundert. Im Januar bei dicker, von Schneemobilen festgefahrener Eisschicht, die bei vollem Mond glänzte. Im Mai bei aneinanderklirrenden Eisstückchen, die der Wind bald mit auf die Reise nehmen würde. Im Sommer umsurrt von Millionen von Mücken unter einem blau-rosafarbenen Nachthimmel, der dem Mond monatelang den Schein stahl.

Es war zu Beginn meiner Reise durch die acht Jahreszeiten, als ich mich fragte, was wäre, wenn ich nie wieder ein Stadtleben wollte. Jetzt bin ich gerade zurück von meinem zweiten einwöchigen Hamburgbesuch und weiß, dass dies nicht geschehen wird. Ich liebe das Leben im Rhythmus der Natur, spüre aber, dass auch ich ständigem Wandel unterliege und Abwechslung willkommen heiße. Nach über neun Monaten bin ich mir sicher, dass ich keine Entscheidung gegen die Natur und für die Stadt treffen möchte, aber auch keine gegen die Stadt und für die Natur. Egal, wo ich bin, jede Umgebung gibt mir ihr Tempo vor. Das in der Natur Lapplands ist manchmal *adagio*, langsam und ruhig, dann wieder *prestissimo*, äußerst schnell, nahezu Hals über Kopf hektisch, genau wie in der City. Und wie ich schon als Sechsjährige beim Cellospielen feststellte, mochte ich am liebsten Musikstücke mit abwechslungsreichem Rhythmus und Tempo, bei denen ich den Bogen mal schnell, dann wieder gemächlich über die Saiten ziehen durfte.

Antrieb. Die Samen bereiten im Herbst ein neues Kälberjahr vor, ich ein neues Lebensjahr. Mein Antrieb ist es, Möglichkeiten zu finden, mein Leben künftig nicht auf die Stadt- oder die

Landschiene zu setzen, nicht auf Hamburg oder Båtskärsnäs. Sondern auf Hamburg *und* Båtskärsnäs. Und was sich sonst alles ergibt. Ob mir die Zeit zeigen wird, wie ich das anstellen kann?

Als ich im Oktober 2020 zuschaute, wie Profifischer Kleine Maränen fischten und daraus in der Fabrik *Löjrom* gewonnen wurde, dachte ich noch nicht an Hobbyfischer, die ebenfalls alles daransetzen würden, die silbernen Fischchen ins Netz zu bekommen. Natürlich, um eigenen Rogen zu gewinnen und die Maränen dann mit viel Öl oder Butter und Salz zu braten, wie ich es erstmals mit Andrea im September versucht habe. Örjan ist einer dieser Hobbyfischer, der zusammen mit Freunden vor der Halbinsel Seskarö zwischen Baskeri und Haparanda das Fischereirecht innehat. An einem Tag, an dem sich jeder Ast und jedes noch daran festkrallende gelbe Blatt auf der See spiegelt, fahren wir mit seinen Kumpels Pelle und Knut mit dem Boot raus zu einem Inselchen vor Seskarö. »Wir haben die Netze im August ausgelegt, fahren regelmäßig raus, um sie zu überprüfen, und sind vor allem an Maränen interessiert, obwohl manchmal auch Baltischer Hering und Lavaret ins Netz gehen«, erzählen sie.

Schon von Weitem sind braune und weiße Bojen auf dem Wasser erkennbar, doch noch erschließt sich mir nicht, warum die drei so viel Gerätschaft an Bord gehievt haben – einen benzinbetriebenen Kompressor und ein anderes Instrument mit einer Art Riesenstaubsaugerschlauch daran. Dann sehe ich, dass sich mehr unter der Wasseroberfläche verbirgt als Netze.

»Wir haben ein Fischhaus, in das die Fische über Schließarme gelenkt werden. Wir pumpen mithilfe des Kompressors Luft in seine Gummischläuche, damit es hochkommt. Push-up-Prinzip.« Ich denke an den gleichnamigen BH-Typ. Die Pumpe zerreißt die Stille, und die Wasseroberfläche zittert, während das Fischhaus – ein rundes Netz von bestimmt zwei Metern Länge mit Schwimmern wie ein Wasserflugzeug – wie ein Seeungeheuer aus den Tiefen des Meeres auftaucht. Unzählige silberne Fischlein zappeln darin. Sobald Örjan den Kompressor abgestellt hat, holen die Männer einen Eimer hervor. Eine Klappe am Fischhaus wird geöffnet, der Behälter daruntergestellt, und schwups, sind sämtliche Fische im Eimer. Pelle wühlt darin herum, zieht einen besonders kleinen hervor und sieht ihn an. »Du bist besonders schön«, erzählt er dem Fisch und deutet einen Luftkuss an, woraufhin er ihn zurück ins Wasser wirft. »Schwimm weiter und wachse!« So ergeht es vielen Fischen. Pelle hält mir ein grünlich transparentes Exemplar unter die Nase. »Die schmecken nach Gurke.« Da er Gurkenfische nicht mag, bleibt auch dieser am Leben. Einigen der etwas größeren Fische drückt er am Bauch herum. »Fühl mal, hier spürst du, dass Rogen drin ist.« Ich berühre die glitschige Fischhaut. Die schwangeren Weibchen haben Pech – von ihnen wirft Pelle kein einziges zurück ins Wasser.

Mitte Oktober ist es an der Zeit, die Fischnetze und das Fischhaus für den Winter einzuholen und in einem Inselschuppen zu verstauen. »Einmal waren wir zu spät dran, es hatte sich schon Eis gebildet. Da musste ich die Netze übers Eis ziehen«, erinnert sich Örjan. An diesem herbstsommerlich anmutenden Oktobertag, an dem ich im Boot unter Winterjacke und

Thermounterwäsche schwitze, ist unvorstellbar, dass bald wieder Eis die Wellen zum Ruhen zwingen wird.

Nachdem der Fang verstaut ist, kommt das staubsaugerartige Gerät dran. Dessen hinterer Schlauch wird ins Wasser gelassen, den vorderen schnappt sich Örjan. Knut platziert sich hinter ihm, Pelle schaltet das Gerät an. Helikopterähnlicher Lärm ertönt, während aus dem vorderen Schlauch eine Fontäne sprudelt, die gefühlt fünf Bodybuilder an die Wand klatschen könnte. Örjan zieht das erste Netz Stück für Stück aus dem Meer und bändigt mit der anderen Hand den Wasserstaubsauger, um das Netz damit bestmöglich von Fischüberresten, Seetang und anderem Unrat zu säubern. Knut häuft das Netz im Boot auf, bis uns das gut 150 Meter lange, kleinmaschige Geflecht fast über Bord drängt. Als Pelle den Staubsauger abstellt, haben alle Männer Schweißperlen auf der Stirn.

»Jetzt gibt es erst mal *Fika*«, bestimmt Örjan und entzündet zurück auf der Insel ein Feuer. An langen Spießen halten wir Würste darüber und trinken dazu Kaffee aus Thermoskannen. Die tief stehende Nachmittagssonne bringt die Gesichter der Männer zum Glühen, doch viel Zeit, an der Herbstbräune zu arbeiten, bleibt nicht – um siebzehn Uhr wird es dunkel, und ein zweites Netz muss eingeholt werden, ganz zu schweigen vom Fischhaus. Also wieder raus aufs Meer, Wasserstaubsauger an, Netz abspülen, ins Boot zerren, an Land bringen. Zuletzt kommt das Fischhaus an die Reihe. Örjan bindet es am Boot fest, wir ziehen es an Land und schleppen es zu viert vor den Schuppen, wo Örjan erneut die Wasserschleuder anwirft. Pelle schaut angeekelt auf ein paar am Netzrand verfaulte Fische.

»Die könnten wir als *Surströmming* verkaufen!«

Als wir von der Insel ablegen, taucht die Sonne gerade auf der einen Seite ins Meer ab, während der Mond auf der anderen daraus hervorlugt. Nicht mehr so voll wie noch vor ein paar Tagen, doch kugelig genug, um sein leuchtendes, rundes Spiegelbild auf die Wasseroberfläche zu malen. Daheim zapfe ich meine Energiereserven an, um fangfrischen Fisch zuzubereiten. Dieses Mal fällt es mir leichter, doch als aus einem Fischbauch orangefarbener Rogen quillt, muss ich schlucken. Wahnsinn, ich gewinne meinen eigenen *Löjrom,* jene Spezialität, um die sich in Kalix fast der ganze Herbst dreht! So schick und professionell wie in der Fabrik sieht es bei mir nicht aus, immer wieder muss ich Eingeweidereste und Schuppen rauspulen. Ich danke den vielen kleinen Fischen für diese leckere Abendmahlzeit und bringe die Fischabfälle zurück ins Meer, damit sich andere Meeresbewohner daran satt futtern können. Für mich eine schöne Art, von der Natur zu nehmen, ihr aber auch etwas zurückzugeben.

Wenige Tage später erwische ich Andrea dabei, wie sie mit Fieber und Husten bei null Grad und eiskalt ohrfeigendem Wind vor ihrem Gästehäuschen gräbt. Als ich sie ausschimpfe, schaut sie mich überrascht an. »Ich habe gerade Steinmehl bekommen. Wenn ich das liegen lasse, ist das morgen steinhart. Das muss sofort um das Haus verteilt werden, wo es hinsoll!« Auch andere Dörfler werkeln vor ihren Häusern – wenn draußen noch was erledigt werden muss, dann jetzt! Die Wetter-App verspricht für die kommenden Tage Nachtfrost, und was heute nicht gemacht wird, ist morgen steif gefroren. Richtig, der Rhythmus der Natur kann ja genauso unbarmherzig schlagen wie jener der Stadt. Nur dass er sich anderer Vermittler bedient. Frost statt Ampelschaltungen. Schnee statt Chef.

Die Wetter-App soll recht behalten. Am Morgen des 19. Oktober sind die Hausdächer weiß und zieren Frostkristalle Blätter und Grashalme. Ich höre es unter meinen Füßen knacken, als ich in eine Pfütze trete, und schaue dem Wind zu, der das letzte gelbe Birkenlaub fortträgt. Die Bäume, deren Blätterkleider noch vor wenigen Wochen in der Brise säuselten, schweigen wieder. Langsam hüllt die Stille des nahenden Winters das Dorf ein wie Papier ein Geschenk.

Eines Morgens, als ich auf die Straße trete, wollen mir meine Beine nicht mehr gehorchen: Der Asphalt hat sich über Nacht in eine Eisbahn verwandelt. Wer noch seine Sommerreifen am Auto hat, schleicht mit einem Kilometer die Stunde über die Straßen. Ich habe Glück und auf Peter gehört, der zwei Tage zuvor meine Spikereifen montiert hat. Im Wald, wo es sich auf dem teils steinigen, teils erdigen Boden wunderbar läuft, warten die nackten Bäume und Sträucher auf den ersten Schnee. »Diese Jahreszeit ist die langweiligste, es ist so grau und dunkel!« Die Bäume scheinen die Gedanken der Dörfler widerzuspiegeln.

»Hast du keine Angst vor der Dunkelheit?«, kommen wieder die alten Fragen aus Deutschland. An die ich schmunzelnd denke, als ich eines Abends (an dem die Nordlicht-App tote Hose angekündigt hatte) am Meer stehe und zuschaue, wie das grüne Licht berauscht über den Himmel tanzt, von rechts nach links, mal kreis-, mal lolliförmig, mal ins Wasser plumpst, um sogleich wieder nach den Sternen zu greifen. Das Meer spiegelt den Freudentaumel nicht nur, es tanzt mit. »Fehlt nur noch eine Sternschnuppe«, flüstere ich. Schon purzelt über mir ein Stern aus dem Zelt. Träume ich, oder ist das wahr? Wie lautete die Frage noch? Ob ich die Dunkelheit fürchte? Ich liebe die Dunkelheit! Mehr als die Helligkeit des Sommers. Weil das schönste aller Lichter nur dann tanzen kann, wenn die Kulisse schwarz ist. Und weil mir nur dann Sterne zu Füßen fallen, wenn ich im Dunkeln stehe.

Die Jahreszeit der Wanderungen:
Herbstwinter, *Tjakttjadálvvie*

circa Ende Oktober bis Mitte/Ende Dezember

Leise rieselt der Schnee, bettet sich auf Gras, nackte Zweige und spätreife Früchte. So habe ich mir den Herbstwinter in Lappland vorgestellt, so preisen ihn lokale Social-Media-Kanäle mit Bildern vergangener Winter an. Doch selbst die vertreiben nicht Nieselregen und Nebelgeister, die übers Meer, über Straßen und durch Wälder huschen. Mit der Umstellung auf Winterzeit geschieht das, was mir die Menschen prophezeit haben: Ohne Schnee wird es zappenduster. Zunächst um fünfzehn Uhr, doch ist die arktische Welt erst einmal im Lichtsparmodus, verbannt sie die Sonne jeden Tag einige Minuten früher hinter den Rand der Welt und hält sie dort bis in die frühen Morgenstunden gefangen.

»Letztes Jahr hat es Mitte September das erste Mal geschneit«, erzählt Andrea. Dieses Jahr fühlt es sich an, als käme der Schnee mit einem jener Kuriere, die die Pakete an einem fernen Sammelort abladen, statt zu klingeln. Die ersten Flocken des 30. Oktober können es mit dem Grün und Braun von Boden und Bäumen noch nicht aufnehmen und verurteilen weitere Schneehasen zum Tod, denn die hoppeln schon in ihrem weißen Wintergewand durch Dorf und Wald. Taktet da etwas falsch? Wird sich die innere Uhr ihres Organismus irgendwann anpassen, wenn der Schneefall immer später einsetzt? Erstmals bekommt mein Eindruck, dass alles da draußen so gut auf die jeweiligen Bedingungen abgestimmt ist, einen Riss. Nur die Jäger freuen sich über die weißen Hasen, die in der novemberdunklen Welt auffallen wie Gassi-Geher mit Reflexwesten.

Genauso wie der Schnee ziert sich zum frühen Winter auch das Eis: Am letzten Oktobertag bedeckt eine erste Schicht die Ostsee, in etwa so dick wie *Tunnbröd*. Ich nehme einen Stein, werfe ihn auf die Fläche – er verpasst dem Diäteis einen Sprung, bleibt aber liegen. Der Torneälv zwischen Schweden und Finnland, der es eistechnisch oft eiliger hat als andere Flüsse, spült bereits ein paar Eiswürfel zum Meer, die die neue Wintersaison mit demselben Klirren einläuten, mit dem die alte im Mai verabschiedet wurde. Vor meinen Sinnen spielt sich ein Déjà-vu ab, nur in umgekehrter Reihenfolge. So, wie die Menschen im Mai mit Sauertopfmiene die Schmuddelschneehaufen in den Gärten musterten, Schneemobile in den Garagen verschwanden und Boote daraus hervorkamen, so schauen die Leute nun unter tief gezogenen Kapuzen in den Nieselregen, haben die Boote längst ver- und die Schneemobile ausgepackt. Für die Einheimischen ist der frühe Winter spät dran, ich hingegen freue mich über jeden Morgen, an dem Tau auf dem Laub glitzert und tiefgefrorene Blätter unter meinen Schritten knacken.

Anfang November bekomme ich eine Einladung zum Beerenpflücken. Moment, Anfang November? Ich bin sicher, etwas falsch verstanden zu haben. Selbst von den Preiselbeeren, die von allen Beeren als letzte blühten, sind nur noch die gummiartigen Blättchen übrig, und der Blick in die kahle, graue Welt, die selbst der Schnee nicht anfassen will, verspricht alles außer Wachstum. »Moosbeeren sind erst reif, wenn schon Frost war«, weiß Andreas Nachbarin Aila. Die Finnin, die ich auf siebzig Jahre schätze, lädt Andrea und mich in ihren neu riechenden Kleinwagen und zuckelt los in Richtung Gölihatten. Sie biegt ab auf einen Weg voller Steinbrocken und Geäst, das am Unterboden kratzt. »Zieh die Reflexweste an, damit dich kein Jäger für einen Elch hält«, warnt sie mich. Ist ein Vergleich mit einem Elch in Lappland ein Hinweis auf Figurprobleme?

Mitten im Wald stellt Aila den Motor ab. »Mein Mann und ich sind rumgefahren und haben diesen Sumpf voller Moosbeeren zufällig entdeckt«, verrät sie und wechselt ihre Turnschuhe gegen Gummistiefel. Mit einem Eimer schreitet sie voraus durch den Wald bis zum Moor. Der Boden verleibt sich die etwa 1,60 Meter große ältere Dame fast bis zum Knie ein. Es schmatzt, während sie ein Bein nach dem anderen aus dem Sumpf zieht und tiefer hineinstapft in den über den Boden wabernden Nebel. Ich schaue Andrea an – ist das nicht gefährlich? Allein würde ich nie in so einen Sumpf gehen, erst recht nicht bei besten Bedingungen für einen Krimi à la »Tod im Moor«. Andrea winkt ab, folgt ihrer Nachbarin. Flatsch, macht es in meinem rechten Stiefel. Warum ist da jetzt Wasser *im* Stiefel? Ich gehe weiter, während sich das Moor durch zwei Paar Wollsocken frisst. »Ich glaube, ich habe einen Riss in der Sohle«, zetere ich. Statt einer Runde Mitleid und einer sofortigen Rückkehr zum Auto gibt es gleichgültige Blicke. Dann beginnen beide Frauen, am Boden zu suchen.

Soll ich jetzt bei null Grad mit klatschnassem Fuß stundenlang im Sumpf Beeren suchen? Mein Jammerknopf ist offensichtlich wieder eingeschaltet und meine Stimmung so düster wie die Gewänder der Nebelgespenster. Ich beachte kaum die dunkelroten Beerchen, auf die Andrea in den Moosgewächsen zeigt. »Am besten drückst du das Moos runter, dann findest du sie leichter. Du musst jede Beere von Hand pflücken, Abkämmen wie bei den Blaubeeren geht nicht.« Was sind das überhaupt für Beeren, die auf Frost stehen und einzeln gepflückt werden müssen? Ich verliere bei den Temperaturen knapp überm Gefrierpunkt das Fingerspitzengefühl. »Was für kostbare Geschenke uns die Natur doch macht«, schwärmt Andrea. »Dann wächst hier vielleicht auch ein neues Paar Stiefel?«, grunze ich, während mich die Nebelgeister mit ihren feuchten Fingern begrapschen.

Doch ich pflücke weiter, eine Beere nach der anderen, stoße auf Moosgewächse mit noch dickeren, noch reiferen Früchten. Stecke mir eine in den Mund, höre, wie sie zwischen meinen Zähnen zerbirst, koste bitter-säuerlichen Geschmack auf der Zunge. Der Eimer ist schwerer, als ich ein Stück weiterziehe, mein Problemsack leichter. Finger und Fuß schmerzen immer noch vor Kälte, aber ich schenke meine Aufmerksamkeit nur noch jeder Beere vor mir. »Es ist schon Viertel nach zwei, um halb drei wird es dunkel«, erklingt Andreas Stimme. Was? Sind wir schon seit zwei Stunden im Moor? Obwohl die Eimer erst halb voll sind, müssen wir zurück.

Eigentlich hatte ich den Tag schon in die Schublade mit dem großen S geworfen. Doch als Fuß und Finger aufgetaut und die in Kleinstarbeit gepflückten Beeren gereinigt und eingefroren sind, erwische ich ein vertrautes grünes Licht dabei, wie es vorm Fenster vorbeihuscht. Wie kann das sein? Damit man ein Nordlicht sieht, muss der Himmel doch klar sein! Keine Minute später stehe ich vor der Tür. Das Licht der Pole pfeift auf den Nebel, will nach einer Woche Dauerregen tanzen, und die Nebelgeister lassen es gewähren. Unten am Meer streben sie über mir auseinander und entblößen den Nachthimmel, dessen glitzernde Bewohner sich gemeinsam mit dem einen Tag alten Vollmond auf der Spiegelfläche des Wassers bewundern.

Als Jahreszeit der Wanderungen bezeichnen die Samen den Herbstwinter. Sicher meinen sie damit die Wanderungen der Rentiere, die teils von den Bergen in die Täler oder an die Küste zurückziehen. Vielleicht aber auch die Wanderungen der Gedanken, die dem Schauspiel des Himmels folgen, denn »die Sterne leuchten in klaren Mustern, sodass wir den Weg zurückfinden in das neue Jahr, das auf uns wartet«, sagen sie angeblich über die achte Jahreszeit.

Er ist da! Am 8. November fällt der erste Schnee. Endlich knirscht es wieder unter den Sohlen und fahre ich durch Flockengewusel zum Einkaufen – nachdem die Autotüren wie an manchem Wintermorgen zugefroren waren. Doch gekommen, um zu bleiben, ist er nicht, dieser Schnee, denn der frühe ist so launisch wie der späte Winter. Nachbar Gunnars Schneeschaufel steht unberührt neben der Haustür, die Kufen der Schlitten, die manche Dörfler hervorgekramt haben, kratzen über den Asphalt. Nach zwei Tagen drängelt sich der Regen vor. Manche Menschen in Baskeri ändern die Taktik, schmücken zunehmend mehr kahle Bäume mit Lichtergirlanden oder lassen Plastiknikoläuse an Fahnenstangen hinaufklettern. Wenn das mal nicht den Schnee zurücklockt!

Die Botschaft der Weihnachtsbeleuchtung Mitte November kommt beim Universum an – wie üblich verzerrt. Statt Schnee schickt es Frost, minus elf Grad sind es Mitte November. Noch kitzelt das nicht in den Nasenlöchern, überzieht den Schal auch nicht mit einer Eiskruste, wohl aber Hausdächer, Äste und Gras. Wie Schneekristalle glitzern selbst die Frostkristalle in jedem Sonnenstrahl und im nächtlichen Schein der Straßenlaternen und machen das Dorf auch so wintermärchenfein. Sogar die Farbfanfaren der auf- und untergehenden Sonne sind zurück, die es mir schon bei meiner Ankunft im Januar unmöglich machten, mehr Licht zu vermissen. Doch eins ist anders als im Januar: Es ist nicht still, sondern sogar richtig laut!

Ich gehe runter zum Meer, wo am Vortag noch Wellen säuselten, und etwas stimmt nicht. Da plätschert nichts mehr, es knackt aber komisch. Nicht nur das, aus der Bucht ertönt ein Klopfen und Pfeifen, das an Walgesang erinnert. Die Ostsee bedeckt eine nun mehr als schokoladentafeldicke Eisschicht, die die Wellen zum Stillstand nötigt, aber noch mögen sie nicht still sein. An mancher Stelle klopfen sie SOS-Laute gegen die Eisoberfläche, an anderer versuchen sie, das Eis zu sprengen, und lassen es knacken, schaffen aber nicht, es zu brechen. Als Erstes vermute ich Kampf, als wollte das Wasser genauso wenig zur Winterruhe zurückkehren, wie ein Kind früh ins Bett will. Doch je länger ich dort stehe, desto mehr verabschiede ich mich von diesem Gedanken. Lausche den dumpfen und doch melodischen Pfeiftönen des Eises, das dem Wasser ein Winterschlaflied singt, ein Halleluja an die hereinziehende kälteste Jahreszeit. Noch nie habe ich etwas Ähnliches vernommen, nicht einmal geahnt, dass das Eis so schön singen kann. War es im tiefsten Winter eher metallisches Knacken oder glucksendes Schnarchen, mit dem es sich ab und zu bemerkbar machte, und kohlensäureartiges Kribbeln, mit dem es schmolz, so kündigt es seine Rückkehr mit sanften Liedern an. Warum bin ich die Einzige, die am Ufer steht, warum versammelt sich nicht die ganze Dorfgemeinschaft hier, um diesem Konzert der Natur zu lauschen?

Mich zieht es wieder in jeder freien Minute zum Eis, ich kann nicht erwarten zu hören, was es mir Neues erzählt. Wie das Knacken und Pfeifen die Tonlage ändert, je tiefer das Eis wächst, und wie sich erste Pfotenabdrücke auf der hauchdünn zugeschneiten Oberfläche abzeichnen. Wie der Gesang schon zwei Tage später dem Glucksen des Tiefschlafs weicht, als das Meer so schnell eingeschlummert ist wie ein Mensch, der schon schnarcht, kaum dass sein Kopf das Kissen berührt.

Die Acht der Jahreszeiten ist kurz davor, auch ihre zweite Runde zu vollenden, und ich fühle mich aufgeregt-kribbelig wie bei der Fahrt auf die Fähre am 2. Januar. Nicht, weil mein Experiment in Lappland bald zu Ende ist, sondern weil ich spüre, dass sich mit dem Schließen der einen Acht sogleich eine neue öffnet. Nicht umsonst bedient sich auch die Mathematik einer liegenden Acht als Symbol für unendlich, oder?

Im Januar erlebte ich meine erste Rentiertrennung, kurz vor Ende des Jahres nimmt mich Örjan mit auf meine zweite. Mit anderen Rentierbesitzern und Mitgliedern der Konzessionssamengemeinschaft von Kalix brechen wir an einem Sonntagmorgen auf, um die Herden zusammenzutreiben. Wieder reihen sich Geländewagen mit Anhängern am Waldrand aneinander, wieder ertönt aus der Ferne das Glockengebimmel der Leitkühe, Röhren und Stimmengewirr. »Wenn die Tiere hierbleiben, ziehen sie weiter auf Agrarland, das wollen wir vermeiden«, erinnert mich Örjan daran, warum die Vierbeiner in eine neue Heimat sollen. Der hastige Atem der Tiere steigt in der Luft auf, während sie drängeln, hecheln oder manchmal ihren Hirten den Po zuwenden, als wollten sie sagen: »Du kannst mir nichts, leck mich mal hier!« Wieder fummeln einige Besitzer an den Ohren der Tiere herum, um Markierungen zu überprüfen oder noch unmarkierte Kälber zu zeichnen. Auch die Frau mit der armlangen Spritze steht erneut bereit, um den nächsten Schuss gegen die fiesen Dasselfliegen zu setzen. Wer geimpft wird, hat Glück. »Man kann ein geimpftes Rentier monatelang nicht schlachten, sonst würde das Fleisch danach schmecken«, erklärt Örjan.

Eigentlich dachte ich, das Schlachten wäre beendet, doch als ich mich mal kurz in die Büsche schlage, stehe ich plötzlich vor einem vom Holzgestell baumelnden Kadaver. Die Gedärme liegen im Schnee verteilt, und ein Mann ist dabei, das Fell abzuziehen. Ich schlucke. Bin froh, dass ich verpasst habe, wie das Tier mit einem Kopfschuss getötet wurde. »Die Tiere leiden nicht, es geht schnell und schmerzlos«, beruhigt mich Örjan, aber fürs Erste reicht es mir, mit dem ausgehöhlten Leib konfrontiert zu sein. Nach vielen Gesprächen mit samischen und nicht samischen Rentierbesitzern weiß ich, dass das Schlachten ein so natürlicher Teil der Rentierhaltung ist wie die ewige Frage um Zufüttern oder nicht. »Wir töten hier vor Ort nur für den eigenen Gebrauch. Wenn wir das Fleisch verkaufen möchten, müssen wir das Tier lebend zur Metzgerei fahren«, erzählt mir eine Rentierbesitzerin. Ich zwinge mich, eine Weile stehen zu bleiben, zuzusehen, wie der Mann den Kadaver auf den Messerschnitt genau bearbeitet und ausnimmt. Nein, dies ist nicht das mundfein gemachte Fleisch, das ich kenne. Da ist nichts Unschönes vor den Augen des Konsumenten verborgen, ähnlich, wie ich beim Fischeausnehmen erstmals mit Gedärmen und hervorquellendem Rogen zu tun hatte. Ich spüre in mich hinein: Möchte ich, nachdem ich gesehen habe, wie ein Rentier ausgenommen wird, nie wieder Wild essen? Nein. Der Anblick ist gewöhnungsbedürftig, aber die Erfahrung bringt mich dem natürlichen Prozess von Jagen und Schlachten auch näher. Jemand hat eine Wahl getroffen, welches seiner Tiere an der Reihe ist, ihn und seine Familie auf Wochen zu ernähren, und dieses Tier ist bis zuletzt mit seinen Herdenkumpels durch die Wälder gestrichen. Und so schließe auch ich im Angesicht meines ersten Rentierkadavers Frieden mit dem Gedanken, dass das Schlachten nicht grausam oder gar eklig ist, sondern ein Teil des natürlichen Lebens der Rentierhirten mit und von ihren Tieren.

Zurück am Gatter fällt mir eine junge Frau auf, die den bestimmt doppelt so alten männlichen Rentierbesitzern Tipps gibt. »Das ist Sandra, sie soll bald als erste Frau den Vorsitz unseres Samendorfes übernehmen«, erzählt Örjan, und dass sie schon jetzt neben ihrem Job als Krankenschwester kranke und verletzte Rentiere versorge. Ich beobachte die Frau Anfang dreißig. Bin wieder beeindruckt, wie viele verschiedene Aufgaben etliche Norrbottener parallel bewältigen. Wie viele meiner Bekannten würden sich nach einer Woche im Vollzeit-Knochenjob am Sonntag bei Temperaturen um den Gefrierpunkt in den Wald stellen, um halbwilde Tiere zu sortieren, zu markieren und zu impfen?

Wenn der Nebel tief über der Erde hängt, dann kündigt er einen Wetterumschwung an, sagen die Einheimischen. Dann werden die Temperaturen purzeln. Während die ersten Türchen auch an schwedischen Adventskalendern aufgehen, kratzen die Ketten der Schneemobile noch über Asphalt und Wurzeln und geizt der Schnee mit Flocken. Den Rentieren ist das egal. Sie stromern im Wald umher, graben mit Leichtigkeit nach Flechten und knabbern sie von Baumstämmen. »Wenn sich ein Rentier wohlfühlt, legt es sich hin«, hat Örjan erzählt. Ich schaue zu, wie sich wenige Dutzend Meter vor mir Tiere in den Schnee werfen, wie sich Kälber an ihre Mütter kuscheln. Eine leckt ihr

Junges, ein anderes Tier streckt sich wie eine Katze nach dem Schläfchen. Einmal entdecke ich etwa ein Dutzend Rentiere, die in einem dörfischen Vorgarten nach Fressbarem graben, und weiß nicht, ob ich oder die Tiere erstaunter dreinschauen. Fehlt nur noch der Weihnachtsmann samt Schlitten, um die Adventsidylle perfekt zu machen.

Der scheint zwar noch im finnischen Rovaniemi festzuhängen, wo er angeblich wohnt, aber die Schweden freuen sich ohnehin erst einmal auf die heilige Lucia, und das gilt umso mehr für die Norrbottener, die am 13. Dezember noch mehr als die Landsleute im Süden das Bedürfnis verspüren, Licht ins Dunkel zu bringen. Das Luciafest ist nämlich das Fest des Lichts, benannt nach der sizilianischen Lucia aus dem 3. Jahrhundert. Andrea und ich fahren in die *Nederluleå Kyrka,* die Kirche von Gammelstad in Luleå, wo eins der schönsten Luciakonzerte der Region stattfindet. Das Gotteshaus ist so voll, dass schon fünfzehn Minuten vor Konzertbeginn nur noch Stehplätze übrig sind. Dann geht das Licht aus, und am Ende des Gangs baut sich der *Luciatåg* auf, eine Gruppe in weiße Gewänder gehüllter Mädchen, die alle eine Kerze in der Hand tragen. Angeführt werden die Jugendlichen von Lucia höchstpersönlich, die zu diesem Anlass eine Krone mit sieben Kerzen auf dem Kopf balanciert. Die Prozession stimmt das Lied »Sankta Lucia« an, während sie auf den Altar zuschreitet, wo als Weihnachtswichtel verkleidete Kinder stricken. Eine Stunde lang singt der Chor Weihnachtslieder, dazwischen kommt jeweils ein Mädchen nach vorne und erzählt, wer in der Dunkelheit Licht erhalten soll. Menschen, die krank sind. Die trauern. Die frieren. Andrea stehen Tränen in den Augen, und ich kann mir keine schönere Tradition vorstellen, um die Tage nahe der Wintersonnenwende am 21. Dezember, an dem die Sonne in Baskeri um kurz vor zehn auf- und um kurz vor dreizehn Uhr untergeht, ein wenig aufzuhellen.

Doch nicht nur die Lucias von Norrbotten bringen Licht, sondern auch die folgenden Schneetage, die sich abwechseln mit Sonne bei bis zu minus 23 Grad. Die eingezuckerte Bilderbuchwelt, in die ich mich im Januar verliebt habe, kehrt zurück. Zentimeterdicker Puderschnee auf den Tannen, rosafarbener Morgen- und Abendhimmel, die blaue Stunde als Finale des Sonnenabgangs. Oft werde ich wieder um halb sechs wach, wenn der Traktor frische Schneehaufen in den Gärten aufschiebt. Nachbar Gunnar ist mit breitem Grinsen mit der Schneeschaufel zugange. So gefällt er mir besser als mit dem Rasenmäher.

Ich stehe in Bikini, Neoprenschuhen und Mütze auf dem schon zehn Zentimeter dicken Eis und schaue in ein schwarzes Loch, das mit seinen null Grad nach meinem halb nackten Körper lechzt. Nur ein Albtraum? Nein! Am ersten Dezembersonntag schneidet Dorfbewohner Olof mit einer Säge ein viereckiges Loch ins Eis vor Baskeri und lässt eine kleine Holztreppe ins Wasser hinab. Eisbaden ist neben Langlaufski eine Lieblingswinteraktivität vieler Nordmenschen, die gut sein soll für Immunsystem und Kreislauf. Olof und Andrea, die mit Bademantel bereitsteht, spornen mich an, während jede Gans beim Blick auf meine Haut vor Neid noch weißer werden würde.

Einmal habe ich schon im Eis gebadet – vor fünf Jahren in Südfinnland. Aber da stand zwanzig Meter entfernt eine Sauna. In Baskeri gibt es keine Sauna. Da schält man sich nach dem Winterbad zur Freude der schaulustigen Dörfler aus den Badeklamotten. Wie oft, wenn es hart wird, stelle ich das Nachdenken ein und schalte auf Machen.

Ich stehe auf der hölzernen Plattform, ergreife das Geländer der Treppe und steige rückwärts hinab. Letzte Stufe vor dem schwarzen Wasser. Es zwingt sich in meine Neoprenschuhe. Eindeutig frischer als bei meinem ersten Bottnischen-Meerbusen-Bad im Juni. Die Waden sind dran, Oberschenkel. So weit, so gut. Po und Bauch. Massensterben aller Schmetterlinge da drin. »Geh jetzt bis zu den Schultern runter«, höre ich Olof sagen. »Aber nicht mit dem Kopf untertauchen, dann bekommst du Panik.« Erst dann? »Atme ruhig ein und aus, keine Schnappatmung!« Der hat gut reden! Mein Herz rast, der Körper schreit, ist wahnsinnig lebendig. Und will es bleiben. Olof fordert mich heraus, die Treppe loszulassen, mich am Eis festzuhalten. Kein Problem, meine Finger haben das Fühlen ohnehin aufgegeben. »Kannst du mir deine Adresse sagen?«, fragt mich Olof, will testen, ob ich noch bei Sinnen bin. Ich nenne meine Straße in Baskeri, dann meine Hamburger Adresse. Meine zwei Heimaten. Mein Atem geht ruhiger. Ich schaffe alles.

Nach über einer Minute klettere ich aus dem Eisloch. »Bleib kurz stehen, bevor du dich anziehst«, rät Olof. Mir ist nicht mehr kalt, ich könnte hier ewig für die Dorfbewohner Schau stehen. Denke ich, bis es am ganzen Körper kribbelt. Nur die Hände sind taub. Um mich herum klatschen welche, und Olof sagt, ich sei *riktig duktig* gewesen, besonders tüchtig. Ein zufriedenes Grinsen ist auf meinem Gesicht festgefroren. Andrea legt mir den Bademantel um. Ich will meine Sachen greifen, aber meine Finger wollen nicht. Mein Körper zittert, ich fühle mich wie eine Kranke, umsorgt von lieben Menschen. Andrea hilft mir, die triefenden Badesachen vom Leib zu schälen, dann drückt sie mir eine Tasse Kaffee in die Hände. Ist das schön! Kribbeln. Schmerzen. Das Gefühl kehrt in die Finger zurück. Ich danke Olof für diese Erfahrung, die meinen Körper noch Stunden später mit kalten und warmen Wellen überrollt und die ich wie unzählige Lapplandmomente in die Schatulle der besonderen Lebenslektionen bette. Was habe ich – nicht nur in diesem Jahr – häufig an mir gezweifelt, was habe ich oft meinen Körper, der mir immer wieder Streiche gespielt hat, verteufelt. Doch wenn ich trotz Angst ins dunkle Eisloch hinabsteige, ausharre, auch wenn es ungemütlich ist, meine eigene Kraft und den Lebenswillen meines Körpers spüre, wenn ich heile und gestärkt aus dem Loch hervorkrieche, schaffe ich mir einen weiteren Anker. Einen Anker der Hoffnung für Zeiten, wenn mir ein Dämon einflüstert, dass das ganze Leben ein end- und lichtloser Novembertag ist.

Als ich mir das Video anschaue, das Andrea von meinem Eisbad gedreht hat, kommt mir ein Gedanke: Dieses Erlebnis ist wie eine Zusammenfassung meines Experiments in Schwedisch-Lappland! Ich steige mit Babyschritten hinab ins Ungewisse, voller Furcht, was mich erwartet, ob ich es schaffen werde, wie ich daraus hervorgehe, verspüre Unbehagen, das mit ein wenig Willenskraft behaglicher wird, gar angenehm – mit Menschen um mich herum, die für mich da sind. War das Eisbad ohne Saunasicherheitsnetz wie erwartet? War mein Jahr in Schwedisch-Lappland wie erwartet? In vieler Hinsicht nein. Beide waren besser.

Weiße Weihnachten – wann habe ich das zum letzten Mal erlebt? Ich kann mich nicht erinnern, war wohl noch zu klein. Allerdings sind nicht weiße Weihnachten das größte Geschenk für mich. In der Nacht auf den Heiligen Abend will ich gegen 23 Uhr ins Bett, schaue aber noch mal schnell aus der Tür. Dieser Blick nach draußen gehört ebenso zu meiner Abendroutine wie Zähneputzen. Meine Erwartung ist gering, doch siehe da: Grünes Licht fegt über das Dorf hinweg. Ich laufe samt Stativ, Kamera und einem frühen Weihnachtsgeschenk – einem besonders lichtempfindlichen Objektiv – in den Garten, merke, dass ich nur den Schlafanzug anhabe, hechte zurück, streife Skihose und Jacke über und klemme mich hinter die Kamera. Vergesse, den Auslöser zu drücken, als der Tanz auf immer größere Teile des schwarzen Himmels übergreift wie ein Feuer, das nicht mehr unter Kontrolle zu bekommen ist. Feine Fotos werden egal, ich möchte zuschauen, jede Millisekunde der Show nicht durch den Auslöser, sondern mit meinen Augen erleben. Keiner macht bessere Geschenke als der Himmel. Zu meinem Geburtstag. Zu Weihnachten. Vor allem in Form von Licht. Aber auch von Freunden wie Maria und Peter, die Andrea und mich am Heiligabend zu sich einladen.

Zuvor haben wir beiden Deutschen erstmals versucht, Lebkuchen zu backen und typisch schwedische *Lussekatter,* sogenannte flauschige Katzen aus Hefe und Safran, die aussehen wie eine Acht mit Rosinen. Es lief so, wie man sich ein erstes Mal vorstellt: Alles, was schiefgehen konnte, ging schief. Ein Teig war zu krümelig, der andere zu hart, im Rezept stand Quatsch, die Rosinen verbrannten, in manche Lebkuchen stahlen sich Hundehaare. Bei Andrea herrschte fünf vor schlechte Laune – bis ich sie ansteckte mit einem Lachen, das rauswollte wie die Kühe im Frühlingssommer. Was war los mit mir? Es hatte doch auch mich oft genervt, wenn ich mir Mühe gab und das Ergebnis trotzdem Mist war. Warum konnte ich plötzlich darüber lachen? Lag es am *Julöl,* dem Weihnachtsbier, das ich beim Teigausrollen süffelte? Nein, das Lachen kam aus größerer Tiefe. Vielleicht hatte der arktische Wind über die Monate ein Stück meines Frusts mitgenommen. Damit ich meine Energie, meine Ressourcen schone für das, was ich zum Leben und Überleben brauche.

Maria und Peter haben ein kleines *Julbord* aufgebaut, das schwedische Weihnachtsbüfett, das für die Menschen vor und an Weihnachten dasselbe bedeutet wie der sommerliche Mückenhimmel für die Vögel – ein All-you-can-eat-Festmahl. Mit Heringen in verschiedenen Soßen, Lachs und weiterem Fisch, gefolgt von kaltem Fleisch wie Elchsülze und Weihnachtsschinken, dann warmen Speisen. *Prinskorv, Köttbullar,* Kartoffeln und ein mächtiger Auflauf namens *Janssons.* Zum Schluss Käse, Kuchen, Kekse und Bonbons. Wir futtern und plaudern bis in die Nacht, wie es alte Vertraute tun. Der Fernseher läuft leise, und wir lachen laut, als Szenen von sogenanntem Schneechaos in den USA über den Bildschirm flackern – mit gerade mal so viel Schnee, wie wir ihn im November hatten.

Früher hätten mich die Bilder erschreckt, nun verstehe ich: Es ist alles eine Frage der Vorbereitung und Ausrüstung. Und der Einstellung.

Für das Jahresende habe ich mir eine fröhliche, aber auch tränenreiche Silvesterfeier voller Jahresrückblicke mit meinem Freund Diego und meinen Freunden aus Baskeri vorgestellt. Aber meine Freunde sind krank oder müde, ich auch. Ich habe mir ebenfalls vorgestellt, in der Nacht auf Neujahr wieder unter dem tanzenden Himmel auf dem Eis zu liegen. Aber an Silvester herrschen null Grad, und das Einzige, was tanzt, ist Regen im Schein der Straßenlaternen. Was nun? Alles in mir schreit danach, mich mit Diego in fluffigen Fleecehosen aufs Sofa zu fläzen und genau das zu tun, was die Tiere und Pflanzen auch gerade tun – nichts.

Nach dem Kalender endet jetzt ein Jahr, und ein neues beginnt. Jedes Jahr aufs Neue ein weiterer Kreis. Im Augenblick ruht wieder alles. Der Winter, die Zeit der Pflege, hat um die Weihnachtszeit begonnen und wird sich viele Wochen durchsetzen, bis es wieder reicht damit und der mal plätschernde, mal reißende Fluss des Lebens erneut in Bewegung kommt. Bis nach dem Rentierrammeln des Herbstes im Mai die Kälber schlüpfen und die Samen ihr Neujahr feiern und viele Tiere verlieren und anderen beim Sich-fett-Futtern zuschauen und sie sich mit dem Wind teilen. Der Zyklus im Reich der Rentiere setzt sich fort, immer weiter, im Rhythmus der Natur, die ihre Ressourcen verschenkt, wenn sie kann, und schont, wenn sie muss. Genau wie ich.

Ende und Anfang

Als ich das Experiment mit den acht Jahreszeiten Lapplands plante, fragte ich mich vor allem, wie sich diese Erfahrung auf meine Lebenseinstellungen und meinen Umgang mit der Natur auswirken würde. Und wie ich die wichtigsten Lektionen in meinen Stadtalltag integrieren könnte. Tatsächlich hat jede Jahreszeit besondere Erkenntnisse für mich bereitgehalten, die meine Hoffnungen teils erfüllt, teils sogar übertroffen haben.

Der Winter, wenn Schnee und Eis alles, was lebt, zum Ruhen oder Energiesparen zwingen, war für mich wie ein Metronom für meine eigenen »Zeiten der Pflege« – das gerade dann eingeschaltet gehört, wenn es Herausforderungen schneit. Der Bär schläft, der Elch wirft Ballast ab, der Schneehase passt sein Kleid der Umwelt an, und Zweige biegen sich unter der weißen Last. Jeder schneidert seine eigene Lösung nach Maß, doch niemand und nichts dort draußen versucht, sich dem vorübergehenden Stillstand zu widersetzen. Je länger ich beobachtete, desto mehr begriff ich: Nichts kann ständig schön blühen und gedeihen. Auch ich nicht. Auszeiten sind keine Option, sie zu nehmen ist Pflicht, damit ich im Einklang mit meiner eigenen Natur lebe.

Der Frühlingswinter kam mit zwei Lehrern daher, die ich nicht mag: Loslassen und Geduld. Ich wollte die winterweiße Märchenwelt mit beiden Händen festhalten, fand es schlimm, sie dahinsiechen zu sehen. Das Wartezimmer der frühlingswinterlichen »Jahreszeit des Erwachens« wirkte gen Ende wie ein riesiger Raum mit spärlichem Lichteinfall, dessen Tür zur »Jahreszeit der Rückkehr« klemmte. Doch dann flog sie mit Schwung auf: eine Explosion an Leben im Frühling samt Geburt der Rentierkälber. Auch zu mir kehrte etwas zurück – eine kindliche Freude über Kleinigkeiten, als würde ich die Welt neu entdecken. Über den Wohlklang rinnenden Wassers, das Schmatzen von Schlamm, das Knacken von Ästen unter den Füßen. Meine Sinne erwachten wie nach langem Schlaf, und je mehr ich mich von ihnen statt von meinen sich stets überholenden Gedanken leiten ließ, desto intensiver lebte ich im Augenblick.

Ich hörte und sah Vögel und Kühe, die sich ihres Lebens freuten, roch, schmeckte, spürte die Lebenslust der Pflanzen und verstand: Die lange Zeit der Pflege hatte allen gutgetan, doch der Neubeginn war von Anfang an vorprogrammiert. Er zog von Licht über Wasser bis zu Tieren und Menschen alles mit. Und doch erblühte selbst in der »Jahreszeit des Wachstums«, dem Frühlingssommer, alles in seinem eigenen Rhythmus. Gras und manche Pflanzen voller Torschlusspanik, während die Bäume ihre Knospen so lange geschlossen hielten, bis genug Grund zu gedeihen gekommen war. Das ermutigte mich, noch öfter meinem ureigenen Zyklus zu folgen, unabhängig davon, was alle anderen machen.

Der arktische Sommer, die »Jahreszeit des Nachdenkens«, überforderte mich anfänglich mit seinem nicht enden wollenden Licht und seinem Überangebot. Ich begriff etwas, das mich riesig überraschte: Die Pflanzen- und Tierwelt und die Welt der menschengemachten Metropolen sind gar nicht so verschieden, wie ich geglaubt hatte! Ständiger Umbruch, rapide Entwicklung, Kommen und Gehen, Schnelllebigkeit – das alles hatte ich mit dem Stadtleben verbunden. Nun durfte ich auch umgeben von Natur die Kunst des Neinsagens neu erlernen. Durfte auswählen, wie viele Stunden des Lichts ich nutzen wollte. Gestand mir ein, dass jeder äußere Rhythmus, egal, wo ich bin, nicht immer mit meinem inneren übereinstimmt und das in Ordnung ist. Ich bin mitgeschwommen im Strom des Wandels, habe mich aber nach ein wenig Übung nicht mehr von ihm überfluten lassen. Besann mich beim Beerenpflücken in einer Masse reifer Früchte darauf, was und wie viel ich brauchte. Merkte, dass die Menge an Notwendigem schrumpfte, das Gefühl von Genug-Haben und Satt-Sein hingegen wuchs.

Der Herbstsommer, die »Jahreszeit der Ernte«, verstärkte diese Genugtuung, wenn ich selbst geerntete Früchte verarbeitete, sie säuberte, kochte und backte. Die Natur verwöhnte mich ab Ende Juli wie eine liebende Großmutter, der die Gabenideen nie ausgehen. Einige Norrbottener hatten mir erzählt, man gehe nachhaltiger mit seiner Umwelt um, wenn man in und mit ihr lebe. Zuvor hatte ich dies nur verstanden, nun spürte ich es. Durch viele Stunden im Wald, durch bewusstes Suchen nach Essbarem fühlte ich mich näher dran am Boden und seinen Erträgen, und was ich schätze und respektiere, möchte ich nicht schädigen. Was sich für mich nicht auf die Wälder Lapplands beschränkt, denn wie jeder Same weiß, ist alles Teil eines großen Ganzen.

Auch manche Gespräche, oft mit traditionellen Rentierzüchtern, kamen einer Ernte gleich, denn sie schenkten mir Perspektivenwechsel: Harte Winter töten viele Rentiere, helfen aber auch der Natur, ihre Ressourcen zu regenerieren. Alle Rentiere haben Besitzer, gelten aber auch als »Eigentum des Windes«. Mücken nerven, helfen aber auch, Rentiere zusammenzutreiben. Gerne möchte ich den Stein, auf dem meine Vorstellungen eingemeißelt sind, öfters mal umdrehen und mich überraschen lassen, was mir die andere, unbeschriebene Seite verrät.

Ebenso erschloss sich mir eine neue Seite des Herbstes als »Jahreszeit der Antriebskraft«. Es war schwer, dem schnell vom Winde verwehten Laub nicht nachzutrauern, doch ob ich bereit war oder nicht, das Lehrbuch des Loslassens lag wieder auf dem Tisch. Mit einem Kapitel über die Annahme dessen, was nicht schön und wünschenswert ist, aber notwendig und unaufhaltsam. Doch während Blätter, Blüten und Beeren verschwanden, sah ich hin, wie viele Samen unter der Oberfläche der langsam sterbenden Natur bereits für einen neuen Beginn bereitlagen. Bei den balzenden Elchen und Rentieren, bei den laichenden Maränen. Ich versuchte, dem samischen Konzept der Antriebskraft im Herbst nachzueifern, begann, an meiner nächsten Acht zu basteln, an meinen Zukunftsplänen.

Um im Herbstwinter, der »Jahreszeit der Wanderungen«, einem gewissen Blues zwar nicht ganz zu entkommen, aber den Blick doch immer wieder nach oben zu richten – zu einem Zelt aus Milliarden von Sternen, Sternschnuppen und Polarlichtern. Um mich immer wieder auf das Licht im Dunkel zu stoßen. Diese beiden Gegensätze, die mal mit- und mal ohneeinander auskommen, meist aber auf ihre Art zusammenspielen und ihn besonders bestimmen – jenen Rhythmus, in dem jedes Lebewesen mittanzt.

Zu Beginn meines Lapplandjahres fragte mich mein Freund Diego, wie ich Natur überhaupt definiere. Dachte ich dabei an wilde Tiere, Bäume, Blümchen und andere Pflanzen im Gegensatz zu Menschengemachtem aus Beton, Asphalt und Plastik? Richtig. Ich sah mich als Mensch auf der Beton- statt auf der Naturseite. Als einer von acht Milliarden Störenfrieden in einer Welt, die ohne uns unbehelligte Wildnis wäre. Doch indem ich den mal zähen, mal sternschnuppenschnellen Wandel in der Welt der Pflanzen und Tiere monatelang beobachtete, merkte ich: Ich bin nicht getrennt von der Natur, denn das, was da draußen passiert, ist dasselbe, was in mir vorgeht – ein ständiges Ende von etwas, damit Neues entstehen und wachsen kann. Ich staunte, wie Tiere und Pflanzen sich den äußeren Bedingungen bestmöglich anpassen und mit allem ausgerüstet zu sein scheinen, was sie zum Überleben brauchen. Lange überlegte ich, ob das auch auf mich zutrifft. Vor einem Jahr hätte ich geantwortet, dass ich wohl überlebensfähig sei, mir aber doch vieles fehle, ich mehr bräuchte. Von hübscheren Zähnen bis zu größeren Ersparnissen. Stopp! Habe ich vier Jahrzehnte auf dem meist unmarkierten Fernwanderweg namens Leben überlebt? Ja. Also bin ich mit allem ausgestattet, was ich brauche.

Von vielen Menschen in Norrbotten lernte ich, diese Ausstattung zu nutzen und meine Energie für Lösungen einzusetzen statt fürs Klagen. In einer menschenarmen Gegend, wo die äußeren Konditionen oft schnelles Handeln verlangen, bleibt keine Zeit zum Grübeln oder für Egoismus. Man hilft sich zuerst selbst, danach hilft man einander. Für Dinge, die mich in Hamburg Geld gekostet hätten, vom Auto über den Computer zum Wasserabfluss, habe ich in Baskeri nichts bezahlt, denn entweder habe ich es nach viel Schweißverlust selbst hinbekommen, oder ich kannte jemanden, der jemanden kannte, der mir half. Das hat gutgetan. Das wünsche ich mir in der Stadt auch, werde es zwar kaum finden, kann aber doch genauer hinsehen, wo ich selbst mehr mit anpacken könnte. Außerdem möchte ich bei manchem, wo ich zuvor »Hilfe« geschrien hätte, schauen, ob oder was ich allein schaffe – mit oder ohne Scotch, was zu Diegos Bedauern oft mein erstes Mittel der Wahl darstellt. In der Gewissheit, dass sich der nächste Reparaturladen, Klempner oder sonstige Fachmann in einer Stadt wie Hamburg um die nächste Ecke befindet. Was auch schön ist.

Zu Beginn meiner Zeit in Lappland hatte ich Angst, dass ich die Stadt fortan verabscheuen, nie wieder in einer leben wollen würde. Hatten mir nicht viele, die mein Experiment toll fanden, prophezeit, dass ich nicht nach Deutschland, erst recht nicht in eine Metropole zurückkehren würde? Und ja, tatsächlich stehe ich kurz vor dem Kauf eines klapprigen, noch nicht bewohnbaren Holzhauses in meiner geliebten zweiten Heimat Båtskärsnäs. Mein Winterhaus, nenne ich es scherzhaft, weil ich den Winter Lapplands so mag. Eine weitere Heimat neben Hamburg. Was? Ich muss mich doch für das eine oder das andere entscheiden! In der Gesellschaft, in der wir leben, müssen wir uns festlegen. Auf eine Karriereleiter, einen Wohnort, einen Mann, eine Frau – nur Autos und Hunde dürfen sich doppeln. Vielseitigkeit und Abwechslung? Beide sind für uns so greifbar wie nie zuvor, bleiben aber trotzdem oft Ladenhüter. Hell oder dunkel. Warm oder kalt. Mitternachtssonne oder Polarlicht. Beides geht nicht. Wirklich nicht?

Schwedisch-Lappland gilt vielen als Sehnsuchtsziel. Was macht diese Faszination aus? Sicher zu einem großen Teil die Verbindung von Dingen, die auf Vokabellisten unter »Antonymen« gelistet sind. Nach einem Jahr inmitten krassester Gegensätze habe ich begriffen: Die Menschen lieben die ewig währenden Sommertage, weil bald der lange Winter zurückkehrt. Das Polarlicht ist deswegen spannend, weil es so flüchtig und unberechenbar ist. Vereiste Gewässer sind toll, weil sie irgendwann auftauen und man dann darin baden oder darauf Boot fahren kann. Im Norden Europas gedeiht lange nichts, aber was kurz und intensiv blüht, ist umso nährstoffreicher.

Die Tier- und Pflanzenwelt lebt uns Bewegung und Wandel vor, und beide sind es, die auch in meiner Natur wurzeln. Ich liebe das Leben nah dran am Puls des Natürlichen genauso wie mein Stadtleben mit seinem vielseitigen Kultur- und Kulinarikangebot, mit Menschen aus aller Welt, die mich inspirieren können. Also tue ich das, was von mir erwartet wird: Ich entscheide mich. Für ein Leben in meinem eigenen Takt, unter anderem nach dem abwechslungsreichen Rhythmus des schnelllebigen Hamburgs und der mal rasenden, mal stillschweigenden Natur Lapplands. Zwei Seiten, die sich für mich anfühlen wie die sich ineinanderfügenden Teile eines Reißverschlusses.

Die Entscheidung fühlt sich gut an. Ich laufe vor nichts davon, lediglich auf vieles zu. »Bist du wahnsinnig? Wie soll das denn gehen?«, höre ich Fragen, die bekannt klingen. Ich mag sie, denn oft standen Fragen dieser Art am Anfang von etwas richtig Gutem. Wie meinem Experiment mit dem Leben im Rhythmus der Natur. Und so schließt sich eine Acht, und der erste Kreis einer neuen beginnt.

Dank

Dankbarkeit ist, was ich am Ende dieses Buches am allermeisten verspüre. Vor allem Dankbarkeit gegenüber ganz besonderen Menschen, ohne die es nie entstanden wäre. So viele Menschen haben einen kleinen oder ganz großen Beitrag zur Entstehung des Buches geleistet – bitte seht es mir nach, falls die Auflistung am Ende nicht ganz vollständig sein sollte.

An erster Stelle danke ich meiner lieben Lektorin Ann-Marie Mecklenburg, dass sie sich von Anfang an für mein Projekt begeistert und dafür eingesetzt hat, und allen anderen Mitarbeitern des Malik Verlags, die zur Veröffentlichung meines Buchs beigetragen haben.

Ganz besonders danke ich meinem Lebenspartner Diego Della Porta, dass er mich überzeugt hat, das Experiment zu wagen, als ich zu Beginn voller Zweifel steckte. Und dass er mich und uns trotz unerwarteter Wendungen in meinem Lapplandjahr nie aufgegeben hat, sondern an meiner Seite auch ganz neue, manchmal holprige Wege geht. Ich danke meiner Mutter Sigrid Olderdissen für jede Hilfe und jeden Zuspruch, auch wenn wir nicht immer einer Meinung sind. Ich danke Claudia Recken für ihre große Unterstützung und ihre ganz besondere Freundschaft. Und ich danke meinem Crissy, dass er an der richtigen Stelle ein gutes Wort für mich eingelegt hat und immer über mich wacht.

Ich danke all den Menschen, die mein Projekt ganz zu Beginn über Crowdfunding oder Spenden unterstützt haben, als noch nicht einmal klar war, ob das Buch jemals veröffentlicht wird – tausend Dank für euren Vertrauensvorschuss (in alphabetischer Reihenfolge): Sonja Anwar, Angelika Ardelt, Arnab Basu, Christine Bühler, Riccardo Carnesecchi, Gabriele Derouiche, Thorsten Doerp, Anne Gersfeld, Daniel Guerra, Ronald Hann, Ann-Katrin Hintz, Sabine Hüppelshäuser, Andreas Ilmberger, Corinne Junker, Johannes Klaus, Miriam Klömpken, Wera Klumb, Erich Lederer, Cornelia Lohs, Jutta Meyer, Miljan Miljević, Roberto Molfino, Colin Neville, Mirja Nießner, Ulrich Recken, Sandra Regner und Friedrich Nagel, Aneta Reuter, Oscar Salazar, Harald Scholl, Axel Schwab, Daniela Sebeledi, Jennifer Siebentaler, Klaus Uphoff, Gerrit Uttecht und dem Klaus, der oft vor mir trainiert hat, Marina Wenk, Sina-Christin Wilk und allen Personen, die namentlich nicht genannt werden möchten. Ebenfalls danke ich meinen unermüdlichen Unterstützern bei Patreon: Kerstin Baldauf, Toni Dalvia und Juha Särestöniemi. Großer Dank auch an Finnlines und insbesondere Benoît Surin für die sicheren und entspannten Reisen über die Ostsee.

Mein ganz besonderer Dank geht darüber hinaus an viele Menschen in Schwedisch-Lappland, ohne die dieses Buch nie hätte entstehen können oder die dazu beigetragen haben, Baskeri zu meiner neuen Heimat zu machen. Ich danke meinen Freunden Maria Eriksson, Andrea Rook und Peter Söderholm für Hilfe und Rat, für eure Großzügigkeit, eure Freundschaft und wunderschöne Momente zusammen – und für die vielen vollen Tupperdosen. Dazu kommen weitere liebe Menschen aus Baskeri: Gustav Ronnbäck, Katarina Sandström und Eva Stålnacke – danke für eure unglaubliche Großherzigkeit und dass ihr mich wie ein Mitglied eurer Familie behandelt. Außerdem danke ich meinem Nachbarn, »Schneekönig« Gunnar Åström, Eva und Benke und vielen, vielen anderen, die mich durch ihre Herzlichkeit willkommen geheißen haben. Und natürlich Jaana und Thomas Eriksson für dreizehn Monate unkompliziertes Wohnen im schönsten Dorf der Welt.

Ich danke allen, die mir die Natur Schwedisch-Lapplands nähergebracht haben – durch geduldige Antworten auf meine Fragen und teils unvergessliche gemeinsame Momente irgendwo dort draußen: ganz besonders den in diesem Buch wichtigen Personen Niklas Berglund, Ronny Koskinen und Katarina Parfa sowie Örjan Pekka. Aber auch Åsa Andersson-Ullvede, Wolf Bühler, Hanna Engström, Eva Gunnare, Pia und Henry Huuva, Ber-Joná Labba, Maarit Lindvall, Roger Keisu mit Anne und Camilla, Yana Mangi und ihrer Familie, Lennart Pittja, Ola Rocca, Eric Schlemme, Johannah Spolander, Olof Stålnacke und Susanne Törnlind.